DIÁLOGOS SOBRE TEORIA GERAL DO DIREITO

AUGUSTO NEVES DAL POZZO
RICARDO MARCONDES MARTINS
TERCIO SAMPAIO FERRAZ JUNIOR

DIÁLOGOS SOBRE TEORIA GERAL DO DIREITO

Belo Horizonte

FÓRUM
CONHECIMENTO JURÍDICO

2023

© 2023 Editora Fórum Ltda.

É proibida a reprodução total ou parcial desta obra, por qualquer meio eletrônico, inclusive por processos xerográficos, sem autorização expressa do Editor.

Conselho Editorial

Adilson Abreu Dallari
Alécia Paolucci Nogueira Bicalho
Alexandre Coutinho Pagliarini
André Ramos Tavares
Carlos Ayres Britto
Carlos Mário da Silva Velloso
Cármen Lúcia Antunes Rocha
Cesar Augusto Guimarães Pereira
Clovis Beznos
Cristiana Fortini
Dinorá Adelaide Musetti Grotti
Diogo de Figueiredo Moreira Neto (*in memoriam*)
Egon Bockmann Moreira
Emerson Gabardo
Fabrício Motta
Fernando Rossi
Flávio Henrique Unes Pereira

Floriano de Azevedo Marques Neto
Gustavo Justino de Oliveira
Inês Virgínia Prado Soares
Jorge Ulisses Jacoby Fernandes
Juarez Freitas
Luciano Ferraz
Lúcio Delfino
Marcia Carla Pereira Ribeiro
Márcio Cammarosano
Marcos Ehrhardt Jr.
Maria Sylvia Zanella Di Pietro
Ney José de Freitas
Oswaldo Othon de Pontes Saraiva Filho
Paulo Modesto
Romeu Felipe Bacellar Filho
Sérgio Guerra
Walber de Moura Agra

FÓRUM
CONHECIMENTO JURÍDICO

Luís Cláudio Rodrigues Ferreira
Presidente e Editor

Coordenação editorial: Leonardo Eustáquio Siqueira Araújo
Aline Sobreira de Oliveira

Rua Paulo Ribeiro Bastos, 211 – Jardim Atlântico – CEP 31710-430
Belo Horizonte – Minas Gerais – Tel.: (31) 99412.0131
www.editoraforum.com.br – editoraforum@editoraforum.com.br

Técnica. Empenho. Zelo. Esses foram alguns dos cuidados aplicados na edição desta obra. No entanto, podem ocorrer erros de impressão, digitação ou mesmo restar alguma dúvida conceitual. Caso se constate algo assim, solicitamos a gentileza de nos comunicar através do *e-mail* editorial@editoraforum.com.br para que possamos esclarecer, no que couber. A sua contribuição é muito importante para mantermos a excelência editorial. A Editora Fórum agradece a sua contribuição.

Dados Internacionais de Catalogação na Publicação (CIP) de acordo com ISBD

D144d   Dal Pozzo, Augusto Neves
            Diálogos sobre teoria geral do direito / Augusto Neves Dal Pozzo, Ricardo Marcondes Martins, Tercio Sampaio Ferraz Junior. Belo Horizonte: Fórum, 2023.

            218p. 14,5x21,5cm
            ISBN 978-65-5518-527-0

            1. Teoria geral do direito. 2. Filosofia do direito. 3. Sistema jurídico. 4. Ciência jurídica. I. Martins, Ricardo Marcondes. II. Ferraz Junior, Tercio Sampaio. III. Título.

                                                                                     CDD: 340.1
                                                                                     CDU: 34

Ficha catalográfica elaborada por Lissandra Ruas Lima – CRB/6 – 2851

Informação bibliográfica deste livro, conforme a NBR 6023:2018 da Associação Brasileira de Normas Técnicas (ABNT):

DAL POZZO, Augusto Neves; MARTINS, Ricardo Marcondes; FERRAZ JUNIOR, Tercio Sampaio. *Diálogos sobre teoria geral do direito*. Belo Horizonte: Fórum, 2023. 218p. ISBN 978-65-5518-527-0.

SUMÁRIO

APRESENTAÇÃO 7

PRIMEIRO ENCONTRO
03.05.2017 11

SEGUNDO ENCONTRO
04.12.2019 61

TERCEIRO ENCONTRO
30.03.2022 137

REFERÊNCIAS 217

APRESENTAÇÃO

Tercio Sampaio Ferraz Junior graduou-se, pela USP, concomitantemente, em 1964 tanto em Filosofia, Letras e Ciências Humanas como em Ciências Jurídicas e Sociais. Posteriormente, obteve título de Doutorado em Filosofia pela Johannes Gutemberg Universität de Mainz (1968) e em Direito pela USP (1970). Tornou-se Professor Titular — hoje, Emérito — tanto da Faculdade de Direito da Universidade de São Paulo, como da Faculdade de Direito da Pontifícia Universidade Católica de São Paulo. Esses dados de seu currículo, apesar de formalmente corretos, são insuficientes para apresentá-lo.

Apesar de ter uma densa contribuição de dogmática jurídica, em especial nos campos do Direito Constitucional, Tributário, Administrativo e Econômico, a principal produção científica do Professor Tercio refere-se ao tema da disciplina que, por tantos anos, lecionou na USP e ainda leciona na PUC-SP: Teoria Geral do Direito.

Além de seu monumental "Introdução ao estudo do Direito" (1. ed. 1988 – 11. ed. 2019), destaca-se uma série de monografias importantes: "Conceito de sistema no Direito" (1976); "A Ciência do Direito" (1. ed. 1977 – 3. ed. 2014); "Teoria da norma jurídica" (1. ed. 1978 – 5. ed. 2016); "Direito, retórica e comunicação" (1. ed. 1979 – 3. ed. – 2015); "Função social da dogmática jurídica" (1. ed. 1998 – 2. ed. 2015); "Estudos de Filosofia do Direito" (1. ed. 2002 – 3. ed. 2009); "O Direito, entre o futuro e o passado" (2014); "Argumentação jurídica" (2014); "A superação do Direito como norma" (em coautoria com Guilherme Roman Borges, 2020).

Quem se dedica ao estudo dessas obras constata um fato indiscutível: Tercio é um autor incomum. Não se restringe a reproduzir o pensamento alheio, nem elabora seu pensamento em torno apenas dos autores citados por todos. É um pensador autônomo, denso, profundo, rico, enfim, e sem exagero, genial. Sua produção, pode-se afirmar sem ferir suscetibilidades, é bastante incomum na produção jurídica brasileira.

Há mais de vinte anos, um professor na graduação afirmou-nos que se Tercio tivesse produzido suas obras em outro país, já teriam erguido uma estátua em praça pública em sua homenagem. Para o aluno de primeiro ano, iniciante, a afirmação pareceria exagerada. Hoje, depois de, valendo-nos da metáfora utilizada por Nietzsche, "ruminar"[1] suas obras, a assertiva do docente faz todo o sentido. A nosso ver, e antecipando um tema que é explorado nos diálogos (no terceiro encontro), Tercio sofreu os efeitos de ter produzido sua obra no âmbito de uma "cultura colonial". Está ao lado — e não dizer "acima" talvez seja efeito dessa cultura — dos maiores teóricos da Teoria do Direito da História. Por mais que já tenha recebido homenagens, foram insuficientes, a nosso ver, diante da estatura de sua obra.

Por outro lado, apesar de sermos professores de Direito Administrativo da PUC-SP, ambos reconhecemos que qualquer estudo dogmático sem aprofundamento da Teoria Geral do Direito resulta em um estudo superficial e por vezes equivocado. Nenhum ramo dogmático do Direito, seja de Direito Público, seja de Direito Privado, prescinde das bases da Teoria Geral do Direito e da análise crítica da Filosofia do Direito.

Cônscios disso, como coordenadores da Revista de Direito Administrativo e Infraestrutura – RDAI, que possui uma seção dedicada a entrevistas, propusemos ao emérito professor que nos concedesse uma entrevista para ser publicada no periódico. Aceito o convite, em 03.05.2017, Tercio nos concedeu muito mais do que uma entrevista. Foram duas horas e meia de diálogo, sobre suas principais obras e algumas de suas conferências, ainda hoje disponíveis na Internet. O resultado foi publicado no número 2 da RDAI (jul.-set. de 2017), e agora é integralmente revisto.

Pouco mais de dois anos, sob o pretexto de realizar nova entrevista para a RDAI, voltamos a procurar o professor. Aceito o novo convite, em 04.12.2019, o encontro foi, novamente, muito além de uma entrevista. Foram quase quatro horas de diálogo, em que os assuntos do primeiro encontro foram retomados e aprofundados. Neste, além de retomar o pensamento desenvolvido em suas obras,

---

[1] NIETZSCHE, Friedrich. *Genealogia da moral*. Tradução de Paulo César de Souza. São Paulo: Companhia das Letras, 2009, Prólogo, §8, p. 14.

examinamos também outros estudos que foram apresentados em conferências. O resultado foi publicado no número 18 da RDAI (jul.-set. de 2021), e, também, agora integralmente revisto.

Tendo em vista a publicação de seu último livro, em coautoria com Guilherme Roman Borges, "A superação do Direito como norma", convidamos o Professor para nos conceder nova "entrevista". Aceito o convite, em 30.03.22, o professor nos apresentou, novamente, muito mais do que pedimos. Em mais de três horas de conversa, examinou, com a profundidade que lhe é peculiar, os temas abordados na nova obra. Esse último diálogo é inédito.

A presente obra reúne os três encontros. O leitor perceberá que há uma relação entre eles. A trilogia contribui para esclarecer e aprofundar o pensamento de um jurista que já marcou, de modo indelével, seu nome na História da Teoria do Direito. Temos a certeza de que os diálogos configuram uma rica contribuição aos estudos jurídicos. Sua publicação, por esse motivo, é absolutamente imperiosa.

Por outro lado, além de contribuir para os estudos científicos do Direito, esperamos, com a republicação dos dois primeiros encontros, e a publicação inédita do terceiro, render homenagens à genialidade de Tercio Sampaio Ferraz Junior. É um privilégio vivermos no mesmo momento histórico desse grande jurista e, assim, termos a possibilidade de, em contato direto, dialogar com ele. Não seria honesto com a Ciência do Direito guardar esse privilégio apenas para nós. Convidamos o leitor para que, de mãos dadas conosco – em profundidade máxima, mas com o acesso facilitado pela linguagem oral –, reflita sobre os principais temas da Teoria Geral do Direito.

PRIMEIRO ENCONTRO
03.05.2017[1]

AUGUSTO NEVES DAL POZZO E RICARDO MARCONDES MARTINS – Theodor Viehweg percebeu que os doutrinadores, no Direito, quando propõem uma interpretação, estão participando da relação de poder, própria da edição normativa, pois, em última análise, o que irá prevalecer não foi o que quis o agente normativo, mas como a norma foi interpretada pelo destinatário.[2] Daí a proposta do senhor sobre o caráter "criptonormativo da afirmação doutrinária".[3]

A partir dessa constatação, Viehweg parece recusar a possibilidade de uma autêntica Ciência do Direito. Ele afirma textualmente que a chamada Ciência do Direito tem mais um "caráter operativo" do que propriamente "cognitivo".[4] O senhor escreveu uma obra sobre o tema: "Função social da dogmática jurídica".[5]

Pois bem, o senhor acredita na possibilidade de uma Ciência do Direito? Ou seja, que o caráter cognitivo, a busca de uma interpretação correta, à luz de certos pressupostos científicos, possa prevalecer na análise jurídica? O chamado por V.Sa. de "desafio kelseniano"[6] pode ser superado?

TERCIO SAMPAIO FERRAZ JUNIOR – Existe uma questão preliminar nesse tipo de pergunta, que, aliás, é com muita proficiência abordada por Bobbio, quando ele diz que esse tipo de problema requer que você tenha uma definição prévia do que

---

[1] Este diálogo, ora revisto, foi publicado originalmente na *Revista de Direito Administrativo e Infraestrutura* – RDAI. São Paulo, v. 1, n. 2, p. 371-410, jul. – set. 2017.

[2] É o que se extrai de: VIEHWEG, Theodor. *Tópica y filosofía del derecho*. Tradução de Jorge M. Seña. 2. ed. Barcelona: Gedisa, 1997, p. 21, 31, 78-79, 101-106, 120-123.

[3] Cf. FERRAZ JR., Tercio Sampaio. *A Ciência do Direito*. 3. ed. São Paulo: Atlas, 2014, Cap. IV-2.

[4] VIEHWEG, Theodor. *Tópica y filosofía del derecho*, op. cit., p. 102.

[5] FERRAZ JR., Tercio Sampaio. *Função social da dogmática jurídica*. 2. ed. São Paulo: Atlas, 2015.

[6] FERRAZ JR., Tercio Sampaio. *Introdução ao estudo do Direito*. 11. ed. São Paulo: Atlas, 2019, item 5.1.2.

seja Ciência. É óbvio! Portanto, dependendo do que você chama de ciência, mais largamente em termos do conhecimento humano, menos largamente, você vai ter um começo razoável para responder se a Ciência do Direito existe ou não existe, se ela é possível, em que limites ela é possível. Isso obviamente nos levaria a uma questão prévia muito mais complicada: "O que é a ciência"?

Tentando responder à pergunta, mas escapando, de certo modo, dessa preliminar, isto é, sem dar uma resposta à indagação "O que é ciência?", o que a gente pode dizer é que, na tradição que nós recebemos no Ocidente, tradição grega principalmente, e, daí, greco-romana, a palavra "ciência", usada em latim, *sciencia*, com "sc" – em grego, *episteme* –, num sentido amplo de "conhecimento" sempre esteve ligada ao problema da verdade.

O problema da verdade, para resumir, muito brevemente, nessa tradição, teve, talvez, duas grandes vertentes, e aqui estou usando Heidegger. Uma primeira vertente, que é a mais antiga, vem lá da Antiguidade, sempre girou ou fez girar o tema da ciência na busca da verdade, em torno de uma perspectiva objetiva. Ou seja, a verdade era buscada em uma relação de correspondência, para falar genericamente, entre o pensamento e o mundo objetivo.

A partir do Renascimento, isso muda, e muda radicalmente. Aparecem dúvidas fundamentais – Descartes é um exemplo disso –, a respeito da relação objetiva, de tal maneira que, no lugar dessa relação objetiva, surge a figura do sujeito, de tal maneira que o tema da verdade se desloca do mundo objetivo para o mundo subjetivo. Isto é, ao invés de a verdade ser uma questão de correspondência objetiva à realidade, o problema da verdade se torna uma questão de certeza, e de certeza subjetiva. O problema se torna, então, que tipo de certeza garante a ciência, e que tipo de certeza não garante a ciência, para que a verdade seja alcançada.

A Ciência do Direito moderna, tal como ela se desenvolve depois do Renascimento, gira em torno dessa questão, isto é, a questão do sujeito começa a ser fundamental. Tanto que, até no plano dos fatos jurídicos ou das questões jurídicas, a figura do sujeito começa a ter uma enorme importância. Basta a gente pensar que é na Era Moderna e, principalmente, talvez depois do século XVIII e início do século XIX, que se configura a noção de direito subjetivo. A Antiguidade não se importou muito com isso. Isso só para mostrar como realmente a questão do sujeito é fundamental. Mas ela foi fundamental também para nós configurarmos o que seria uma ciência do Direito.

E o que a gente observa? A expressão começa a ter espaço no mundo acadêmico – "Ciência do Direito" –, a rigor, a partir do século XIX. Antes do século XIX, do modo como se desenvolvem os conhecimentos jurídicos, o lado operacional, por assim dizer, tinha uma relevância muito maior. A expressão "Ciência do Direito" nem chega a se tornar uma expressão usual e, muito menos, importante.

O que era importante era você resolver problemas operacionais, por essa tradição que vinha do passado e entra no Renascimento e na Era Moderna até o século XIX. No século XIX, a questão começa a se colocar fortemente. Savigny é um exemplo na Alemanha de quem se preocupou realmente com isso. No primeiro volume do "Sistema do Direito Romano Atual",[7] ele aborda o tema da Ciência no Direito.

A Ciência do Direito então se coloca como uma questão na Era Moderna e, particularmente no século XIX, ela toma dois caminhos. Um caminho seria a hipótese objetiva: o que se procura conhecer em termos de ciência. O século XIX vai como um pêndulo: primeiro você fala em uma realidade, uma realidade que se forma historicamente; daí a Ciência do Direito como um conhecimento que se insere nos objetos históricos. Ou o outro pêndulo é: esses objetos históricos acabam se manifestando de uma forma muito expressiva em figuras como o legislador e a legislação. Daí o pêndulo vai para o outro lado, dizendo que o objeto da Ciência do Direito seria a lei, a legislação e todo o arcabouço normativo que isso implica. Nesse pêndulo é que surge o tema do sujeito, fortemente. E o tema do sujeito surge fortemente em relação à interpretação justamente. Mais do que tudo, ele é um tema importante para você dizer se nós estamos ou não lidando com ciência, e que tipo de ciência a gente faz em termos de certeza.

Esse tema da certeza envolve a figura do intérprete, e aí você vai ter, no século XIX, a famosa dualidade: qual é o fundamento da certeza do intérprete, *voluntas legis, voluntas legislatoris*? O que a gente percebe nessa dicotomia? Que o tema da certeza é um jogo

---

[7] Publicado originalmente em 1849.

entre sujeitos: o sujeito que tenta entender o que o outro estabeleceu, seja de uma forma ou seja de outra – ou objetivamente, naquilo que foi dito, ou subjetivamente, na intenção de quem disse. E de outro lado, eu tenho outro sujeito, que é aquele que tenta entender o que realmente foi dito ou aquilo que se disse. É esse jogo de sujeitos que levanta o tema da certeza e, portanto, da verdade.

A verdade identificada com certeza exige que você resolva esse problema e esse problema está por detrás do problema da interpretação. Quando o sujeito-intérprete desvenda o sujeito-objetivo ou o sujeito-objeto, ele acresce? Não acresce? Reproduz? O que ele faz? Esse é o problema que se colocou para nós sabermos se nós lidamos ou não com uma Ciência do Direito.

E aí você vai ter dois caminhos conhecidos desde o século XIX, em termos da nossa história jurídica. Um caminho que, obviamente, vai dizer sim, é possível você chegar a essa certeza e para isso você precisa de padrões, padrões de certeza que presidem a interpretação. O que é a interpretação? A interpretação depende de certas regras, cânones metódicos, que fazem você chegar até lá, a esse sujeito nos dois sentidos. Isso fez com que a interpretação se tornasse, portanto, um conjunto metódico capaz de desvendar isso, de trazer esse sentido, ou de presidir o jogo entre o sujeito que estabelece – vamos chamar assim – o Direito, seja um sujeito histórico, seja um sujeito real; e o sujeito que está interpretando.

A questão se torna, portanto, saber se existem regras comuns capazes de desvendar isso. O século XIX aceitou isso, aceitou que haveria esse conjunto de regras, que haveria método, portanto, para a Ciência do Direito. Nós ficamos, porém, de fato, durante um século inteiro discutindo esses métodos. Savigny propôs quatro técnicas fundamentais e depois vieram mais uma e mais outra. No final do século, nós tínhamos várias técnicas que apontavam para cânones metódicos. Até que, no fim do século XIX, você chega à chamada Escola Livre do Direito, que fala: "não existe nenhum método possível que seja universal, você está perdido nisto".

Essa linha, portanto, foi explorada e permitiu você estabelecer limites, por assim dizer, à capacidade interpretativa, limites metódicos. E aí você tinha uma Ciência do Direito possível, que no final do século XIX levantou essa dúvida – "será que isso realmente é possível?", o que me leva a outra possibilidade. Não existe essa possibilidade, isto é, não existe um método universal, não existem regras universais. Você está sempre ligado a uma circunstância e a uma situação. Por mais universal que seja esse conjunto de regras interpretativas, ele sempre depende da circunstância e varia de circunstância para circunstância e, portanto, o que caracteriza esse método interpretativo, na verdade, é um conjunto operacional para você resolver situações muito concretas. É para isso que ele serve.

No primeiro sentido, você poderia ter uma Ciência do Direito. No segundo sentido, você tem uma técnica ou uma tecnologia para resolver problemas da melhor forma possível. O que eu, pessoalmente, depois de ter aprendido isso, com Viehweg inclusive, o que eu concluí? Eu aproveitei uma distinção que ele propôs entre dogmática jurídica, que é um conceito bastante conhecido e zetética jurídica, que é um conceito pouco conhecido, e que ele foi pescar em um retórico contemporâneo de Cícero. Essa distinção é uma distinção que pode esclarecer um pouco as coisas. O ato de interpretar se vale, por assim dizer, de uma série de outros conhecimentos e de uma técnica muito específica para você produzir efeitos no sentido de conseguir soluções adequadas a uma circunstância, a uma situação. Quando você olha para o ato de interpretar, do ponto de vista dos vários saberes, você tem uma abertura para uma investigação que é bastante ampla; e se você se endereça por essa investigação, você provavelmente se afasta cada vez mais da decisão a ser tomada. Nesse sentido, um bom filósofo do Direito é um mau decididor, porque ele só vai ficar fazendo perguntas e pondo dúvidas. Mas se você for para o outro lado, você vai colocando entre parênteses essas possibilidades de interrogação e se aproximando de uma tomada de decisão. Essa segunda tarefa é a tarefa que, me parece, cumpre o dogmático do Direito. A primeira tarefa é a tarefa da zetética.

No campo da zetética, você está próximo das ciências de modo geral e você pode até falar numa Ciência do Direito, no sentido das Ciências Sociais, muito próxima da Sociologia, da Economia, que, por sinal, também têm uma vertente dogmática e uma vertente zetética. Os economistas estão aí para não deixar a gente mentir. O economista também pode se abrir a um monte de questões: "Bom, mas como é que eu soluciono o problema da globalidade? O que é globalidade? O que é a globalização? Quando é que ela começou? Quais são os dados? E qual é o papel da Internet nisso"? E não para mais, até que alguém chega e fala assim: "Mas, como é que a gente vai realizar esse orçamento, esse ano, para atender à demanda econômica do país? Esquece isso e vamos resolver isto!" A Economia também tem uma dogmática. Eles têm que pôr um ponto final e parar com isso. Agora, isso não impede que a Economia tenha lá o seu jeito de ciência, ou seja, ela tem os seus cânones de certeza, mais ou menos quantitativamente verificáveis ou não, apontáveis ou não. A Economia é mais próxima, pelo menos a Economia até hoje, da Matemática, como uma espécie de cânone subjetivo universal, do que é o Direito. Se bem que há gente que hoje tenta trazer o Direito aí para dentro, do mesmo modo que a Economia.

Então, voltando ao início da pergunta de vocês. É possível uma Ciência do Direito? É, se você põe como um objetivo secundário a tomada de decisão. Se você se volta para a tomada de decisão, você está muito mais perto de um ato operacional e, portanto, daquilo que, na Antiguidade, já se chamava de uma "tecnologia", não propriamente de ciência, mas de busca de uma solução melhor, adequada e, nesse sentido, não tão comprometida com a noção de verdade. Isto é, se subjetivamente o dogmático acrescenta uma coisa ou muda o sentido da lei, muda o sentido da lei para aquele que está.... Esse é um problema da Ciência do Direito, isto é, da zetética jurídica. Isto é, se o Neoconstitucionalismo é mais ou menos fiel à Constituição, e entra numa principiologia sem tamanho, isso é um problema de Ciência do Direito em termos zetéticos, mas não resolve o problema do Sr. Gilmar quando tem que dizer se o *habeas corpus* será ou não concedido. Nessa hora, ele usa os princípios e não fica se perguntando o que são princípios e se os princípios distorcem ou não distorcem o sentido dado à Constituição pelo constituinte etc.

Eu sei que essa resposta não é uma resposta que satisfaz, mas ela pelo menos mostra um caminho para a sua pergunta. A interpretação pode orientar a decisão e, nesse sentido, até escondidamente – "cripto" –, fazer com que aquilo que a lei diz seja aquilo que o intérprete percebeu? Pode, pode fazer isso, isso pode acontecer. Se, por causa disso, não há Ciência, eu diria, há, desde que você perceba a Ciência num outro caminho, o caminho da investigação. Aí, é possível a gente falar numa Ciência do Direito.

AUGUSTO NEVES DAL POZZO E RICARDO MARCONDES MARTINS – O senhor parece propor em seu "Introdução ao Estudo do Direito" e na "Teoria da Norma Jurídica" um sistema jurídico em forma de "teia" e não de "pirâmide". Haveria nele várias normas-origem, cada uma fundamentando várias cadeias normativas.[8] A proposta parece adequada às recentes descobertas científicas, como as "estruturas dissipativas" de Ilya Prigogine, em que se vislumbra uma regularidade no caos.[9] Dito isso, perguntamos: ao subtrair a hierarquia do sistema, não se dificulta o controle da função legislativa e da função reformadora da Constituição? Num país como o Brasil, essa maior dificuldade de controle é conveniente?

TERCIO SAMPAIO FERRAZ JUNIOR – De novo, deixe-me voltar ao começo da sua pergunta. De fato, estudando o sistema jurídico, eu cheguei a esta conclusão: que a chamada hipótese da norma fundamental não corresponde àquilo que a gente vê na prática jurídica. Foi apenas isso que eu tentei explicar, zeteticamente.

Quando Kelsen propõe a noção de norma fundamental, ele o faz dentro de um contexto daquilo que ele próprio chamou de "Teoria Pura do Direito". Ao fazer isso, a gente tem que perceber que, na Introdução à "Teoria Pura do Direito", Kelsen não deixa de chamar a atenção para algo importante. Ele diz: a "Teoria Pura do Direito" não é uma teoria geral do Direito, embora possa ser tomada como tal. Isto é, eu posso tomar todas as propostas que estão na Teoria Pura do Direito e transformá-las numa teoria jurídica. Ele diz: isso é possível de ser feito. Inclusive, diz que não foi o que ele quis fazer. Mas é, por exemplo, o que, na PUC, Geraldo Ataliba achava que estava fazendo. Não estou dizendo "achava" no sentido pejorativo. Mas, enfim, um intérprete olhou e falou: "daqui eu posso tirar uma teoria para o Direito Tributário". E tira! E não só Geraldo Ataliba, mas muita gente fez isso com Kelsen. Isto é, começaram a trabalhar com Kelsen, olhando para o Direito como uma ordem escalonada a partir de uma norma fundamental.

---

[8] Cf. FERRAZ JR., Tercio Sampaio. *Introdução ao estudo do Direito*, op. cit., item 4.3.1.4; FERRAZ JR., Tercio Sampaio. *Teoria da norma jurídica*. 5. ed. São Paulo: Atlas, 2016, Cap. 3, §3.8.

[9] PRIGOGINE, Ilya. *O fim das certezas*: tempo, caos e as leis da natureza. Tradução de Roberto Leal Ferreira. São Paulo: UNESP, 1996, p. 70.

Isso é possível de ser feito? Isso é possível de ser feito. Quando eu propus que na prática jurídica você, na verdade, trabalha com vários pontos iniciais, e não um só, e que, portanto, a tarefa do jurista não se resume em descobrir uma hierarquia de um ponto só, eu estava numa posição parecida com a do Kelsen. Sem nenhuma modéstia, estou dizendo isso. Mas eu estava na posição dele em dizer: Você quer transformar isso em uma teoria jurídica? É complicado, mas não é impossível fazê-lo. Você pode fazer isso ou não fazer isso. Isto é, você ficará no plano da zetética e não entrará no plano da dogmática jurídica.

Então, qual é a repercussão disso? Se você afirma que, na prática, você tem vários pontos de partida, de tal maneira que o sistema que se apresenta na prática jurídica não é um sistema de norma fundamental, qual é a consequência disso? É que se você olhar globalmente o conjunto das várias possibilidades de construção de um sistema, você provavelmente acabará chegando à conclusão de que a hierarquia é uma dessas possibilidades, mas não é a única.

Ou seja, no Direito a gente trabalha, sim, com a hierarquia, que é um fenômeno originário da Era Moderna. Enfim, a proposta da hierarquia é alguma coisa que apareceu no mundo jurídico com a Era Moderna. Se você olhar para Roma, no Direito Romano, a noção de hierarquia, aliás, a noção de sistema era abominada, nem era trabalhada, e a noção de hierarquia não tinha nenhuma importância nesse sentido, pelo menos uma noção de hierarquia nesse sentido de uma norma fundamental. Os romanos não trabalhavam com norma fundamental. Eles tinham várias fontes, para usar uma expressão também absorvida pela teoria da norma fundamental de Kelsen, mas eles trabalhavam com várias e com pesos equivalentes. O grande problema deles era você encontrar a solução, não ficar atrás de uma fonte que cobrisse toda a realidade. Portanto, é possível você trabalhar no Direito sem necessariamente entregar o pensamento a uma hierarquia única. Se você quiser, é possível você trabalhar com várias hierarquias. Isso é perfeitamente possível e é feito muitas vezes desse modo. Isso acontece.

O que você percebe na prática é que a busca de uma hierarquia é na verdade um jogo entre os sujeitos que participam do Direito. Nós tivemos recentemente uma decisão, agora, do Supremo Tribunal Federal concedendo *habeas corpus* para o ex-Ministro José Dirceu, que causou a maior celeuma neste momento, está causando. Eu ouvi uma entrevista de um advogado. Ele dizia: "Isso é um absurdo, é um atentado contra toda essa campanha anticorrupção, isso vai acabar com a Lava Jato etc., e, portanto, é lamentável que o Supremo tenha ido nessa direção". De outro lado, estava outro advogado que falou: "Não, o que o Supremo está fazendo é pegar de novo uma rédea que estava solta, está tentando colocar limites". Prisão preventiva, pode? Sim, pode, mas em que termos? Quando? Em que situações? É preciso que nós estabeleçamos uma regra aqui do julgamento em segunda instância? E se não houve julgamento em segunda instância, como é que a gente faz? Isto é, o que você está tentando – e essa foi a expressão usada pelo advogado –, é puxar a rédea de novo. O Supremo está tentando segurar as rédeas.

Se a gente olhar em torno da pergunta de vários pontos iniciais, a gente podia até dizer que Curitiba e o juiz Moro, num certo momento dessa investigação, era, por assim dizer, o "sujeito fundamental" que deu a direção para tudo o que aconteceu até agora. E o que você percebe? Que, de repente, o Supremo puxa a rédea e fala: "Não, não é bem assim, a última palavra está aqui". E aí você olha de fora e diz: "Mas isso sempre foi assim, porque, afinal, o Supremo, dentro da hierarquia do Judiciário, é o órgão mais importante, é o que está acima". Só que você olha e vê, como eu vi... eu fui ao Supremo falar com ministros, com o Presidente do Supremo naquela ocasião, para tentar uma solução para um cliente meu da Lava Jato. Expliquei a ele e me lembro que, naquela ocasião, ele se virou para mim e falou: "Olha, eu não tenho condições de fazer isso, não vai dar. Lamento muito. Eu entendo seu argumento, da prisão preventiva alongada no tempo, sei que a pessoa está presa, mas eu não tenho condições de fazer isso. Neste momento, não me parece acertado". Eu falei: "Lamento, desculpa". E ele: "Não, não há o que desculpar, tudo bem". Enfim, o que eu percebi naquele momento? Que, vamos dizer assim, no jogo entre os sujeitos, para voltar à nossa pergunta anterior, as circunstâncias levavam muito mais a uma hierarquia que, curiosamente, de fato, derrubava a hierarquia formal que a gente supõe para todo o Direito brasileiro. Não era assim que estava funcionando. Certamente, se eu voltasse lá agora, e falasse com um daqueles ministros, que, por sinal, estava lá naquele momento, era o Presidente do Supremo, ele talvez tivesse me dado uma outra resposta: "Tendo em vista as circunstâncias etc., acho que sim, realmente, a prisão preventiva deve ter um outro sentido...". Talvez eu tivesse conseguido o que eu tinha ido lá pedir.

O que eu quero dizer com isso? Que a noção de hierarquia, você pode até tentar colocá-la, na proposta de Kelsen, como a estrutura do sistema. Só que isso não funciona. Essa é a verdade, isso não funciona, não funciona sempre. Daí vem a pergunta: "Bom, mas então como é que eu devo trabalhar? Como fazer o trabalho dogmático com várias hierarquias, ou com vários pontos de partida? Isso é possível de ser feito? Que tipo de saber dogmático será exigido para quem quiser trabalhar desse jeito?

Eu responderia do seguinte modo. Para muito advogado ou para muito juiz ou, enfim, para o profissional do Direito bom, bom em dogmática, que entende do assunto e sabe resolver as questões, isso não é problema. Ele faz isso. Vai lá e pinta o santo do jeito que precisa, e consegue. Agora, se nós pensarmos, de novo, zeteticamente, numa Ciência do Direito, isso é bem mais complicado. É bem mais complicado porque vai me exigir um ato de repensar uma porção de conceitos jurídicos. Eu teria que repensar isso. O saber dogmático do Direito está preparado para isso? Do ponto de vista da prática jurídica, eu diria sim, sempre esteve, porque sempre faz isso. Do ponto de vista de um sistema formal ou de um sistema conceitual do Direito, nem sempre. Talvez não estivesse preparado para isso até o final do século XX. Esses dezessete anos do século XXI mostram, no entanto, que ou a gente muda ou a gente não vai entender mais nada.

Então, o que a gente está percebendo é que lidar com múltiplas hierarquias, pelo menos está sendo uma tarefa que está desafiando a dogmática jurídica, ela está sendo desafiada. Por exemplo, quem diria, há vinte anos, que seria possível uma Constituição que não tem mais o sentido que lhe deu o Constitucionalismo Moderno, isto é, o que aconteceu a partir da Revolução Francesa? Há vinte anos, olhariam para quem dissesse isso e diriam: "Você tá 'passeando'. Constituição tem que ser isso: primeira norma, não necessariamente no tempo, mas hierarquicamente, tem que ter as características de produto ou de uma Constituinte ou de uma Constituinte Histórica. Enfim, ela é norma fundamental para todas as outras. Enfim, tudo aquilo que foi construído pelo Constitucionalismo Moderno". Hoje em dia, está cheio de gente dizendo: "Olha, não é mais desse jeito, não é assim que funciona". E começam a aparecer questões paralelas. Por exemplo, para que essa forma de Constituição, esse conceito de Constituição, sobreviva, é preciso que nós tenhamos, na figura do Estado, uma figura importante no sentido de ele ter nas mãos todos os poderes públicos em última análise. E o que você percebe hoje? Que isso não está mais acontecendo desse jeito.

É claro que a gente vai tentando sempre dar a volta por cima, mas, até um certo momento, o Supremo Tribunal Federal e o Poder Judiciário de um modo geral, resistiram muito a aceitar a arbitragem.[10] Mas, se você olhar bem, a arbitragem é uma ponta de lança nesse sistema, ela quebra esse sistema. Claro que a gente conserta e diz: "Não, mas a arbitragem está na lei e é uma forma que a Constituição aceita". Pois sim, você tenta dar a volta por cima, mas, se você olha o que aconteceu, você quebrou isso. Esse é um exemplo, mas existem vários outros, e, no Direito Internacional, então, isso está acontecendo alargadamente. O que a gente percebe é que, nesses anos iniciais do século XX, nós estamos começando a ser obrigados a repensar os conceitos jurídicos. E não vejo, nesse universo de juristas que estão tentando pensar nisso, nenhum que esteja falando ainda em norma fundamental e hierarquia. Isso está indo para o ralo, porque não dá conta mais. Você tem que inventar outra coisa. O que eu ponho no lugar? Em 1978, eu imaginei essa ideia de sistema aberto, com várias normas-origem. Mas foi uma proposta apenas. O que eu vejo é que está muita gente girando em torno de algo semelhante.

AUGUSTO NEVES DAL POZZO E RICARDO MARCONDES MARTINS – Na sua obra "Estudos de Filosofia do Direito", na parte referente ao poder, V. Sa. faz referência ao conceito de "sistemas de contato".[11] Muitas vezes, um juiz não julga tendo em vista a opinião científica sobre a melhor interpretação, mas

---

[10] O STF considerou constitucional, por sete votos a quatro, a Lei de Arbitragem (Lei Federal 9.307/96), ao homologar a sentença estrangeira: SE 5206 AgR, Rel. Sepúlveda Pertence, Tribunal Pleno, j. em 12.12.2001, DJ 30.04.2004, p. 00059, Ement. v. 02149-06, p. 00958.

[11] FERRAZ JUNIOR, Tercio Sampaio. *Estudos de filosofia do Direito*: reflexões sobre o poder, a liberdade, a justiça e o Direito. São Paulo: Atlas, 2009, Cap. 1, item 6, p. 77.

tendo em vista as relações de contato. Perguntamos: esse conceito não explicita um "caráter hipócrita" do Direito? Há alguma forma de neutralizar esse caráter?

TERCIO SAMPAIO FERRAZ JUNIOR – Neutralizar totalmente eu acho muito difícil, porque o sistema de contato faz parte da sociedade humana ou da sociabilidade humana. Na verdade, o sistema de contato é uma das formas pelas quais você digere as incertezas geradas pela subjetivação das interpretações. Não é uma forma canônica. Isto é, ninguém vai falar que sistema de contato é regra metódica de interpretação do Direito. Obviamente não é e jamais será. Mas é uma forma de você conseguir, por assim dizer, até certo ponto, neutralizar a incerteza gerada pelas subjetivações.

Como você trabalha essa incerteza gerada pela subjetivação das interpretações? Uma das formas tradicionais do Direito é você pensar, por exemplo, no "espírito da lei", na "vontade do legislador" e em coisas do gênero, e estabelecer métodos para você chegar a isso. Com isso, você tem regras para controlar essa subjetividade que vai ter o juiz na hora de dar sua decisão. Você controla isso desse modo, e neutraliza, por conseguinte, as possibilidades subjetivistas de uma decisão.

Essas regras funcionaram, durante o século XIX e em boa parte do século XX, largamente. O que você tinha no século XIX e no século XX que fazia com que isso funcionasse? Você tinha, de um lado, a figura do legislador, compendiada na forma de códigos; e, de outro lado, você tinha aqueles que aplicavam – administradores, juízes etc. Vamos ficar com a figura do juiz. No meio deles, você tinha todo o desenvolvimento de uma doutrina que fornecia essas regras e, por meio delas, você antecipava ou conseguia controlar a relação entre o legislador e o aplicador do Direito.

Nesse panorama, a figura dos "sistemas de contato" sempre existiu, mas, por assim dizer, escondida por essa figura importante, que era a figura do doutrinador. O doutrinador que dava pareceres, o doutrinador que escrevia livros, o doutrinador que era, portanto, a palavra do método. Tanto que na hora de você trabalhar em termos de sistemas de contato, como você fazia isso? Quem você procurava? Você ia atrás dessas figuras. Isso durante o século XIX é alguma coisa importante e durante o século XX também foi alguma coisa importante.

O sistema de contato que nós estamos percebendo no mundo em que estamos vivendo agora, nos últimos trinta ou quarenta anos, ele está mudando e ele está mudando porque a relação entre a legislação e a aplicação do Direito não se vê mais claramente intermediada pela doutrina. A doutrina está perdendo o foco aí dentro. Então, nessa hora, o sistema de contato está mudando de sujeito. Continua importante, por óbvio, "graças a Deus" [risos], você procurar alguém que tenha renome, tenha escrito livros, conheça doutrina ou que pontifique em termos de doutrina, aliás, é uma expressão que os juristas antigos gostavam de usar – "Fulano de Tal pontifica, dizendo isso e aquilo" –, era isso mesmo. Hoje em dia, isso está funcionando menos. A figura que se introduz aí dentro, entre a legislação e o aplicador, é uma figura que não consegue preencher inteiramente a figura do doutrinador, que é o próprio juiz, é a própria jurisprudência, ela que está entrando aí dentro.

Hoje em dia, você, se pudesse, ia pedir um parecer para o Sr. Moro. Só que ele não pode dar um parecer. Então, como eles se manifestam? Eles se manifestam pelos seus julgados. E como você chega a esses julgados? Aí entra esse outro tipo de sistema de contatos. Começa a ficar importante que você consiga conversar com o juiz. Que consiga não conversar com o juiz no sentido do velho doutrinador, mas até no sentido de trocar ideias com ele. "O que Vossa Excelência está pensando"? Ou até mais particularmente, num jantar ou num almoço. Isso começa a ser fundamental e importante, e isso talvez nos assuste e nos faça pensar na sua pergunta: não seria uma hipocrisia nós aceitarmos que o Direito funciona com base nesses sistemas de contatos?

Bom, aí eu responderia com Luhmann, que é a pessoa que estudou esses sistemas de contato,[12] a respeito da noção de hipocrisia. Hipocrisia é um desses vícios fundamentais para a vida social. Sem hipocrisia, ela se arrebenta. O hipócrita é uma figura

---

[12] LUHMANN, Niklas. *Legitimação pelo procedimento*. Tradução Maria da Conceição Côrte-Real. Brasília: Universidade de Brasília, 1980, p. 65-69.

importante. A gente pode não gostar disso do ponto de vista moral, mas do ponto de vista da prática social é importante. Eu, quando lecionava a hipocrisia, dizia: é muito complicada a vida daquele que fala o que pensa e o que quer na frente de quem quer que seja. Aliás, o povo sempre percebeu isso: "Quem fala o que quer, ouve o que não quer" – é um desses provérbios conhecidos. O que quer dizer isso? As relações humanas têm que ser permeadas pela hipocrisia a tal ponto que você possa conviver com aquele de quem você gostaria de falar certas coisas, mas não pode falar sob pena de rompimento da relação. Por isso, a máxima mais importante da hipocrisia é nunca fofocar na frente do fofocado. Você não pode fazer isso. Qualquer pessoa entende isso. A hipocrisia é um elemento fundamental aí dentro. Em outras palavras, nós somos todos hipócritas? Numa certa medida, somos. Você não fala tudo o que pensa. Pelo menos não fala tudo o que pensa para o "fofocado", para o sujeito de quem você está pensando.

Se você olhar de fora, a hipocrisia dos sistemas de contato é algo importante para a sobrevida das relações sociais e jurídicas e para as tomadas de decisões, só que é tipicamente uma fofoca que não se fala. Ou seja, nenhuma dogmática jurídica pode assumir isto: o Direito é realmente hipocrisia e você começa a dar então regras para como ser hipócrita. Isso não se faz, isso nenhuma faculdade de Direito vai ensinar. Ao contrário, elas vão ensinar como ser hipócrita, isto é, como não falar disso, gerando, de geração para geração, esta angústia no formando: "Agora que estou formado em Direito, como é que eu faço"? Ele vai precisar de cinco, dez, quinze anos para ter aprendido a ser hipócrita. É isto que ele não aprende, nunca vai aprender numa faculdade: como conversar com o juiz, como conversar com qual juiz, aprender, por exemplo, que nunca se deve pedir para um juiz influenciar outro juiz – eles não gostam, porque existe todo um clima ali dentro em que isso não parece bem, então são coisas que não se pedem. Isso faz parte desse mundo do sistema de contato, que você aprende com a experiência, na sua prática. Nunca vai ser regra de interpretação, de aplicação do Direito, mas vai ser uma realidade incontornável.

AUGUSTO NEVES DAL POZZO E RICARDO MARCONDES MARTINS – V. Sa., na 10ª edição do Seminário da

Feiticeira, abordou o tema da corrupção.[13] Em sua obra "Estudos de Filosofia do Direito", V. Sa. diferencia, com base na obra "Raízes do Brasil" de Buarque de Holanda,[14] a organização presidida pela prestância e rivalidade da presidida pela competição e pela cooperação.[15] A história brasileira parece ser marcada pelo primeiro modelo, o que se evidencia com as capitanias hereditárias. A sociologia brasileira já consagrou o chamado "jeitinho" como algo próprio de nossa cultura.[16] Como lidar com o problema da corrupção nesse cenário?

TERCIO SAMPAIO FERRAZ JUNIOR – Não é muito fácil a gente definir o que seja corrupção. O senso comum vai ver a corrupção como um drama de ordem moral, uma situação de um espírito fraco, que cede às suas próprias convicções ou que muda o que acha que deve fazer, por conta de algumas influências. Enfim, essa é a visão moral que a gente tem da corrupção.

Na verdade, o que a gente percebe é que a noção, com a qual lidamos hoje, de corrupção, é uma noção que foi, por assim dizer, inventada ideologicamente a partir da Revolução Francesa, de novo, no Mundo Ocidental. Isso que nós chamamos hoje de corrupção, que é esse clima de troca de favores e que leva à noção de "jeitinho", de boa vontade, de prestância, essa corrupção, antes da Revolução Francesa, não era vista como tal. Ao contrário, você tinha uma cultura – pelo menos, estou me referindo mais à cultura europeia, americana – justamente onde a prestância e a rivalidade eram mais importantes –; e, na qual, a troca de favores, a ideia de favorecimento, era aceita como uma prática de exercício de poder e de exercício legítimo de poder. Isso era perfeitamente aceito como

---

[13] FERRAZ JR., Tercio Sampaio. *Direito, corrupção e democracia* – primeira parte. Seminário da Feiticeira – 2015. Disponível em https://www.youtube.com/watch?v=myIVPk9DaXU. Acesso em 02.10.22; FERRAZ JR., Tercio Sampaio. *Direito, corrupção e democracia* – segunda parte. Seminário da Feiticeira – 2015. Disponível em https://www.youtube.com/watch?v=bz7XiwjmjJk. Acesso em 02.10.22; FERRAZ JR., Tercio Sampaio. *Direito, corrupção e democracia* – terceira parte. Seminário da Feiticeira – 2015. Disponível em https://www.youtube.com/watch?v=GCE1HWxc6Hw. Acesso em 02.10.22.

[14] HOLANDA, Sérgio Buarque de. *Raízes do Brasil*. 2. ed. São Paulo: Companhia das Letras, 1995, p. 60.

[15] FERRAZ JR., Tercio Sampaio. *Estudos de filosofia do direito*, op. cit., p. 257-260.

[16] Por todos: BARBOSA, Lívia. *O jeitinho brasileiro*: a arte de ser mais igual do que os outros. Rio de Janeiro: Elsevier, 2006.

a normalidade, essa troca de favores era tranquilamente algo que podia ser aceito sem grandes problemas.

O que nós observamos, a partir talvez do século XVII até o século XIX, até a Revolução Francesa, é uma progressiva mudança nesse modo de pensar. Esse modo de pensar é o que preside toda a estrutura de poder, de prestância e, portanto, de favorecimento, por exemplo, nas Cortes Francesas: você conseguir favores, e a moeda da conquista variava muito. Na Corte de Luís XV, pense lá nas amantes do Rei. Qual era a moeda de favorecimento? Era o sexo. E por que a Madame Pompadour era uma mulher importante? Porque ela conseguia coisas. Enfim, trocava favores com Luís XV e conseguia de Luís XV outras coisas. Isso fazia parte das relações de poder ou daquilo que a gente podia chamar de "micropoder". O "macropoder" era: "Quem é o rei? Quem é o rei aqui"? Mas o "micropoder" era: "Quem é a amante do rei"? Então, essa troca de favores era fundamental e isso não era necessariamente visto como corrupção.

Na Inglaterra, nós tivemos um processo em que isso foi se modificando paulatinamente, com uma rapidez muito maior, de tal maneira que essa cultura de "micropoder" e de favorecimentos foi sendo progressivamente abandonada e vilipendiada. Quer dizer, não se queria mais isso. Na França, por exemplo, isso demorou muito, aliás, só foi mesmo na pancada que conseguiram isso, tanto que ocorreu uma revolução, a Revolução Francesa. A partir da Revolução Francesa, que é o que nos interessa para o nosso mundo, brasileiro, no caso, você tem uma clivagem muito clara entre as coisas. Isto é, o "micropoder" é colocado no lado mau da questão. Você entra num universo em que as dicotomias passam a ser fundamentais e os polos dicotômicos não se falam mais.

Para começar, por exemplo, uma que a gente conhece e que vocês lidam com ela todos os dias: Direito Público e Direito Privado. Se você olha para trás, o que é Direito Público e Direito Privado não bate necessariamente com aquilo que começou a ser chamado de Direito Público e de Direito Privado depois da Revolução Francesa. Onde eu coloco a Madame Pompadour? No Direito Público ou no Direito Privado? "Não, mas não tem nada que ver". Tem, naquela época tinha, fazia parte do Público, que nós chamamos hoje de Público, e que não chamaríamos jamais. Hoje você vai dizer: "Não.

Isso é uma ofensa ao sentido público da política e do Direito. Não pode!" Você separa o Direito Público do Direito Privado, e você separa os sujeitos: o sujeito público é uma coisa, o sujeito privado é outra coisa. O homem público no sentido político é uma coisa; o homem público no sentido privado é outra coisa. Isto é, uma coisa é o deputado, outra coisa é o empresário. São figuras que têm que se separar e não podem se contaminar. Essa foi a mensagem que a Revolução Francesa nos deu. Só que, com essa invenção, ela criou um baita de um problema, porque, na prática, você não eliminou a Madame Pompadour, ela continuou existindo, nas suas várias modalidades.

E mais, alguma coisa que já vinha acontecendo fortemente desde o Renascimento, então, a partir do século XIX, toma uma escala sem tamanho, que é a predominância da moeda a presidir as relações econômicas. Isso aí se espalha pelos países desenvolvidos do século XIX – a *Pax Britannica* é mestra nisso –, de tal maneira que esse passa a ser o grande instrumento para lidar com essas relações. E, como a moeda é neutra, no público e no privado, ela passa a ser, por assim dizer, uma intermediação perigosa; as outras não desaparecem, mas ela passa a ser o instrumento de passagem de um lado para o outro lado. Então, a corrupção baseada no dinheiro ganha largamente espaços aí dentro, ou melhor, você começa a chamar de "corrupção" toda infração à separação dicotômica. E, como, na prática, isso é impossível, até porque existe um dado comum que atravessa todas essas relações, que se chama moeda, o dinheiro, no sentido capitalista da palavra, fica extremamente difícil você lidar com esse "pular a cerca" de um lado para o outro.

É do começo do século XIX a primeira lei conhecida, é de Nova Iorque, tentando regulamentar as doações para campanha, ou seja, lá nos Estados Unidos, eles perceberam, logo no comecinho do século, o problema que tinha sido criado. Você separava: uma coisa é o homem público, o homem político, outra coisa é o empresário, só que um não vive sem o outro. Como é que eu regulo esse tipo de relação? Os Estados Unidos são conhecidos por terem desenvolvido uma cultura, que – já vi americanos escreverem isso – corresponde, por assim dizer, ao que eles chamam lá de "corrupção à moda americana", se chama *lobby*, que tem regras. Nós não conseguimos desenvolver isso. Até hoje *"lobby"* é uma palavra feia em português, e nem está, muito menos, regulamentado. Mas lá eles fizeram isso. E o que significou isso na cultura americana? Um jeito de você lidar com o problema da corrupção gerado pela Era Moderna, pela Era Contemporânea, isto é, pela Revolução Francesa, e englobando aí a Revolução deles também, isto é, pelas Revoluções do século XIX, com as suas dicotomias e as suas separações. O *lobby* é uma forma de você lidar com isso.

Indo para o Brasil, como é que a gente lidou com isso sempre? Aí vem aquilo que nós chamamos de "cultura do jeitinho". Nós não temos uma cultura de *lobby*, mas temos uma cultura de "jeitinho". Não é igual ao *lobby*, claro. Até porque é muito mais espalhada do que o *lobby*. O *lobby* se concentra na relação política, o "jeitinho" vale para qualquer coisa, para qualquer situação. É uma coisa forte na cultura brasileira, é o modo que você lida com a incomunicabilidade dos polos dicotômicos. É assim que a gente lida. Isso é corrupção ou não é corrupção? E nós temos uma enorme dificuldade de separar uma coisa da outra. Os americanos conseguiram estabelecer padrões para o *lobby*; nós temos padrões não muito claros para o "jeitinho". Até que ponto é jeitinho, até que ponto não é jeitinho?

Se você estiver no seu carro, você é parado por um guarda, e o guarda pede a sua carta. Ele fala: "Olha, está vencida". Você diz: "Eu sei que está vencida, mas minha mulher está aqui, ela está grávida, ela não tem condições de seguir. O senhor quer que ela vá guiando? A dela não está vencida, mas eu acho que é melhor nesta estrada, escura como está, perigosa, que eu continue guiando". "Não, mas o carro tem que ser apreendido". "Ela está grávida, não acho que seja uma boa circunstância para deixá-la aqui". Eu estou falando num bom "jeitinho", que não vai entrar nem dinheiro aí, até que o sujeito fala: "Tá bom, vai embora, deixa pra lá". Esse "deixa pra lá" é que faz parte da nossa cultura.

Um alemão jamais faria isso, de jeito nenhum; vivi situações desse tipo. Aliás, vivi uma situação parecida, só que aí eu venci por um outro lado. Um guarda me pegou e começou a falar comigo, e eu respondendo para ele, como se não estivesse entendendo o alemão dele, até que chegou o momento em que ele falou: "O senhor tem que pagar uma multa de cinco marcos", naquela época. Daí eu olhei para ele, estava apavorado que ele apreendesse o carro e tudo mais. Eu falei: "cinco"? E ele: "É isso". Eu vi que ele já estava nervoso porque eu não entendia o que ele falava. Aí eu peguei, dei uma moeda de cinco e ele me mandou embora. Aí foi o "jeitinho" brasileiro de lidar com o mau jeito alemão. Isso para mostrar as diferenças culturais.

Agora, até que ponto essa situação que eu descrevi, que é de "jeitinho", se aplica também quando você chega para o guarda e fala: "Olha, deixa pra lá, cinquentinha aí, tá tudo bem?". É ainda "jeitinho" ou já estou numa outra situação? Quais são as linhas que demarcam a entrada no mundo da corrupção, ou o que está aquém dela? Isso nós não temos claro na cultura brasileira. Então, quando eu ouço falar: "A Lava Jato vai acabar com a corrupção no Brasil". Qual corrupção? A política? Ou também a corrupção dentro da empresa privada? Em que um funcionário vai falar: "Entra vai, eu assino o ponto para você, deixa pra lá". É corrupção? É "jeitinho"? "Olha, toma aí, você me ajudou esse mês inteiro". "Não, não quero nada... Tá bom vai, obrigado". Como é que eu lido com essa situação, que é muito mais generalizada?

Então, primeiramente, respondendo a sua pergunta, eu acho que nós temos no Brasil uma dificuldade em estabelecer esses parâmetros, sem dúvida. Agora, por outro lado, o que a gente está percebendo hoje é que nós estamos forçando para o estabelecimento de parâmetros para a corrupção no sentido político. Isso aí está aparecendo muito fortemente. Vamos conseguir? Não sei. Eu tenho minhas dúvidas. Acho que só conseguiríamos isso, realmente, se a gente conseguisse estabelecer regras, como o *lobby* e tal, começasse a trabalhar isso. Mas não vai ser fácil fazer isso. Acho que alguns parâmetros, talvez, consigamos estabelecer em termos políticos.

Mas vai ter que resolver muita coisa, o "caixa dois" é uma delas. "Mas todo mundo usava". Eu me lembro de uma entrevista do Lula, em Paris, Presidente da República, quando perguntaram para ele: "O que o senhor acha desse negócio que está acontecendo no Brasil, chamado 'mensalão', em que os deputados estão sendo pagos etc."? Eu me lembro de ele falar: "Mas isso acontece no mundo inteiro". É exatamente esse tipo de generalização que faz a nossa cultura do "jeitinho". "Você vai punir o sujeito por quê?"

Nós temos certas atividades no mundo do Direito onde a gente sabe que só funciona se você "molhar a mão", enfim "dar um jeitinho", senão não funciona. Vamos acabar com isso? Qual é o risco que a gente sempre percebe? É você parar a máquina inteira. Esse é o risco. E aí entra algo parecido com o "sistema de contato". Se você tirar totalmente isso, a máquina para, infelizmente. Eu não quero ser, absolutamente, um cínico aqui, mas, pelo menos, um realista. A gente tem que reconhecer que algum "jeitinho" você tem que dar, se não para a máquina.

Vamos dizer assim, acho que uma posição absolutamente purista, na forma dos Cátaros – os Cátaros eram puros, no Sul da França, e foram exterminados pelo Papa por causa da sua pureza. Eu me lembro que meu pai, que era protestante, um evangélico "durão", contava a história de um professor da Faculdade de Direito, que era protestante também e que recebeu de clientes uma caixa de whisky. Esse homem era de um rigor enorme, apegado às regras, "bebida alcóolica não". Contavam que ele pegou as doze garrafas de whisky, uma por uma, e jogou no vaso sanitário. Disseram a ele: "Mas, então, pelo menos dê de presente para outros que gostem". "Não, porque daí eu estarei corrompendo outros". Esse tipo de purismo não funciona, infelizmente. Pode funcionar isoladamente para um ou para outro, mas é muito difícil generalizar isso.

Como lidar com a corrupção? Acho que a gente pode ir estabelecendo certas regras, para transformar aquilo que é "jeitinho" ambíguo num "jeitinho" aceitável, e que isso vá aos poucos transparecendo. Acho que é o único jeito de a gente lidar com a corrupção, olhando aí para o Brasil. Fora isso, é, enfim, liberdade de imprensa, fazer com que as pessoas possam ser denunciadas, que tenham medo ou tenham certo pudor e respeito, vai por aí.

AUGUSTO NEVES DAL POZZO E RICARDO MARCONDES MARTINS – O senhor difundiu aqui no Brasil uma distinção proposta por Luhmann entre a programação finalística e a programação condicional.[17] É possível associar essas formas de programação aos modelos burocrático – condicional – e gerencial – finalístico. Cumprir um programa previamente estabelecido parece dar bem menos espaço ao corrupto, pois ou ele executa o programa, ou não o executa. Quando se dá mais liberdade ao executor para agir, em busca da finalidade a ser alcançada, isso não favorece a corrupção?

---

[17] Cf. FERRAZ JR., Tercio Sampaio. *Teoria da norma jurídica, op. cit.*, Cap. 3.4; LUHMANN, Niklas. *Sociologia do Direito* II. Tradução de Gustavo Bayer. Rio de Janeiro: Tempo Brasileiro, 1985, p. 27-34.

TERCIO SAMPAIO FERRAZ JUNIOR – Quanto ao tipo de programação, a programação condicional, da tomada de decisão, favorece, vamos dizer assim, a inflexibilidade, ela vai mais para o lado da inflexibilidade e, portanto, em princípio, ela afasta o "jeitinho". Uma programação condicional pura, em tese, eliminaria o "jeitinho", e eliminaria, portanto, a chance de você pular de uma esfera para outra esfera. A finalística, como ela deixa em aberto os meios para atingir o fim, favorece mais essa possibilidade.

Agora, volto ao final da minha discussão. Eu acho que você tem que conviver com as duas, porque se você tirar totalmente a finalística e tiver uma situação apenas de decisões condicionais, você para a máquina, é impossível fazer isso. De novo, a questão está em como é que eu vou dosar isso. Aí é um problema dentro da organização administrativa, seja da empresa, seja do Poder Público, de como é que a gente vai dosar isso.

A organização administrativa no Direito Público tende muito mais ao esquema condicional, por tradição. Para lidar com isso é que foram inventando aberturas, do tipo "conceito indeterminado", "conceito valorativo", "conceito discricionário". Essas fórmulas jurídicas são fórmulas para lidar com a rigidez de uma programação condicional.

O grande desafio que a gente está vendo hoje é: será que com o Neoconstitucionalismo e a introdução de princípios, dessa forma, no campo jurídico, não se está invertendo a situação, isto é, fazendo com que mesmo as mais tradicionais programações condicionais virem programações finalísticas? Esse é o medo que muita gente tem do "principialismo" que está entrando no Direito contemporâneo.

AUGUSTO NEVES DAL POZZO E RICARDO MARCONDES MARTINS – O senhor também já se manifestou sobre a sociedade do espetáculo. Os julgamentos televisionados do STF, a exemplo do mensalão, e agora com a Lava Jato, mudaram a forma como a sociedade acompanha um processo judicial, ele se aproximou mais do espetáculo. Quais os efeitos jurídicos disso, na sua opinião?

TERCIO SAMPAIO FERRAZ JUNIOR – A exposição do Poder Judiciário à mídia é um passo sem volta. Não tem mais como voltar. Acho impossível. Posso até, em nome de todo um arcabouço de segurança jurídica, de certeza fundada na neutralização política do Poder Judiciário, lamentar que isso tenha acontecido, mas aconteceu, e agora não há mais o que fazer. Enfim, a televisão, no Supremo, de fato, acabou tendo um efeito de comportamento que é inevitável, qual seja, qualquer um percebe como o fato de ser exposto se tornou importante, até para a constituição da identidade da pessoa e do papel.

Há cinquenta anos não se via juiz dando entrevista. Nunca! Para falar com franqueza, eu me lembro nos anos noventa, em que advogados começaram a dar entrevistas, que eu, como Procurador-Geral da Fazenda, uma vez até protestei contra isso, achando que não era bem o papel. Porque eu tinha aprendido nos anos sessenta, na minha faculdade, que advogado falava nos autos, não para a imprensa. Só que, nos anos noventa, não era mais assim: juízes não falavam para a imprensa, mas advogados falavam e falavam muito – "Isso é inconstitucional, não pode!" Enfim, a inconstitucionalidade era discutida com o repórter e com a televisão, não era discutida no Supremo. Depois ia para o Supremo... mas tinha todo um aparelho que fazia isso. Isso mostrava já o caminho que a gente estava seguindo. Depois dos advogados, claramente, daí vem todo o Poder Judiciário junto, e, hoje, todo mundo faz isso, e não tem mais volta... acho! Vai ser muito difícil convencer juízes, promotores e advogados de que eles não podem falar para a imprensa... imagina! Isso faz parte do papel e compõe a personalidade, em termos de autorrespeito, de admiração. O sujeito quer ser "badalado". Isso faz parte.

Então, o problema que se coloca agora é como eu lido com isso e que tipo de efeito pode isso trazer para a Justiça. Enfim, o que vai acontecer com isso, como eu lido com a segurança – que é uma das perguntas que vocês fizeram. Acho que uma resposta pronta para isso eu não tenho. Acho que realmente nós estamos vivendo um momento em que os mecanismos que nós temos para lidar com o desempenho da Justiça são os mecanismos de antes dessa exposição. E esses mecanismos anteriores à exposição não dão conta dessa situação, eles não conseguem. Você não consegue mais usar esses mecanismos.

Por exemplo, você pode até dizer, como eu me lembro que, acho que na segunda lei – não sei se na lei atual isso ainda existe, acho que nem existe mais – do CADE, da concorrência, havia um artigo específico dizendo que nenhum conselheiro podia falar publicamente de casos em curso.[18] Hoje em dia, é complicado você aplicar um artigo desse tipo. Você pode até escrever na lei que o juiz está proibido de se manifestar sobre casos em curso, dos quais ele participa ou até que possa vir a participar... não tem como mais. Você pode pôr isso na lei, mas não funciona mais. Esse tipo de mecanismo, que no passado funcionava muito bem, hoje em dia você não consegue mais fazer com que ele funcione. E não consegue porque, vamos dizer assim, a própria mídia força no sentido contrário. Ela quer que essa gente fale, porque isso produz efeitos importantes em termos do *show business* da vida nacional. Não tem como você evitar isso. Então, está muito difícil de lidar com isso.

As figuras tradicionais das profissões jurídicas se tornaram figuras públicas muito próximas da figura do político, sem dúvida nenhuma, ou da figura do animador de espetáculo de televisão, ou mais do que isso. Por enquanto, eu acho que nós ainda não chegamos a esse ponto no Brasil ou fora do Brasil, mas, hoje em dia, essa mídia está perdendo espaço, a gente sabe disso, a Internet está entrando no lugar, o que conta hoje são as redes, e aí qualquer um pode se manifestar. Trump, que é Presidente dos Estados Unidos, faz isso. Não sei se o Presidente da Suprema Corte Americana faz isso ou faria, ou se lá ainda existe um pudor de não ter um *site* dele onde ele diz o que ele pensa a respeito da vida particular, de todo mundo ou da própria. Acho que ainda não aconteceu isso. Mas, no Brasil isso já aconteceu em termos de participação da outra mídia, da mídia tradicional.

Isso traz insegurança? Depende do que a gente chama de segurança... de novo! Se você chama de segurança o estabelecimento de regras, de cânones para controlar ou neutralizar até certo ponto o subjetivismo da verdade, o que aconteceu a partir da Era Moderna,

---

[18] Trata-se do artigo 6º, inciso V, da revogada Lei Federal nº 8.884/1994, *in verbis*: "Ao Presidente e aos Conselheiros é vedado: manifestar, por qualquer meio de comunicação, opinião sobre processo pendente de julgamento, ou juízo depreciativo sobre despachos, votos ou sentenças de órgãos judiciais, ressalvada a crítica nos autos, em obras técnicas ou no exercício do magistério". A proibição é, sim, reproduzida, com idêntica redação, no inciso V do art. 8º da lei atual, Lei Federal nº 12.529/11.

essa exposição é perigosa. Mas, se você virar a perspectiva, e achar que a segurança está exatamente em ser mais transparente – que é por onde parece que vai caminhando o nosso mundo contemporâneo –, ao contrário do mundo antigo, ocultar virou um pecado enorme, no mundo que a gente vive tudo tem que ser transparente –, se você olha desse lado, a noção de segurança muda, e começa a ficar ligada à transparência. Então, ao contrário, você quer saber o que as pessoas pensam, até aquelas que se ocultavam por detrás de uma decisão programada condicionalmente.

Eu me lembro, anos atrás, na outra noção de segurança, e no outro universo, de muito menor exposição, a dificuldade que tinham professores e juízes de se manifestar. Era complicado. Imagine, você chegar para um juiz e levar a opinião de um professor a respeito de um determinado assunto, e tentar convencê-lo de que esse é o caminho certo para uma decisão, é uma coisa. Agora, você chegar para o próprio juiz e dizer: "Vossa Excelência disse isso no seu livro, assim, assim"... O que ele vai dizer? Era mais complicado, já nessa época. Só que nós estamos em um outro mundo.

Como é que você lida com isso? Você tem que lidar com os instrumentos dessa publicidade transparente ao infinito. A gente tem que aprender a lidar com isso, até porque talvez a segurança esteja realmente aí, não mais em ocultar. Quanto mais transparente – é o que dizem –, melhor. Eu me lembro que uma vez – eu estava no Ministério da Justiça – fui entrevistado por uma repórter, e ela me perguntou se nós tínhamos acabado de sair da Revolução de 1964, isso foi em 1990, tinha acabado o regime de uma vez, Sarney tinha sido o último presidente daquele outro regime, então estávamos ainda sob o peso todo de um Poder Público que se ocultava, que se ocultava nas masmorras, enfim, tudo o que era de ruim, e entravamos no mundo da transparência –, e eu me lembro que ela perguntou isso para mim: se eu não achava que não deveria haver nenhuma censura e se deveriam acabar com toda e qualquer censura, inclusive censura de espetáculos – naquela época ainda havia, hoje em dia cada vez menos – para menores e tudo mais. Eu me lembro que eu respondi: "Olha, eu acho que algum ocultamento é importante, não pode ser transparente de modo total. Por exemplo, pensando no desenvolvimento humano, a criança não pode ser exposta a tudo. Eu acho que alguma coisa tem que ser oculta, sim, da criança. Você não pode mostrar tudo".

Ela falou assim: "Mas por que não? Por que a gente não pode mostrar tudo?". Eu falei: "Tudo bem, venha aqui!" – era uma jornalista. "A senhora está vendo aquele lago lá embaixo, no Ministério da Justiça? Então, quando a senhora descer lá, por favor, sente ali na beirada e vá urinar ali". Ela olhou para mim e falou: "Isso eu não faço". Falei: "Por quê? Qual é o problema? Por que precisa ser um ato privado? Por que não mostrar para todo mundo?". Ela falou: "Não. Isso é um absurdo, o que o senhor está dizendo". No dia seguinte, eu me lembro da manchete do jornal dela. Dizia: "Secretário Executivo do Ministério é um medieval". Era a manchete! E daí vinha que eu era contra a transparência e tal. Não foi nada disso que eu falei, mas, enfim...

O que eu estou tentando mostrar é que a transparência obviamente tem limites. Nós vivemos, no entanto, num mundo em que essa transparência parece que está quebrando todos esses limites. Nessa circunstância, você tem duas atitudes a tomar, em nome da segurança: ou você oculta ou você tenta lidar com a transparência e tenta aprender com ela. Quais são os modos como você lida com isso? São os modos como politicamente você lida com isso, e juridicamente também você lida com isso. Você estabelece limites àquilo que você torna transparente, limites penais. E se aquilo que você torna transparente resulta em uma ofensa ao outro? Isso é difamação, é calúnia, o que é? São os modos jurídicos de você fazer com que o sujeito não seja totalmente transparente. Estou lembrando do Direito Penal.

E vai ter outros instrumentos para lidar com essa transparência, de uma forma jurídica ou de uma forma política, inevitavelmente necessários para que ela possa ocorrer sem que se torne alguma coisa sem peia, completamente não lidável. Mas eu acho que voltar aos ocultamentos anteriores, aos pudores anteriores, mesmo em termos do Poder Judiciário, é uma coisa que você não consegue mais. Tem é que, agora, aprender a lidar com isso, e ver, aproveitar isso, no sentido de conquistar segurança, isto é, conseguir, de alguma forma, executar aquilo que a segurança permite, prever decisões, saber prever decisões. Porque a previsão que você tinha nos modelos condicionais, essa está realmente fazendo água. Então, tem que trabalhar com a outra.

AUGUSTO NEVES DAL POZZO E RICARDO MARCONDES MARTINS – O Senhor observou, em palestras recentes, que o Direito sofreu uma mudança de paradigma.[19] Antes, estudava-se hermenêutica e pouquíssimo se falava de argumentação; hoje, o tema da argumentação jurídica é a pauta de toda a Teoria do Direito. O Senhor já a antecipou desde a 1ª edição de seu "Introdução ao Estudo do Direito",[20] e, mais recentemente, publicou uma monografia sobre ela, "Argumentação Jurídica".[21]

Nesse cenário, em que os valores devem ser ponderados, independentemente de soluções jurídicas previamente estabelecidas, e em que a tópica preconizada por Viehweg se consolida, como fica a segurança jurídica? O Poder Judiciário deixa de ser um Poder neutro? Quais as implicações que isso acarreta para o fenômeno jurídico?

TERCIO SAMPAIO FERRAZ JUNIOR – A noção de argumentação não era uma noção corrente. Ela se tornou corrente nesse universo do Direito transformado em show, em que, justamente, torna-se muito mais importante o modo como você aparece do que o modo como você se fundamenta, vamos dizer assim.

A noção de argumento cresceu junto com essa abertura cada vez maior para os esquemas finalísticos na tomada de decisão, o que é alguma coisa adequada – agora falando mais tecnicamente – ao tipo de sistema jurídico ou universo jurídico anglo-saxão. Lá, a tomada de decisão, é menos "kelseniana", vamos chamar assim, sempre foi. Embora os Estados Unidos tenham um constitucionalismo muito nos moldes do constitucionalismo do século XVIII, o seu Direito, que é britânico no resto, sempre trabalhou com a decisão finalística num grau muito maior do que nós trabalhamos.

Nós sempre fomos muito mais condicionais do que finalísticos. Lá, portanto, a ideia de argumento e de argumentação é muito mais

---

[19] A título de exemplo: FERRAZ JR., Tercio Sampaio. *Hermenêutica e argumentação*. Curso "Hermenêutica Jurídica". Tribunal Regional Federal da 4ª Região – TRF4. Palestra proferida em 20.08.2013. Disponível em: https://www.youtube.com/watch?v=1ZHjuUV36vg. Acesso em 02.10.22.
[20] FERRAZ JR., Tercio Sampaio. *Introdução ao estudo do Direito*, op. cit., Cap. 6.
[21] FERRAZ JR., Tercio Sampaio. *Argumentação jurídica*. Barueri: Manole, 2014.

forte. Aliás, não existe só no mundo jurídico. Se você olha filósofos americanos, não são do meu gosto exatamente por causa disto: eles argumentam até com uma certa ingenuidade histórica. Quer dizer, o que vale é o modo como você tenta orientar a conclusão do seu pensamento, isso é importante, "o modo como". E aí entram os argumentos.

Há, por exemplo, um Professor de Harvard,[22] que você pode acessar pelas aulas dele para grandes públicos, em que o método é dialógico, ele fica provocando: "O que você acharia?". É uma aula sobre justiça. Nesse método, a posição de cada um é sempre baseada em um ponto em que o sujeito responde: "Esse é um bom argumento, mas vamos ver o outro lado". Quer dizer, essa forma de raciocinar encaixa bem na Filosofia, na Política e no modo como eles lidam com o Direito.

O que está acontecendo hoje, para entrar nesse mundo do argumento, é que essa cultura jurídica está entrando dentro da nossa cultura, está entrando com as portas escancaradas. Então, aquilo que antes nós chamávamos de fundamentos – fundamento legal, base legal, base constitucional – virou argumento, como lá! Claro que lá eles têm os seus limites, não é escancarado. Enfim, você tem o precedente. Só que lá eles encaram isso como limitações ao processo de argumentação. Esse é um bom argumento, mas o precedente tem que ser respeitado.

A Professora Teresa Alvim, a filha, me contou – nós tivemos uma discussão sobre isso – que ela perguntou, não sei se num debate ou particularmente, para um professor americano – eles estavam discutindo sobre a questão do precedente –, disse ela, com uma certa ingenuidade: "E o que acontece aqui quando o juiz não segue um precedente"? O sujeito olhou para ela e falou: "Como assim? Isso não existe". Eu tenho certeza que isso vai acontecer no Brasil, por mais que o Código tenha posto lá o precedente e tal... Vai aparecer um juiz que vai falar: "Não, não sigo o precedente". E o que ele vai ser? Expulso da magistratura? Não funciona isso. Pode até ser expulso. O que funciona é o sujeito olhar para você e dizer: "Como não seguir um precedente"?

---

[22] Tercio Sampaio refere-se a Michael Sandel.

Então, esse mundo da argumentação, lá funciona, porque eles têm certos parâmetros, que não são parâmetros legais no nosso sentido, são parâmetros jurídico-culturais que fazem com que a argumentação tenha seus limites. Aqui, o que me assusta é que, por conta desse mundo do show e por conta da entrada violenta dessa cultura aqui dentro, em que nós, no entanto, continuamos a pensar, em termos do Sérgio Buarque de Holanda, numa estrutura de favorecimentos, de prestância etc., que isso acabe não funcionando. O máximo que alguém vai poder invocar é: "Mas o Código de Processo diz que o precedente terá...". "Muito bem! Então, vamos interpretar o que o Código disse". E aí você destrói isso. Esse é o risco que nós temos dessa entrada do argumento como uma expressão corriqueira no nosso mundo jurídico, que tem uma outra base cultural.

AUGUSTO NEVES DAL POZZO E RICARDO MARCONDES MARTINS – O senhor no passado já se manifestou sobre o tema da pesquisa no Direito.[23] Lembramo-nos de ouvi-lo dizer que nos campos dogmáticos, pesquisar um tema seria ler uma lista de livros, e que essa forma de fazer pesquisa nunca foi bem compreendida pelos pesquisadores de outras áreas. Algumas Escolas pareceram ter acolhido a crítica, esforçando-se para adotar outros métodos de pesquisa, principalmente a pesquisa de campo, na seara jurídica.

Perguntamos: para quem busca a interpretação correta, e não como decidem os juristas em certo momento histórico, o método de pesquisa por excelência não seria, sim, a leitura de doutrina, jurisprudência e textos normativos? É possível, nos campos dogmáticos, afastar-se desse método?

TERCIO SAMPAIO FERRAZ JUNIOR – Vejam, primeira coisa, também não acho, de pronto, que uma pesquisa no campo jurídico seja simplesmente uma pesquisa de livros, pura e simplesmente. Nunca é totalmente assim. E aí você tem "pesquisa" e "pesquisa", vamos dizer assim. O tipo de pesquisa e produção que se faz em dogmática jurídica, desse tipo muito voltado apenas

---

[23] FERRAZ JR., Tercio Sampaio. *Histórias e desafios do ensino do Direito*. Faculdade de Direito de Ribeirão Preto da Universidade de São Paulo. Palestra disponível em: https://www.youtube.com/watch?v=HPH29l-zUQ0 Acesso em 02.10.22.

para uma coletânea do que é dito a respeito, na minha opinião, sempre acabou produzindo uma má dogmática. A boa dogmática não é isso, e nunca foi. Aliás, olhando a dogmática brasileira, por exemplo, como ela se desenvolveu, ela teve muito disso, mas se você olha, por exemplo, para os nossos dogmáticos do final do século XIX e começo do século XX, que formaram a nossa cultura jurídica, e que fizeram isso, porque não tinha no Brasil... eles iam procurar aonde isso? Na Europa, na Itália, nos grandes autores italianos, franceses, alemães, espanhóis... eles faziam isso. Mas, se você olha aquela gente, o que eles escreviam, os bons, os que ficaram, não ficavam só resumindo. Você percebia que eles discutiam aquilo, olhando para a legislação brasileira, e tentando interpretá-la. Pontes de Miranda fez isso o tempo inteiro. Ok, ele tinha uma tendência germânica, e tal, vão dizer os civilistas hoje, olhando para o que ele escreveu... mas ele fazia isso. Citava "A", "B" etc., mas ele estava olhando para o Direito brasileiro e tentando aplicar, mostrando aqui e ali. Isso era um tipo de pesquisa, que eu diria, fecunda. É assim que eles trabalhavam.

Acho que, no Brasil, principalmente quando a possibilidade de publicação se generalizou – isso aconteceu, talvez trinta, quarenta anos atrás –, era muito difícil publicar há cinquenta anos, era custoso, publicar livro era uma coisa custosa, hoje em dia é facílimo, qualquer um publica qualquer coisa... Já cheguei a ouvir falar disso em alguns lugares do Brasil: para eu tomar cuidado com o currículo de Fulano de Tal, porque naquele lugar tinha uma editora que, em um mês, produzia cinco livros do sujeito. Então, ele chega e diz: "Tenho cinco livros publicados". Ou seja, a técnica possibilitou que você começasse a publicar coisas que, na verdade, antes, eram, talvez, etapas para uma publicação, em que, depois de colecionar todas essas opiniões a respeito do seu tema, vinha aquele momento de refletir, pensar e olhar para o seu Direito e ver o que cabia, o que não cabia, e esse momento era o momento fundamental. Isso aí era a boa dogmática, e assim se fazia, a meu ver, a boa pesquisa no Direito. Era assim que ela era feita. Hoje em dia não é mais. E você cai um pouco naquilo que eu, em algum lugar, chamei de "psitacismo[24]

---

[24] Psitacismo é uma "perturbação psíquica que consiste em repetir sem ter ideia do seu significado", e, por extensão, "palavreado vazio e abundante; loquacidade, verborreia";

jurídico". Enfim, é papagaio! Simplesmente fica repetindo o que os outros disseram... e daí? Isso a gente percebe às vezes em pareceres. O sujeito escreve cinquenta páginas, sendo que quarenta e nove são de citações etc. E daí? O que quer dizer isso?

Não há dúvida que nos últimos trinta anos isso entrou na cultura brasileira. Entrou mesmo e ela ficou uma cultura de papagaios. Isso foi, a meu ver, criando uma espécie de mal-estar no modo como você avaliava esse tipo de pesquisa. Começou a ser criada uma imagem de que essa figura do dogmático jurídico era uma figura depreciável.

E o que a gente percebeu, talvez acho que começou nos anos oitenta, foi uma tentativa de virar, em termos de dicotomia, ir para o outro lado. Então, você começou a perceber, em vários centros acadêmicos, a ideia de que pesquisa jurídica é pesquisa de campo, você tem que sair para a Sociologia, você tem que entender os fatos, ir atrás disso. Então, viraram... a CAPES virou nesse sentido, eu me lembro. Isso aconteceu no final dos anos setenta, começo dos anos oitenta. Começou a dar essa virada. Então, aqueles centros acadêmicos voltados para essa pesquisa de livros e de opiniões ela começaram a ser depreciados, principalmente em pós-graduação. Isso aconteceu, de fato. Virou a bola para o outro lado, completamente.

O que eu penso é que, hoje em dia, continuo valorizando muito esse tipo de pesquisa de livros, e voltada para livros, mas em que você não se limita a fazer isso, que você tenha essa capacidade de ir para frente, de pensar aquilo que você está lendo. Agora, por conta dessa virada que aconteceu, está ficando muito difícil evitar totalmente a ideia de que a pesquisa jurídica tenha, sim, a ver com a pesquisa de campo. Só que aqui vem um problema complicado. É que a formação jurídica nas faculdades de Direito não nos dá base para fazer esse tipo de pesquisa. Não somos treinados para fazer isso. O que a gente percebe são tentativas de lidar, ora com um, ora com outro pesquisador, em termos de criar grupos de pesquisa, que é um jeito de dar a volta por cima. Enfim, no seu grupo, você enfia um sociólogo, ou enfia um economista, para que ele possa trazer a sua contribuição.

"estudo por repetição mecânica, decoreba". Cf. HOUAISS, Antônio; VILLAR, Mauro de Salles (Ed.). *Dicionário Houaiss da língua portuguesa*. Rio de Janeiro: Objetiva, 2001, p. 2.328.

O que tem sobrado em termos de pesquisa para o campo jurídico? Esse padrão tem sido dado pelas mudanças que o próprio Direito está sofrendo. Uma forma de você lidar, acho, bem com essa situação é, pelo menos, fazer uma coisa para a qual somos treinados, que é a pesquisa jurisprudencial. Isso faz sentido. Jurisprudencial, e outra que nós ainda não começamos a fazer: legislativa. Não das leis promulgadas, mas de como se fazem as leis. O que está acontecendo? Nós não nos abrimos ainda para isso, no Brasil.

Aliás, eu recebi uma carta, faz uns três meses, de uma estudante, uma estudante aqui do Brasil, que está estudando na Europa, na França. E ela diz que o orientador dela está estudando retórica jurídica e mandou perguntar para mim quais eram os trabalhos de retórica jurídica voltados para retórica legislativa no País. Respondi para ela: "Infelizmente, não existe nenhum que eu conheça, acho que ninguém fez esse tipo de trabalho". Existem trabalhos voltados para como funciona a argumentação jurídica no Judiciário – como os juízes fundamentam. Isso está se espalhando cada vez mais, e é um tipo de pesquisa de campo; inclusive chegando até a televisão, essas coisas estão acontecendo. Mas no Legislativo, nós não fazemos ainda. Talvez tenhamos que vir a fazer isso, para entender, lá dentro, como é que as coisas funcionam.

Então, o que eu estou achando é que, depois dessa fase em que a gente entrou nesse "psitacismo", ruim, a volta por cima está obrigando a fazer, também, a pesquisa empírica, de campo, pelo menos nessa outra direção. E, com isso, tentar lidar com essa situação nova.

Eu me lembro de um trabalho de Direito Processual de um aluno da PUC-SP, bastante interessante, achei, sobre os pressupostos da concessão de liminar:[25] *fumus boni juris* e *periculum in mora*. Ele fez uma análise muito interessante, criando quadros, tentando ver como os juízes se comportam perante esses conceitos. Não como eles se comportam conceitualmente, isto é, qual é a opinião que eles têm a respeito do *fumus boni juris* e do *periculum in mora*, mas o que é para eles, em geral, *fumus boni juris* e o que é *periculum in mora*. E, depois, como é que eles se comportam quando o *fumus boni juris*

---

[25] Trata-se de COSTA, Eduardo José da Fonseca. *O direito vivo das liminares*. São Paulo: Saraiva, 2011 (o livro é fruto de dissertação de mestrado depositada em 2009 na PUC-SP).

é alto, mas o *periculum in mora* é muito baixo? Como é que eles se comportam quando o *fumus boni juris* é baixo e o *periculum in mora* é alto? E como é que eles se comportam quando não há nem um, nem outro? É sempre negando? E, com isso, ele criou quadros para entender como funciona. Isso é um tipo de pesquisa de interesse jurídico, acho, e não é livreto. Claro que você tem que ir atrás dos livros, saber o que é *periculum in mora* e o que é *fumus boni juris*. Mas não deixa de ser uma pesquisa de campo, que eu acho interessante, até para aprender a argumentar.

AUGUSTO NEVES DAL POZZO – Professor, uma das questões que vem sendo discutidas no Doutorado da PUC-SP é exatamente como fazer com que as teses tenham alguma repercussão na realidade, que elas não fiquem simplesmente na teoria, que tenham uma efetiva repercussão. Talvez a pesquisa de campo contribua para isso. É esse o caminho?

TERCIO SAMPAIO FERRAZ JUNIOR – Possível é, só que precisa ser bem feito. O pesquisador precisa tomar muito cuidado em não cair no risco, agora voltado para esse lado. Assim como o lado da pesquisa em livros foi sendo deturpado no Brasil no correr do tempo, os juristas da primeira metade do século XX ainda eram daqueles "da grande formação", pensando em cima daquilo que eles citavam e aprendiam, e depois a coisa esmaeceu – não que a gente não tenha mais juristas e gente voltada para isso –, mas fica difícil filtrar, porque tem muito livro que você pega e depois fala: "Por que eu comprei essa 'porcaria'? Não tem nada", no mau sentido da pesquisa de livros... O que a gente precisa evitar agora é que isso possa acontecer desse outro lado; que, de repente, fazer pesquisa seja juntar jurisprudência. Não é isso, de novo. Precisa de uma orientação boa para que isso seja fecundo... claro! E esse risco existe, que, com essa ideia de que precisa ter uma repercussão na prática, acabe amolecendo, e fazendo uma repercussão superficial, simplesmente mostrando alguns casos e pronto! Não é isso. Tem que ser levada a sério.

AUGUSTO NEVES DAL POZZO E RICARDO MARCONDES MARTINS – Em 2014, em outro Seminário da

Feiticeira, V. Sa. discutiu o tema da verdade.[26] Propôs uma reflexão a partir da obra de "O zero e o infinito" de Arthur Koestler.[27] A reflexão muito se aproxima da apresentada por Walter Benjamin em "Sobre o conceito de história".[28] Em uma síntese, a "verdade histórica" seria uma construção, de modo que não temos acesso ao "evento", mas ao "fato", à verbalização do evento, e essa verbalização sempre se dá sobre o influxo da ideologia de quem verbaliza; a história seria um palco de disputa em torno de qual verbalização deve prevalecer, e nessa disputa sempre há vitoriosos e perdedores.

Diante disso, considerando que os institutos jurídicos são construídos na história, e o Direito não é só o resultado da leitura dos textos normativos vigentes, mas de um longo processo de elaboração conceitual, perguntamos: sendo a história o que é, o Direito – como produto dela – é infalivelmente um instrumento de opressão, como pensaram Nietzsche e Marx?

TERCIO SAMPAIO FERRAZ JUNIOR – Para começar, eu acho que também depende de como você olha para essa opressão. Se olhar o Direito do ponto de vista do conflito, e, se imaginar que no conflito vai ter sempre um perdedor e um ganhador – interpretar assim a noção de conflito –, o perdedor vai sempre ver o Direito como uma opressão. Só que eu acho que a prática também nos ensina que não é bem assim. Ele pode ser um instrumento de opressão, mas também, vamos dizer assim, é o modo pelo qual a gente consegue atravessar e, em certo sentido, neutralizar a incomunicabilidade humana.

E aí eu vou introduzir uma resposta ao que vocês perguntaram. Acho que não é impossível partir do pressuposto de que, ao contrário

---

[26] FERRAZ JR., Tercio Sampaio. *Direito à verdade*: a verdade no sentido ético ou epistemológico – primeira parte. *Seminário da feiticeira* – 2014. Disponível em: https://www.youtube.com/watch?v=bcxSkWipbdc. Acesso em: 03.10.22; FERRAZ JR., Tercio Sampaio. *Direito à verdade*: a verdade no sentido ético ou epistemológico – segunda parte. *Seminário da feiticeira* – 2014. Disponível em: https://www.youtube.com/watch?v=qYJOSZ-7YJU. Acesso em 03.10.22; FERRAZ JR., Tercio Sampaio. *Direito à verdade*: a verdade no sentido ético ou epistemológico – terceira parte. *Seminário da feiticeira* – 2014. Disponível em: https://www.youtube.com/watch?v=5AzRPUuw_9Y. Acesso em: 03.10.22.

[27] KOESTLER, Arthur. *O zero e o infinito*. Tradução Andre Pereira da Costa. Barueri: Amarilys, 2013.

[28] Sobre as teses, vide: LÖWY, Michael. *Walter Benjamin*: aviso de incêndio – uma leitura das teses "Sobre o conceito de história". Tradução de Wanda Nogueira Caldeira Brant, Jeanne Marie Gagnebin e Marcos Lutz Müller. São Paulo: Boi Tempo, 2005.

do que à primeira vista parece – e eu mesmo cheguei a dizer isso com todas as letras –, o fato de que é impossível não se comunicar não significa que, quando você se comunica, nós nos entendamos uns aos outros. É impossível não se comunicar no sentido de que é impossível sair de situações comunicativas. Você está sempre lidando com o outro. Só que isso não quer dizer que você consiga adentrar no outro e o outro consiga adentrar você. Ao contrário, se eu tomar comunicação nesse sentido, eu conseguir entender o que você me perguntou e você entender qual é a resposta que eu dei, provavelmente, a resposta radical seja a mais correta: você nunca vai saber o que estou lhe dizendo em resposta, e eu nunca vou ter entendido exatamente o que você me perguntou.

Talvez, por várias razões que contornam essa situação angustiosa da incomunicabilidade, a gente vá criando instrumentos de defesa. Sei lá, você vai para casa e vai dizer: "Aquela pergunta ele não respondeu, mas também não era o caso de eu ficar fustigando, senão ficaríamos vinte e quatro horas perguntando e nunca chegaríamos ao fim. Deixa para lá". Ou seja, a gente cria mecanismos de defesa para essa situação, em que, ao nos comunicarmos, nós nos encontramos, em que um é para o outro opaco. Nós somos opacos. A gente tenta o tempo inteiro lidar com essa opacidade e adivinhar um pouco o que o outro diz. E existe muito de adivinhação aí dentro. A construção da língua como um meio de comunicação é uma construção que visa a dar um pouco a volta por cima dessa opacidade. Não quer dizer que a opacidade tenha sido eliminada, mas quer dizer que, apesar da opacidade, você consegue se comunicar... é só isso!

Portanto, eu parto do princípio de que não é possível a quebra da opacidade. Então, você precisa desses elementos, como é o caso da língua, que é um dos mais importantes do ser humano, que permitam adivinhar o que o outro está fazendo. Os animais têm isso também. Aquele exemplo, que eu costumava citar, dos gatos, que conversam analogicamente, que precisam mostrar para o outro gato que "não vou agredir você". Como é que eu consigo despertar no outro a confiança? Como eu quebro a opacidade? E aí vem todo o jogo dos gestos. Tudo isso faz parte. Mas a opacidade não se quebra, digamos assim. Faz parte – eu não sei se faz parte da língua dos gatos porque eu também não sou gato –, mas faz parte da angústia humana não quebrar essa opacidade nunca. Você não consegue chegar até o fim, o máximo que você consegue é conviver com ela. E o Direito, para mim, é um dos mais interessantes e extraordinários instrumentos que o ser humano inventou para lidar com isso.

Sei lá, é possível que você saia na rua e seja assaltado, leve um tiro e morra? É possível isso. O que está por detrás da cabeça daquele que matou? Talvez a gente consiga fazer com que ele diga, mas, por mais que torture o sujeito, você nunca vai ter certeza de que aquilo que ele disse é realmente a razão pela qual ele matou. É aí que entra o Direito. Ele consegue lidar com essa opacidade e criar instrumentos objetivos, vamos dizer, hoje, os instrumentos que a gente chama de normativos, que vão dar uma certa luz à comunicação apesar da opacidade. E quais são esses instrumentos? No Direito, a gente conhece: intenção, intenção dolosa, intenção culposa, negligência. O que é isso, juridicamente? São fórmulas pelas quais você lida com essa opacidade básica que existe na comunicação humana. Por esse meio, você consegue fazer com que essa opacidade possa ser contornada, e a comunicação e, por conta dela, a sociabilidade humana se realizem.

Então, o Direito é um instrumento de opressão? Eu acho que não necessariamente. Ao contrário, ele é um instrumento que permite você lidar até com a opressão, porque é uma das formas pelas quais a opacidade pode estar se manifestando. Então, eu vejo o Direito como um instrumento muito positivo nesse sentido. O que não quer dizer que ele não possa ser manipulado e transformado num instrumento de opressão. Claro que pode!

Eu diria: vamos devagar nessa ideia da opressão. Eu acho que ele, basicamente, não é um instrumento de opressão. Acho que o que Marx viu foi a superfície dele, aliás como uma superestrutura. Isto é, um instrumento que favorece a comunicação, cria elementos para que a opacidade seja rompida, ou seja pelo menos atenuada para que a comunicação ocorra, mas que pode se transformar num instrumento de opressão, sem dúvida. Só que ele viu a superfície, ele viu depois, ele não olhou esse outro lado.

E, quando a gente olha para esse outro lado, de fato, aí... é possível uma sociedade sem Direito? *Ubi jus, ibi societas; ubi societas, ibi jus"* faz sentido? Sentido faz. Sem o Direito, a opacidade dominaria e você não teria a possibilidade de ter uma sociedade.

Não dá para ter uma sociedade. Você precisa desse instrumento, que pode ser depois objeto de manipulação, sem dúvida que pode.

AUGUSTO NEVES DAL POZZO E RICARDO MARCONDES MARTINS – Sua teoria da norma jurídica, baseada em uma situação comunicativa, que parte da diferenciação entre o aspecto relato e o aspecto cometimento, e analisa a validade, a eficácia e a legitimidade a partir da relação entre esses aspectos, é extremamente inovadora.[29] As teorias jurídicas costumam ser produzidas a partir de um longo processo de pequenos acréscimos. Essa teoria, porém, é profundamente distinta do que até então se escreveu sobre o assunto no Direito. O senhor pode nos contar como ela foi concebida?

TERCIO SAMPAIO FERRAZ JUNIOR – Bom, em primeiro lugar, pela leitura e, portanto, pela pesquisa em leituras. Claro, eu tinha um objetivo de pesquisa: norma jurídica e a interrogação em cima disso, enfim, o que é norma jurídica, e o que é norma? Para começar a fazer a pesquisa, fui ler o que se dizia a respeito do assunto e, das leituras, – e aí a partir de uma outra leitura, que me foi trazida pela semiótica de modo geral –, fui conseguindo organizar os seus conteúdos em termos de uma classificação semiótica. E fui aos poucos percebendo que as respostas que se davam às perguntas o que é a norma e o que é a norma jurídica eram respostas, basicamente, ou de estrutura sintática ou de relação semântica; e que o aspecto pragmático quase não era explorado e, quando era explorado, era como uma exploração subsidiária da semântica, e não muito mais do que isso.

Então, o meu caminho intelectual foi por aí – acho que começo a responder o que você está perguntando –, quer dizer, leituras, leitura de semiótica, de teoria da linguagem; e daí, na teoria da linguagem, um aprofundamento das questões da pragmática, interesse que me tinha sido trazido pelo Viehweg, com seu interesse na retórica; e, por conta disso, entrando na teoria da comunicação, que começava a aparecer naquela época.

---

[29] FERRAZ JR., Tercio Sampaio. *Teoria da norma jurídica, op. cit.*

Então, esse foi o caminho intelectual. E, por conta disso, voltando ao tema da norma jurídica, e tentando entendê-la desse modo, que eu chamei depois de pragmático, por conta da retórica e por conta da teoria da comunicação. Ou seja, tentar iluminar o tema "norma jurídica" para além da questão de ordem semântica e para além da questão de ordem sintática. Então, na minha cabeça, Kelsen era um paradigma, ou tinha se tornado um paradigma, da visão da norma do ponto de vista sintático, ele se tornou esse paradigma. Do ponto de vista semântico, eu usei o Alf Ross, achei que ele ia por esse lado. Eu fui tomando esses padrões e o que dizer da norma jurídica do terceiro ponto de vista?

Eu não encontrava quem lidasse com isso, não havia. Havia pragmática, retórica, isso já existia no plano da interpretação – Viehweg mesmo tinha feito isso –, mas uma tentativa de dizer, desse ponto de vista, o que seria uma norma jurídica, eu não achei. Aí tive que arrancar de onde eu podia arrancar aquilo que depois virou esse livro "Teoria da Norma Jurídica". Esse foi o trajeto.

AUGUSTO NEVES DAL POZZO E RICARDO MARCONDES MARTINS – O seu escritório de advocacia é um dos mais especializados no país em direito antitruste. Permita-nos fazer uma pergunta nesse tema. Pouco se falou no Brasil, mas a nova Lei parece ter alterado substancialmente o direito antitruste: antes o controle era preventivo, agora só é preventivo em relação a certos atos de concentração. O Senhor vê com bons olhos essas mudanças? Os empresários brasileiros estão preparados para uma maior liberdade econômica?

TERCIO SAMPAIO FERRAZ JUNIOR – Curiosamente, quando saiu a primeira dessas leis, a mais antiga é de 1962,[30] mas quando veio a renovação, eu, fazendo conferências sobre a nova lei,[31] naquela época, nos anos noventa, me lembro que eu fui fazer

---

[30] Tercio Sampaio refere-se à Lei Federal nº 4.137, de 10 de setembro de 1962, que regulava a repressão ao abuso do poder econômico, que foi revogada pela Lei nº 8.884, de 11 de junho de 1994. Esta última foi, com a ressalva apenas dos artigos 86 e 87, revogada pela Lei nº 12.529/11.

[31] Trata-se da Lei nº 8.884, de 11 de junho de 1994, que transforma o Conselho Administrativo de Defesa Econômica (CADE) em autarquia, dispõe sobre a prevenção e a repressão às infrações contra a ordem econômica e dá outras providências.

uma palestra na Câmara de Comércio Brasil-Estados Unidos e um empresário americano que estava assistindo chegou a mim e fez exatamente essa pergunta: "Mas o senhor acha que isso que o senhor apresentou aqui funciona no Brasil?" Ele se referia àquela lei [de 1994 e não à atual, de 2011].

Porque, talvez matizando um pouco a sua pergunta e o modo como você colocou a evolução, o que a gente percebe é que a primeira lei que nós tivemos – aliás, é uma das mais antigas no mundo ocidental; a mais antiga é obviamente a lei americana, mas a nossa é muito antiga; em 1962, na Europa, não eram todos os países que tinham leis de concorrência, então a nossa antecedeu no tempo a muita legislação de concorrência em países de sistema romanístico – [nossa primeira lei] copiava algo que vinha do direito americano, sem dúvida. O padrão era o direito americano, o *Sherman Antitrust Act* etc. Mas ela, ao ser trazida para o Brasil, entrou no contexto cultural legalista brasileiro e foi lida e interpretada numa forma repressiva, que não funcionou. Nós ficamos até os anos noventa... ela existia, era vigente, mas era absolutamente ineficaz. Eu posso dizer até com a boca cheia: era absolutamente ineficaz. Os processos, no CADE, ficavam esquecidos por dez, quinze anos. Ela nunca funcionou no Brasil e provavelmente não funcionou, talvez, por duas razões principais.

Uma é que a economia brasileira não tinha um desenvolvimento suficiente para ter uma concorrência que merecesse alguma forma de regulação. Era muito frágil, não era o tipo de economia concorrencial que os Estados Unidos tinham quando esse tipo de lei começou a aparecer e forçou os juristas americanos a dizerem: "Olha, nós não vamos conseguir resolver isso aqui com Direito Comercial, contratos etc.; esse tipo de Direito não resolve esse tipo de problema". Começava a ter já nos Estados Unidos uma expansão econômica, muito diferente do que era a nossa em 1962 – isso foi antes da Revolução de 1964; e, depois da Revolução de 1964, intervenção do Estado etc., essa lei nunca funcionou. Mas ela sempre foi interpretada como uma lei de cunho penal. Ela apresentava, nas suas figuras, verdadeiros tipos penais e era interpretada desse modo. Essa foi, talvez, a segunda razão pela qual ela não funcionou, porque era muito rígida, era rígida demais. Na hora de punir uma infração, era dificílimo encaixar aquilo em um tipo. E aquilo que constituía um distúrbio econômico em termos de concorrência não conseguia então ser apanhado pela Lei de 1962.

O que mudou na legislação nos anos noventa, eu estava lá nessa época – e confesso que nessa época não entendia nada de Direito da Concorrência, apenas fui confrontado com uma situação, em que o pessoal do Ministério da Economia, como se chamava na época, me ligou, eu estava no Ministério da Justiça, dizendo: "Olha, o Plano Collor está afundando, nós vamos ter que abrir os preços e nós precisamos de alguma coisa que nos permita lidar com isso, porque senão vai ser o caos total aqui. Tem um negócio aqui que se chama 'lei da concorrência', isso funciona"? Eu me lembro de ter respondido para a pessoa que me perguntou: "Infelizmente não funciona". "Então, pelo amor de Deus, faça com que funcione". Foi aí que eu me debrucei sobre Lei da Concorrência... porque era uma coisa inexpressiva, por que estudar Lei da Concorrência? – então, comecei a estudar aquilo e, vamos dizer assim, a pedra de toque – nós estávamos numa equipe trabalhando, não fui eu sozinho –, a pedra de toque para a gente quebrar essa rigidez penalista da lei e fazer com que ela começasse a funcionar foi colocar nos "tipos" de conduta, que podiam levar a uma infração, a expressão "além de outras". Essa expressão foi colocada no *caput* do artigo que definia as condutas infratoras da concorrência: "se houver prejuízo à concorrência, se houver dominação de mercado etc., por meio das seguintes condutas, além de outras, e daí vinha a lista...[32] isso quebrou a velha tradição penalista, e permitiu que essa lei, de repente, começasse a se espalhar e começasse a produzir efeitos.

Ou seja, a percepção foi de que, para lidar com a concorrência, era impossível ficar num esquema de decisão condicional. Não funcionava. Lidar com concorrência em economia nesses termos não levava a nada. Então, como a gente podia lidar com isso? Os americanos sempre lidaram com uma noção, que eles chamavam de "regra da razão", que era aquilo que permitia a eles ir equilibrando as situações. A regra da razão sempre funcionou bem em um Direito do

---

[32] Rezava o *caput* do artigo 21 da Lei Federal nº 8.884/94, a que se refere o Prof. Tercio Sampaio: "As seguintes condutas, além de outras, na medida em que configurem hipótese prevista no art. 20 e seus incisos, caracterizam infração da ordem econômica". O dispositivo foi reproduzido, com idêntica redação, no §3º do art. 36 da Lei Federal nº 12.529/11.

tipo americano. No Brasil, a gente fala dessa regra da razão até hoje, mas a gente não consegue introverter a regra da razão inteiramente. O que funcionou aqui mesmo foi um recurso tipicamente legalista: "além de outras", isto é, deu-se um caráter não taxativo. Enfim, são os nossos modos de trabalhar com os temas: "É taxativo, tipifica"... quebrou. A regra da razão a gente nunca conseguiu entender, até hoje. Claro que, retoricamente, invoca-se a regra da razão, mas não é muito do feitio brasileiro. Agora, o que funcionou foi isso: o "além de outras", que permitiu que, de repente, você começasse a olhar para a realidade mais do que para aquilo que estava escrito no rol de condutas. E isso fez com que a infração se abrisse.

Eu me lembro de que, na época, e até hoje, isso causa um certo desconforto, em termos da velha segurança jurídica, da segurança legalista. Claro que causa! Porque você fica um pouco à mercê do conselheiro de plantão ou do conselho de plantão. O que eles pensam? Nesse Direito da Concorrência, é muito complicado lidar com o Direito nos termos nossos tradicionais, de códigos, legislativos etc., exatamente por causa disso. Se há um Direito de princípios, para usar essa linguagem contemporânea, é o Direito da Concorrência no Brasil. E aí fica extremamente difícil lidar com isso em termos de segurança.

Há conceitos – eu me lembro que as primeiras vezes que me perguntavam, em conferência no Instituto dos Advogados, na Associação, pessoas que viravam para mim, isso no início da década de noventa: "O que é esse negócio aí, 'mercado relevante'"? Quando eu vinha com a explicação técnica, dizendo "mercado relevante" não é bem um conceito indeterminado, ele é uma espécie de instrumento sintomático para fazer um prognóstico... O pessoal me olhava e falava: "Esse sujeito está louco, o que é isso em termos jurídicos"? É um pouco o que é a noção de "mercado relevante", ela serve para delimitar um campo, um espaço, um tempo, a fim de que possa aplicar a lei, suas penalidades e tudo mais. Nossa! Isso cria uma angústia enorme, só que é o que está escrito na lei. Já era conhecido na legislação anterior, só que naquela época não funcionava, porque fechava por meio de tipos e de tipologização etc. Na nova lei, começou a funcionar e funciona até hoje. Como é que se lida com isso? No começo, nas primeiras leis, na Lei nº 8.884/1994, e no período em que ela viveu, até essa mudança de 2011,[33] como é que se lidou com isso? Um dos instrumentos fortes para lidar com isso, entre nós no Brasil, foi a jurisprudência do CADE.

E o que está acontecendo agora com a nova lei [12.529/2011]? Esse instrumento de controle está "indo para o espaço", porque já se percebe que o CADE começa, com base na nova Lei, a ir além do "além de outras". Ele está indo além disso. Porque o "além de outras" era circunscrito por meio de jurisprudência... Então você invocava: "o CADE já decidiu em caso anterior que o mercado relevante, nesse setor de mineração é assim, assim etc.". Hoje em dia, já se começa a ver respostas do tipo: "As circunstâncias mudaram, as circunstâncias mudam muito rapidamente, o processo econômico foi alterado, aquela definição do mercado relevante, que serviu para a aplicação daquelas penas no passado, não subsiste mais. Portanto, abandone-se aquela jurisprudência e vamos começar uma nova". Isso está criando uma nova angústia e é isso que a gente está vivendo hoje. Na passagem da lei anterior para a Lei nº 12.529/2011, a gente iniciou esse outro caminho, e eu ouço de muitos colegas e advogados que isso cria realmente uma angústia muito grande, as pessoas ficam sem saber bem o que dizer, por exemplo, para o cliente. "Posso ser condenado por isso"? "Talvez, pode ser".

E de repente você começa a perceber que começa a lidar com coisas com as quais você não lidava antes. Quem é o conselheiro? Que tipo de formação ele tem? Ele é economista ou é advogado, na sua origem? Como ele pensa? De repente, isso começou a ficar importante, nas circunstâncias que a gente está vivendo, que é o modo de você tentar lidar com essa insegurança jurídica gerada por esse passo à frente do "além de outras".

AUGUSTO NEVES DAL POZZO E RICARDO MARCONDES MARTINS – Um dos primeiros livros do Senhor foi "Conceito de Sistema no Direito", que examinou a obra de Emil Lask.[34] O Senhor foi pioneiro no Brasil no exame do "sistema". Sobre esse tema, Mario

---

[33] Trata-se da Lei nº 12.529, de 30 de novembro de 2011, que estrutura o Sistema Brasileiro de Defesa da Concorrência; dispõe sobre a prevenção e repressão às infrações contra a ordem econômica.

[34] FERRAZ JR., Tercio Sampaio. *Conceito de sistema no Direito*. São Paulo: Revista dos Tribunais, 1976.

Losano escreveu três volumes e em nenhum deles apresentou um conceito, nem uma sistematização didática sobre os modelos possíveis – mecânico, biológico e histórico.[35] Luhmann construiu uma teoria dos sistemas com base no conceito de Maturana e Varela,[36] mas a teoria dele também está longe de propor algo didático.[37] Pode-se dizer que a teoria do sistema é incompatível com uma elucidação didática do seu significado? Sistema é algo como o tempo, para parafrasear Santo Agostinho,[38] se ninguém perguntar o que é, sabemos dele, mas se precisarmos conceituar, o assunto nos foge?

TERCIO SAMPAIO FERRAZ JUNIOR – Acho que em 1972 ou 1974, por aí, eu estava na PUC do Rio de Janeiro, e nós resolvemos – o pessoal lá da PUC, os professores, a direção, o diretor era Joaquim Falcão, que até hoje gosta muito de Sociologia – fazer uma pesquisa, tinha uma socióloga que dava apoio, tal. E essa pesquisa, meio improvisada naquele ano, não deu muito resultado, mas a pesquisa começava por fazer entrevistas em faculdades de Direito, em que a pergunta principal era: "O que é um sistema jurídico"? O resultado da pesquisa não interessa, porque nem foi para frente etc. Mas o que eu chamaria de curioso é que, quando nós viemos aqui à Faculdade de Direito do Largo São Francisco, para fazer a pesquisa, e perguntar para alunos, professores, simplesmente o que é um sistema jurídico, eu acho que noventa por cento embatucava e não respondia nada, ficava olhando... "Como assim"? O que fazia perceber – agora dentro da minha linguagem, da retórica, Viehweg – que sistema jurídico é tipicamente um *topos*, isto é, um lugar comum.

E sobre "lugar comum" não se faz a pergunta "o que é"? Como o jurista americano disse a Teresa Alvim quando ela perguntou "E se

---

[35] LOSANO, Mario G. *Sistema e estrutura no Direito* – v. 1: das origens à escola histórica. Tradução Carlos Alberto Dastoli. São Paulo: WMF Martins Fontes, 2008; LOSANO, Mario G. *Sistema e estrutura no Direito* – v. 2: o século XX. Tradução Luca Lamberti. São Paulo: WMF Martins Fontes, 2010; LOSANO, Mario G. *Sistema e estrutura no Direito* – v. 3: do século XX à pós-modernidade. Tradução Carlos Alberto Dastoli. São Paulo: WMF Martins Fontes, 2011.

[36] MATURANA ROMESÍN, Humberto; VARELA GARCÍA, Francisco J. *De máquinas y seres vivos* – Autopoiesis: la organización de lo vivo. Buenos Aires: Lumen, 2003.

[37] LUHMANN, Niklas. *Sistemas sociais*: esboço de uma teoria geral. Tradução Antonio C. Luz Costa et al. Petrópolis: Vozes, 2016.

[38] SANTO AGOSTINHO. *Confissões*. Tradução J. Oliveira Santos. São Paulo: Nova Cultural, 1996, Livro XI-§14, p. 322.

o precedente não for aplicado"? O sujeito olha e fala: "Como assim"? Ou seja, você nem pergunta o que é o precedente. O precedente é o precedente, ora! O que significa "o precedente é o precedente"? Ele é um lugar comum. Um lugar comum tem por virtude não ser interrogável. "Ora, todo mundo sabe o que é; que pergunta mais idiota"!

Isso valia para sistema jurídico, e eu acho que, até os anos setenta, por aí, no Brasil, e fora do Brasil também, foi assim: a noção de sistema era um lugar comum, ninguém perguntava o que era sistema. Viehweg é um dos primeiros, em 1953, a fazer essa pergunta. Sistema, todo mundo fala de sistema; do que é que nós estamos falando? É título do livro de Savigny. Afinal, no que se fala quando se fala em sistema? Ele fez a pergunta. Mas era uma pergunta, para uns, ociosa, porque sistema todo mundo sabe o que é; e, para outros, impertinente, como esta: "o precedente se aplica"?

Então, a primeira coisa que eu lhe diria é que não é que seja difícil definir o que é sistema. O que é difícil é explicar alguma coisa que se transformou num lugar comum durante três séculos da cultura ocidental. Virou uma obviedade, que não se define e nem se precisa definir. Se você pega livros com os quais eu estudei na década de sessenta, ou mesmo depois, "o 'sistema' do Direito Civil brasileiro", a palavra é usada sem nenhuma preocupação em definir isso. Se começa a aprofundar, você começa a perceber: "Do que ele está falando? Será que ele está falando do repertório do Direito Civil brasileiro, da legislação brasileira, ou do modo como isso é organizado"? Mas aí você já está perguntando, de modo a quebrar a ideia do lugar comum e isso complica a vida.

O que aconteceu nesses últimos anos, não só no Brasil, mas fora do Brasil, por várias razões, não é o caso de a gente repetir, no mundo inteiro está acontecendo, é que esse lugar comum começou a deixar de ser lugar comum, e as pessoas começaram a se perguntar: "Sistema do quê, 'cara pálida'? O que é isso que vocês estão falando sem pensar"? E aí começou uma enxurrada de trabalhos sobre isso. O lugar comum começou a ser objeto de pesquisa e, de repente, aquilo que estava oculto, vamos dizer, debaixo do lugar comum, foi revelado. E o que foi revelado? Que ali embaixo tinha, na verdade, uma imensa diversidade de possibilidades. E, de repente, toma-se consciência de que a hierarquia é uma estrutura para esse lugar comum muito difundida, e começa-se a pensar: mas sempre, em todas as circunstâncias? O Direito é uma estrutura hierárquica? Mas às vezes parece que não é. Como é que fica? Então, o que é o sistema? O que é o sistema jurídico? O sistema jurídico é um sistema de normas. Bom, isso disse eu, olhando de um ponto de vista kelseniano. E se eu olhar do ponto de vista de Alf Ross, como vou tratar o mesmo sistema? Será que é de normas ou é de comportamentos, de fatos? Do que estou falando? De valores? Vamos dizer assim que, quando se destruiu o lugar comum, realmente se construiu um mundo de diferenças.

Hoje em dia, por que é tão difícil definir? Porque ficou escancarado o universo de diferenças. Então, faz sentido um livro como o de Losano. Não faria sentido o livro de Losano cinquenta, sessenta anos atrás. Aliás, ninguém escreveria um livro daquele. Mas quando ele foi escrever, o lugar comum estava começando a se desfazer, ele não teve saída, ele escreveu exatamente isso mesmo, ele não consegue definir. O que ele fez foi expor que o lugar comum não é um lugar comum; ou melhor, o pecado original já aconteceu, agora não é mais, então o que é, meu Deus? São três volumes.

RICARDO MARCONDES MARTINS – Não sei se ele teve consciência de que estava fazendo isso.

TERCIO SAMPAIO FERRAZ JUNIOR – Talvez ele não tivesse consciência de que estava fazendo isso, nesses termos que eu estou colocando. Mas, ao fazer, ele foi sendo envolvido por isso... não dava mais. E o pior é que era impossível dar um conceito, virou um tema inconceituável. Antes era, entre aspas, "conceituável", não porque tivesse um conceito, mas porque era um lugar comum, era um *topos*. Na hora que você foi obrigado a conceituar, você viu que não dava mais para funcionar, impossível fazer funcionar.

Aí espalhou essa diversidade e começaram a aparecer os diferentes trabalhos, o sistema analítico... as várias formas pelas quais a expressão começou a ser interpretada. Quando eu me debrucei sobre esse assunto do sistema e, olhando para a obra de Emil Lask, eu comecei a me sentir acossado, um pouco por essa invocação do lugar comum, que eu estava percebendo quando cheguei à PUC-SP.

Porque na PUC-SP era um lugar comum tranquilo... "O Direito Tributário é sistema, o Direito Administrativo é sistema.

Tudo é sistema"... tranquilamente. E nessa hora que me convidaram para dar aula lá, eu resolvi, foi assim que começou: "Quem é que disse que o Direito é um sistema? Kelsen. Então, vamos ler o Kelsen"? Simplesmente, começamos a ler Kelsen, e lendo o Kelsen percebemos que existe sistema estático e sistema dinâmico. "O que é isso? O que é um e o que é outro? Não é um só".

As ideias começaram a aparecer e, com Emil Lask, eu tive talvez a possibilidade de uma percepção – que depois eu fui desenvolver mais tarde, mas ainda com o instrumental anterior – de algo importante na discussão do que seria o sistema. Emil Lask é um metafísico, vamos dizer assim, da dualidade. Toda a visão filosófica dele leva a uma afirmação do tipo "no princípio eram dois". Não existe norma fundamental em uma visão tipo Emil Lask... impossível, porque no princípio são dois, que ele chama de forma e matéria. E, como no princípio são dois, daí despertou a curiosidade. Por isso, escrevi outro trabalho, que ele não escreveu. Ele escreveu um trabalho de Filosofia do Direito, mas que não trata desse tema, trata de diferentes formas de você praticar a Ciência do Direito, em termos metódicos, mas não discute sistema. Mas daí eu resolvi dar um pulo para frente, e falei assim: "E o que Emil Lask diria sobre sistema jurídico? Ele que afirma que no princípio são dois. Se no princípio são dois, então no princípio eu não tenho uma norma fundamental. O que eu tenho?... aí começou.

AUGUSTO NEVES DAL POZZO E RICARDO MARCONDES MARTINS – Logo na introdução de seu "Introdução ao Estudo do Direito", o senhor traça um paralelo entre o desenvolvimento do Direito e a evolução da condição humana, com base no pensamento de Hannah Arendt, do "agir" para o "trabalho", do "trabalho" para o "labor":[39] o Direito, que se identificava com a Justiça, passou a se identificar com a Lei; e, hoje, com um bem de consumo não durável.[40]

Do momento em que o senhor redigiu esse texto, para o atual momento histórico, a teoria parece ter se tornado cada

---

[39] ARENDT, Hanna. *A condição humana*. Tradução de Roberto Raposo. 10. ed. Rio de Janeiro: Forense Universitária, 2004.
[40] FERRAZ JR., Tercio Sampaio. *Introdução ao estudo do Direito, op. cit.*, Introdução.

vez mais verdadeira. Daí a teoria de Bauman da "modernidade líquida"[41] e a de Lipovetsky da "era do vazio".[42] Dito isso, perguntamos: o Direito hoje, na sua visão, reduziu-se a apenas um mero objeto de consumo? Ele perdeu o sentido? Lembrando Viktor E. Frankl,[43] a perda do sentido não faz com que a vida seja insuportável?

TERCIO SAMPAIO FERRAZ JUNIOR – Essa ideia do Direito se transformar num objeto de consumo – que a Hannah Arendt chama do triunfo do *homo laborans*, o triunfo do homem laborador –, eu acho que, hoje em dia, está tendo repercussões que deixam, para quem foi educado e viveu em períodos anteriores, como eu, uma esteira de angústias muito grande, disso não há dúvida. Para mim – isso eu tenho estudado, tenho começado a escrever sobre isso, a falar sobre isso –, o que está acontecendo hoje, com o Direito, em termos de se transformar num objeto de consumo, é um pouco mais grave do que aquilo que eu pensava, quando escrevi isso em 1988, que foi a citação que vocês fizeram.

E por que é mais grave a percepção? Porque, naquela época, eu estava imaginando a relação do Direito como um objeto de consumo, no sentido que ele se tornava descartável. Essa era a ideia básica, que é a ideia básica da Hannah Arendt. Ele se torna descartável, portanto, você pode substituir um pelo outro e você vai sempre tendo um outro, e isso cria, de fato, uma angústia.

Só que eu acho que a percepção que eu tenho hoje é que isso é mais grave ainda, usando a palavra "grave" comparando com o padrão não consumista anterior. A percepção que eu tenho hoje é um pouco mais grave, porque não é apenas que o Direito se transforma em um objeto descartável e, portanto, que um substitui o outro, mas se perde a noção de que o Direito seja um objeto que tenha um núcleo, e que seja importante em função desse núcleo. Isso está se tornando cada vez mais visível.

---

[41] BAUMAN, Zygmunt. *Modernidade líquida*. Tradução Plínio Dentzien. Rio de Janeiro: Zahar, 2001.

[42] LIPOVETSKY, Gilles. *A era do vazio*: ensaio sobre o individualismo contemporâneo. Tradução de Therezinha Monteiro Deutsch. Barueri: Manole, 2005.

[43] FRANKL, Viktor E. *Em busca de sentido*. Tradução de Walter O. Schlupp e Carlos C. Aveline. 25. ed. Petrópolis: Vozes, 2008.

Vou dar um exemplo para explicar o que quero dizer. Na nossa tradição – Revolução Francesa, Revolução Americana, enfim, de todo o Ocidente –, direitos fundamentais eram núcleos, para usar a palavra do nosso antigo Ministro, "imexíveis".[44] Ou seja, você tinha núcleos duros que, por assim dizer, davam sentido a tudo que estava ao seu redor, e que era, então, flexível. Mas aquilo era um núcleo duro. E esses núcleos duros eram intangíveis, inegociáveis e, portanto, você não podia trocar, substituir. Então, ainda que o Direito se transformasse em objeto de consumo, em que tudo era descartável, o Direito ainda tinha um núcleo duro, que não podia ser descartado, por assim dizer. O que eu estou percebendo hoje é que a noção de sociedade de consumo está chegando até esse ponto.

O que a gente percebe hoje que é uma sociedade de consumo? Uma sociedade de consumo não é apenas uma sociedade em que você descarta objetos e substitui uns pelos outros, numa sequência ininterrupta. Uma sociedade de consumo é uma sociedade em que a noção de essência é substituída pela noção de supérfluo, de tal maneira que aquilo que faz com que você troque, que você possa substituir e, portanto, possa consumir, e depois consumir um outro e tudo mais, é exatamente a não-percepção da importância da essência e, ao contrário, a importância do supérfluo, daquilo que aparece, que circunda a essência. Na sociedade de consumo existe essa inversão.

Exemplo: por que eu compro um automóvel? Eu compro um automóvel porque eu preciso me locomover, porque o motor é durável; e o motor é importante para que o carro ande, e me permita me locomover, e assim por diante. Quando eu olho com esses olhos, eu estou em uma sociedade anterior à sociedade de consumo. Na sociedade de consumo, principalmente hoje em dia – a gente vai vendo cada vez mais isso –, por que eu compro um automóvel? Porque aquele automóvel, que eu vi na televisão, é capaz de atravessar a

---

[44] Antonio Rogério Magri foi ministro do Trabalho de Fernando Collor (1990-1992) e se notabilizou por utilizar, na época, o neologismo "imexível". Hoje, a palavra está incorporada ao Vocabulário Ortográfico da Língua Portuguesa. ACADEMIA BRASILEIRA DE LETRAS. *Vocabulário ortográfico da língua portuguesa*. 6. ed. Academia Brasileira de Letras, 2021-2022. Disponível em: https://www.academia.org.br/nossa-lingua/busca-no-vocabulario. Acesso em 03.10.22.

barreira do tempo; porque aquele automóvel que eu vi na televisão, ou que eu vi numa exposição, é preto e tem uma loira fantástica sentada no capô; porque aquele automóvel que eu vi na televisão é dirigido por um rapaz que dá uma olhada e qualquer uma cai por ele; porque aquele automóvel tem uma superfície arredondada fantástica, que impressiona os seus sentidos de um modo incrível. Mas ele serve para locomoção? Não sei, mas ele é lindo. É isso que a sociedade faz: ela substitui a noção de essência pela noção de modelo. Você não compra um automóvel, você compra um modelo. Que modelo é esse? Esse é um modelo de dez anos atrás. Ah, está ultrapassado! É essa visão que faz com que as coisas sejam descartáveis, e isso é impressionante na sociedade de consumo.

Quando eu escrevi isso, eu não tinha essa visão, mas hoje eu comecei a ter. E o que está acontecendo com o Direito? Em que sentido ele é descartável? Ele é descartável porque ele começou a perder núcleos duros. Você começa a olhar para aquilo que está ao redor dele. Então, nessa hora, tudo é negociável, até direitos fundamentais. Quanto vale a sua liberdade? "Bom, vamos negociar aqui; se eu fizer uma delação, tenho mais ou menos"? Para mim, essa ideia que a gente apropriou de delação e da possibilidade de negociar sua prisão, e o tempo de prisão, é um jeito pelo qual eu olho a liberdade no seu supérfluo e não na sua essência. Eu negocio a liberdade, e isso que existe com o direito fundamental de liberdade existe com outros também, tudo passa a ser negociável. Então, se nessa época me assustava o fato de tudo poder ser descartável, hoje me assusta muito mais o fato de tudo poder ser negociável, e que, portanto, o que importa é o invólucro, é isso que vende, vamos dizer assim.

No Direito, está acontecendo a mesma coisa. E isso me faz pensar numa das primeiras perguntas que vocês fizeram: o *show business*, os juízes que dão entrevistas. Você começa a olhar para o invólucro. Se o cara é bom ou não é bom, o que ele foi, não importa. É ministro do STJ, é ministro do STF, é desembargador do Tribunal de Justiça, isso que é importante, e a gente dá importância a isso. "O que o cara escreveu"? "Não sei, mas é ministro". Enfim, essa ideia de que o modelo é mais importante do que a essência, para usar essas duas figuras, é que, a meu ver, está caracterizando cada vez mais a sociedade de consumo e o Direito está "entrando nessa".

AUGUSTO NEVES DAL POZZO E RICARDO MARCONDES MARTINS – Qual é a sua mensagem para os operadores do direito e para os estudantes do direito público?

TERCIO SAMPAIO FERRAZ JUNIOR – Apesar de tudo isso, eu ainda continuo achando aquilo que eu escrevi no livro de Introdução: só existe um jeito de estudar o Direito com todos esses problemas que a gente está vivendo: tem que amar o que faz. Se você não conseguir sentir amor, esquece, é um casamento frustrado.

SEGUNDO ENCONTRO

04.12.2019[45]

AUGUSTO NEVES DAL POZZO E RICARDO MARCONDES MARTINS – Sobre o tema da justiça, V. Sa. afirma que a decodificação em geral se dá num sentido oposto à codificação, de modo que um código forte é decodificado em um código fraco e um fraco em um forte.[46] Observa, também, que a própria decodificação pode se pautar por um código forte ou por um código fraco.[47] E dá como exemplo deste último – decodificação baseada em um código fraco – o modelo da sociedade brasileira descrita por Buarque de Holanda em "Raízes do Brasil".[48]

Por outro lado, lembramos que, em certa oportunidade, quando indagamos a uma famosa processualista se o "devido" do "devido processo legal" não se referia à justiça,[49] ela invocou o senhor e disse que a "justiça" seria um código "vazio".

Dito isso, retomamos o seu texto para lembrar a afirmação de que a "falta de sentido é insuportável",[50] o que nos lembra a teoria do psicólogo Viktor Frankl ("Em busca do sentido")[51]. Daí nossa pergunta: a justiça, a partir da etimologia latina, *justus, a, um* – e, por exemplo, "roupa justa" –, não poderia ser associada a uma

---

[45] Este diálogo, ora revisto, foi publicado originalmente na *Revista de Direito Administrativo e Infraestrutura* – RDAI. São Paulo, v. 18, n. 5, p. 325-382, jul.-set. 2021.

[46] FERRAZ JR., Tercio Sampaio. *Introdução ao estudo do Direito*. 11. ed. São Paulo: Atlas, 2019, item 5.1.5.4.

[47] Idem, ibidem.

[48] FERRAZ JUNIOR, Tercio Sampaio. *Estudos de filosofia do Direito*: reflexões sobre o poder, a liberdade, a justiça e o direito. São Paulo: Atlas, 2009, Cap. 7, p. 257; HOLANDA, Sérgio Buarque de. *Raízes do Brasil*. 2. ed. São Paulo: Companhia das Letras, 1995, p. 60.

[49] Segundo Cezar Antônio Peluso, o "devido" de *due processo of law* não pode se referir a law, pois, do contrário, seria pleonástico; só pode se referir à justiça. Cf. PELUSO, Antonio Cezar. *Pareceres de Direito Penal*. São Paulo: Almedina, 2021, p. 29. Sobre o tema: MARTINS, Ricardo Marcondes. *Estudos de Direito Administrativo neoconstitucional*. São Paulo: Malheiros, 2015, p. 331-336.

[50] FERRAZ JR., Tercio Sampaio. *Introdução ao estudo do Direito*, op. cit., item 7.2.

[51] FRANKL, Viktor E. *Em busca de sentido*. Tradução de Walter O. Schlupp e Carlos C. Aveline. 25. ed. Petrópolis: Vozes, 2008.

"ponderação perfeita dos valores jurídicos"[52] – e, nesse sentido, ser, na verdade o metacódigo da codificação? Noutras palavras, é correto dizer que a decodificação em um código forte ou fraco não deve se dar a partir do interesse de quem decodifica, mas tendo em vista o sopesamento ótimo dos valores jurídicos, vale dizer, tendo em vista a "justiça"?[53]

TERCIO SAMPAIO FERRAZ JUNIOR – Acho que a primeira coisa em que pensar é na própria justiça. Começo respondendo abstratamente, porque a pergunta foi colocada em nível abstrato.

A justiça se apresenta como um código, embora ela não se reduza a *um* código. Lembro-me de uma frase – de meu mestre Viehweg – que dizia: "a justiça, antes de ser um conceito, alguma coisa que se apreende, ela é um problema". Quando se fala em justiça, *de um ângulo comunicacional (pragmática da comunicação)*, é preciso lidar com esses dois aspectos: problema e conceito. A justiça como problema e como conceito é tema quando se tem que lidar com decisões e apreciar decisões. Do aspecto do problema, significa não haver, de antemão, *um* conceito a partir do que se possa dizer se uma decisão é justa ou injusta, se uma sentença ou uma lei é justa ou injusta. Diante de decisões, diante de uma lei ou diante de tomadas de posição, olhar do ângulo problemático significa olhar as tomadas de posição enquanto se referem à justiça, à justiça enquanto um problema.

O que significa que a justiça é um problema e que as decisões a manifestam enquanto um problema? Significa que, como um problema, a justiça é um conjunto aberto de alternativas. Nesse sentido se pode dizer que ela é vazia, é vazia porque é um problema que, por se ter que resolver, não indica, de antemão, nenhum paradigma, embora se resolva estabelecendo-se posições conceituais. Então, tomar decisão é colocar-se numa posição perante a justiça como um problema a resolver. Aquilo que vai ser justo é função da

---

[52] Cf. MARTINS, Ricardo Marcondes. *Direito e justiça. In*: PIRES, Luis Manuel Fonseca; MARTINS, Ricardo Marcondes. *Um diálogo sobre a justiça*. Belo Horizonte: Fórum, 2012, p. 68-70.

[53] Cf. MARTINS, Ricardo Marcondes. *Justiça deôntica. In*: PIRES, Luis Manuel Fonseca; MARTINS, Ricardo Marcondes. *Um diálogo sobre a justiça*. Belo Horizonte: Fórum, 2012, p. 229-231.

decisão, e não o contrário. Foi o que percebeu Aristóteles quando chamou o juiz de a justiça personificada. Como juiz, ele se coloca entre partes. O justo é, assim, sempre um *meio (justo meio)*, mas cabe ao juiz dividir entre dois.

Então, o primeiro ponto: a justiça é, em um primeiro momento, um problema, problema que ganha articulação paradigmática a partir das decisões que o encaram como conjunto de alternativas abertas (*em termos gerais? no caso concreto? tendo em vista o bem comum? tendo em vista as circunstâncias? como um paradigma invariável? variável historicamente?*).

Nesse sentido, justiça como problema tem a ver com relações de comunicação e relações de comunicação são problemáticas. Problemáticas no sentido de que se inserem num *esquema pergunta/ resposta, encarado do ângulo da pergunta*. Por exemplo: nós vamos continuar a nossa entrevista durante mais dez minutos, uma hora, até de noite? Isso aparece como um problema para nós, vale dizer abertura para respostas sem que nenhuma delas exclua as demais. De plano, um problema pede uma resposta, embora propriamente surja porque não há uma resposta ou há mais de uma resposta. Problema é um conjunto de alternativas em aberto de respostas e que vão ganhar um estatuto delimitado, uma densidade de conteúdo a partir da decisão que tomarmos. O que não exclui, ao contrário, inclui a possibilidade de pré-decisões, a delimitar a pergunta e a orientar decisões subsequentes; mas sempre, de plano, decisões problemáticas. Nesse sentido, o problema tem alguma coisa de vazio no que se refere a um conteúdo paradigmático. O conteúdo está aberto, depende da decisão que vai ser tomada enquanto seu *locus* de manifestação. Pois só então vamos conseguir dizer: "Não, dez horas da noite é muito tarde", portanto, elimina-se essa possibilidade; "dez minutos é muito cedo", elimina-se essa possibilidade... Enfim, o problema adquire consistência paradigmática no contexto das decisões que se tomam. Que podem ser paradigmas hipotéticos: se fizermos isso, como é que fica então aquilo? Enfim, o problema vai se preenchendo, ganhando conteúdo, a partir da decisão. Nesse sentido é que a justiça, enquanto um problema, é vazia e ganha consistência paradigmática no contexto e a partir das decisões. Esse, de um ângulo pragmático, é um aspecto da justiça, mas existe o outro, que aparece quando alguém exclama: "mas isso é uma injustiça"!

Por toda a tradição ocidental, e, também, em outras tradições além da ocidental, o que percebemos, olhando historicamente, é que a justiça vai, enquanto um problema, sedimentando conformações. A partir das tomadas de decisão, ela vai adquirindo consistências, ou seja, a noção de justiça se configura, por assim dizer. O que nos permite, então, por exemplo, até fazer uma espécie de retrospecto histórico de como a justiça foi vista em uma época, em outra época e assim por diante. Mas não só isso, pois, no correr do tempo, ela se informa de exigências (por exemplo, imparcialidade ao julgar, não agir fraudulentamente, estar atento às desigualdades e às suas consequências para a convivência). São essas exigências que explicam o protesto: isso é injusto! Esse ponto é relevante para uma pragmática da justiça: se a partir dessas exigências, não é possível dizer o que é o justo, é possível, pelo menos, protestar contra uma injustiça. Ou seja, num segundo aspecto, num segundo momento, a justiça é paradigma e, enquanto tal, código, na verdade, um código para outros códigos, uma espécie de metacódigo *negativo*, pois permite lidar com alguns problemas que as decisões, ao visar a justiça como problema, têm de enfrentar.

Um deles, olhando para o campo jurídico, é o tema da legitimidade. Esse é um tema problemático e emblemático de justiça. O que quer dizer legitimidade? Equivale a legalidade? Não, é diferente! Mas em que se baseia a afirmação de que uma decisão é legítima ou ilegítima (código fraco: aberto, impreciso), ainda que legal (código forte: *dura lex sed lex*)? O tema me permite explicar a diferença entre *código forte e fraco*. A diferença tem a ver com a comunicação e diz respeito ao rigor ou flexibilidade com que mensagens são trocadas. Quem emite uma mensagem, querendo ser entendido, codifica sua mensagem restringindo possibilidades de entendimento. Para isso, codifica a mensagem mediante um código forte, rigoroso, com alternativas excludentes. Por exemplo, *feche a porta ao sair*. O receptor pode decodificar a mensagem no mesmo código ou decodificá-la num código fraco, ampliando as alternativas, flexibilizando os significados etc. *Basta fechar ou quer que eu tranque? Legalidade* é, em princípio, código forte: restringe as alternativas – legal/ilegal – e as qualificações – lícito/ilícito. *Legitimidade* é código fraco: abre as alternativas, flexibiliza significados, pois remete a uma terceira alternativa e a uma quarta etc. – legítimo tendo em vista..., ilegítimo se... A legitimidade em termos de justiça – legítimo porque justo, ilegítimo porque injusto – funciona como um padrão, e, nesse sentido, é código, mas uma espécie de metacódigo negativo em face da legalidade: nem tudo que é legal é justo, não basta ser legal, é preciso ser legítimo, donde a abertura para protestar pela ilegitimidade...

Então, quando distingo os dois aspectos, cria-se uma perspectiva teórica (pragmática da comunicação), cuja finalidade é lidar com o tema da justiça, não propriamente buscando uma definição, mas procurando captá-la no processo comunicativo. *Justiça* é problema já na delimitação de quem é emissor e receptor: *ouça, deixe eu falar*, e é metacódigo negativo: *você não deixa ninguém falar!* Nessa perspectiva, os dois aspectos, embora, teoricamente, apareçam separados, estão mutuamente em convergência, enfim, um provocando o outro. Justiça é problema e, como tal, ganha consistência a partir de tomadas de decisão que vão identificar o que é justo e o que é injusto, por sua vez, de forma problemática: *e quem você pensa que é?* Vale dizer, como problema, justiça é uma *aporia*, um problema sem saída (*a-poros*), porque é uma questão que se repõe a si mesma indefinidamente (por exemplo, definir *justiça* como *justo* meio). E, nesse sentido, até se pode pensar: a justiça (conceito) é relativa... não se trata, porém, de relatividade. Eu diria, pragmaticamente, como um problema, ela enseja codificações negativas e, nesse sentido, é vazia, pois é problema para o qual uma resposta paradigmática é, de novo, um problema a resolver. Justiça é o que atende ao interesse da maioria? Que significa interesse? Que significa maioria? É interesse da maioria ignorar a minoria? Por isso, a determinação do que seja a justiça depende no sentido de que se mostra na decisão que se toma. Mas existe, como disse, uma espécie de acúmulo histórico de lugares comuns na tomada de decisão, mediante o que *topoi* de justiça vão ganhando densidade, embora, na mesma medida, problematicidade. E aí o caráter aporético do problema: o problema da justiça, condensado em lugares comuns (dar a cada um o que é seu, não prejudicar os outros), que adquirem consistência paradigmática no protestar em nome de uma injustiça, se torna metacódigo negativo a reivindicar outras e outras decisões.

Nessa circularidade é que se pode constatar que a justiça seja a grande interrogação (mítica, religiosa, filosófica) em todas as culturas conhecidas: *quem é que? quem é quem?* E, por isso, filosoficamente, sempre desperta o tema recorrente: é possível definir a justiça? Existe algum conceito universal de justiça? Dar a cada um o que é seu? O que é o "seu" de cada um? Justiça começa em casa? Como estender "em casa" a uma comunidade, a uma nação? A dificuldade, filosófica, de enfrentar o tema se mostra na dualidade dos aspectos mencionados: ela é problema que se preenche por decisões e ao mesmo tempo ela é metacódigo negativo que orienta as decisões de modo problemático. Enfim, temos uma circularidade aporética. Isso para entender o problema filosófico da justiça, a dificuldade de se dizer, afinal, o que é a justiça. Para sua questão: *justiça, a partir da etimologia latina, justus, a, um – e, por exemplo – "roupa justa" não poderia ser associada a uma "ponderação perfeita dos valores jurídicos"*, essa é uma primeira *abordagem filosófica*: justiça é uma aporia. *Ponderação* depende de um *pondus*, do "peso" escolhido: *justo? adequado? mensurável? proporcional? a que?* Que se quer dizer quando se fala: *você fica ridículo nessa roupa justa*?

Num segundo momento, porém, entendo que sua questão vai além, pois aparece a indagação referente – vamos dizer assim – ao modo como esse problema aporético da justiça se coloca subjetiva e objetivamente ao ser humano em sociedade, que é a questão da justiça como sentido da existência humana. É o segundo tema. Isto foi apontado na sua pergunta – "a falta de sentido é insuportável?" – justiça como *senso existencial*, como insuportabilidade de conviver com um sem sentido da própria vida pela percepção da perda de qualquer sentido de justiça.

Entendo que isso tem a ver com a consistência da existência humana, para além de como se lida com paradigmas tópicos de justiça e situações recorrentes: por exemplo, distribuição de bens com base no bem comum, donde, o contraste do seu modo de ser com o modo de ser dos outros e a prevalência do bem coletivo, ou aceitação do modo de ser de cada um, o direito de ser diferente com base na dignidade pessoal etc. Começaria por dizer que *ser humano* existe em *estar em comunicação*, cada ser humano é um ser singular, mas está sempre com os outros (*é impossível não se comunicar, não se comunicar é negar a comunicar-se, negar a comunicar-se é comunicar*) e esse "com os outros" é sua condição existencial. Justiça como um modo de estar com os outros tem a ver com a busca do sentido da existência, isto é, o sentido da vida pessoalmente percebida em face dos outros, o sentido do que se faz e se deixa de fazer no contexto da sua existência: *quem é quem?*

Perder o senso de justiça como perda do sentido da vida é, pois, perder razão de existir. Não se confunde com *injustiça* em contraste com *justiça* (quem protesta contra uma injustiça vive!), mas tem a ver com a sensação de *nem justiça nem injustiça*. Perde-se o sentido da justiça como sentido da vida quando nada conta. Como se o injusto em oposição ao justo não fizesse mais nenhum sentido.

É esse o sentido que se pode atribuir a essa afirmação de que, no limite, a perda do sentido da vida significa a perda da percepção da dicotomia justiça/injustiça, perda dessa capacidade originária de distinguir entre o bem e o mal, o certo e o errado, percepção essa que faz com que a vida humana não tenha nenhum sentido. A perda do sentido da vida pela perda do sentido de justiça/injustiça significa uma espécie de sensação de *amoralidade total,* como se o mundo perdesse base aos nossos pés. São situações extremas, difíceis de definir, mas que são sentidas e se podem exemplificar. Exemplo dramático, a sensação de desespero de condenados à morte, em pleno regime nazista, por terem feito um comentário irreverente sobre o *Führer,* quando, então, o condenado não protestava propriamente por causa de uma injustiça, mas de um absoluto sem sentido da condenação. A morte desses condenados, não obstante o juízo que se tivesse sobre o nazismo, violava um princípio existencial: o de que a própria morte deve ser existencialmente "significativa" e não mesquinha.

Aí Camus, em *O mito de Sísifo,* ao dizer que a grande pergunta filosófica é *porque o ser humano se suicida?*[54] É, nesses termos, que o mundo destituído de justiça perece como o sem-sentido da própria morte. Lembro de um filme de Kubrick, *Glória Feita de Sangue,* em que um general, na primeira guerra, diante do recuo de todo um batalhão por conta de um ataque suicida por ele determinado, condena três soldados à morte por covardia, escolhidos a esmo, como "exemplo". É quando um deles chora desesperadamente por não entender o *porquê* da *sua* morte. Sua condenação mostra, para si próprio, uma

---

[54] CAMULS, Albert. *O mito de Sísifo.* Tradução de Ari Roitman e Paulina Watch. Rio de Janeiro: Record, 2004, p. 7.

negação do outro como ser humano, que vai além de uma negação em termos de injustiça (ser condenado como culpado, acreditando-se inocente), para perceber-se um *insignificante sem significação*, um objeto de um juízo de indiferença, da *insignificância* da *insignificância* de alguém (que é condenado à morte, não importa sob que condições nem se *sua* morte faz alguma diferença em face de qualquer outro). E, aí, a perda do sentido da justiça como sentido existencial, quando o senso do justo se perdeu: *o outro absolutamente não conta*.

Faço, por fim, uma síntese: à sua pergunta se justiça é, basicamente, uma espécie de metacódigo, minha resposta é: sim, é, é um metacódigo que se forma nessa relação de implicação entre o problema e as respostas por sua vez problemáticas que ele provoca.

Enquanto problema, a justiça é vazia, é abertura para possíveis respostas. Enquanto ela se preenche das respostas, ela ganha características de metacódigo negativo para respostas futuras, e assim se formam os conceitos, as percepções de justiça. Conceitos estes, no entanto, que se põem, de novo, como problemas de justiça (justiça é proporção, mas toda proporção é justa?) Essa foi a primeira conclusão.

Segunda conclusão: a justiça é sentida como uma espécie de valor/desvalor, no seu sentido positivo e negativo, cuja perda destrói o sentido da própria existência: poder/saber distinguir entre o bem e o mal, o certo e o errado, o justo e o injusto. E esse é um segundo aspecto importante. Se justiça/injustiça é, por assim dizer, aquilo que dá sentido à própria vida humana, *a contrario sensu*, a perda dessa capacidade de distinguir é perda de sentido de viver, a percepção dramática de que a vida deixa de ter qualquer sentido. Essa é, à sua segunda observação, a segunda conclusão.

AUGUSTO NEVES DAL POZZO E RICARDO MARCONDES MARTINS – V. Sa. tem uma proposta de leitura bem interessante sobre o fenômeno da interpretação. Parte do que chama "desafio kelseniano": é possível apontar uma interpretação correta a partir do fenômeno jurídico, vale dizer, de uma teoria pura, ou qualquer definição da interpretação "correta" vai sempre pautar-se por elementos fora do próprio Direito, e, pois, na política, religião etc.?[55]

---

[55] FERRAZ JR., Tercio Sampaio. *Introdução ao estudo do Direito, op. cit.*, item 5.1.2.

Pois bem, V. Sa. propõe, com base na proposta de Vilém Flusser,[56] enfrentar esse desafio a partir de uma comparação com a tradução. Há traduções que são incorretas? Há traduções que são mais corretas que outras, aproximando-se mais do que se pretendeu dizer? Parece que sim. Então, há um discurso sobre a correção da tradução.

Dito isso, V. Sa. alude à teoria do legislador racional, de Santiago Nino.[57] O intérprete, no Direito, deve assumir certos pressupostos: que a fonte normativa, por exemplo, é coerente, justa, operativa etc. Então, seguindo esse raciocínio, também haveria uma interpretação incorreta; uma interpretação que seja mais correta do que outra. Não seria aquela que se aproxima mais do que quis a pessoa do legislador ou o que significa a literalidade do texto, mas algo construído tendo em vista a máxima realização possível desses pressupostos hermenêuticos da teoria do legislador racional.

Fixadas essas premissas, perguntamos: V. Sa. parece admitir a possibilidade de discurso científico no Direito apenas em uma perspectiva zetética – em uma compreensão sociológica, v.g., de como as coisas são, mas não na perspectiva dogmática, de como se deve decidir. Ora, a compreensão de que sempre uma interpretação realiza, melhor do que outras, as exigências do "legislador racional" não nos leva a um discurso sobre a correção ou incorreção do resultado, em uma perspectiva cognitiva, também na dogmática?

TERCIO SAMPAIO FERRAZ JUNIOR – Bom, primeiro me deixe fixar a comparação entre a tradução e a interpretação. Vilém Flusser fala da tradução, ele não fala da interpretação, ele fala de tradução, e eu fiz a aproximação para tentar jogar uma luz sobre a dificuldade daquilo que se chama de interpretação. Existe uma analogia entre as duas coisas na medida em que ambas têm a ver com mútuo entendimento enquanto possibilidade de comunicação. Pessoas que falam línguas distintas, às vezes, em certas

---

[56] FLUSSER, Vilém. Para uma teoria da Tradução, São Paulo, *Revista Brasileira de Filosofia*, vol. 19, n. 73, p. 16-22, jan.-mar. 1969.
[57] FERRAZ JR., Tercio Sampaio. *Introdução ao estudo do Direito*, op. cit., item 5.1.5.2; SANTIAGO NINO, Carlos. *Introdução à análise do Direito*. Tradução de Elza Maria Gasparotto. São Paulo: WMF Martins Fontes, 2015, p. 386-392.

circunstâncias, precisam se entender. Se se viaja para um país cuja língua se desconhece, há necessidade de mediação, ou de alguém, de um intermediário, alguém que diga o que é que se está falando, ou de um dicionário, enfim, de tradução. Precisa haver tradução para que alguém possa se comportar dentro da situação, enfim, para que as pessoas possam se entender (comunicação no sentido de mútuo entendimento, não se olvidando que *comunicação* é algo mais amplo, pois há comunicação também quando pessoas se desentendem). A interpretação tem alguma coisa a ver com isso. É, num primeiro momento, um problema de compreensão. Alguém dá uma ordem e alguém tem que obedecer. Alguém faz uma recomendação, alguém tem que seguir ou deixar de seguir. Compreender, porém, é diferente de entender. Quando se pergunta: que você quis dizer com *entender*? Compreendemos, mas precisamos de tradução/ interpretação. Então, no cerne da comparação entre tradução e interpretação está a compreensão. Compreendemos alguém que nos fala em português. Do mesmo modo, compreendemos uma língua quando agimos sem necessidade de tradução. Isso significa *falar* uma língua estrangeira. No campo jurídico, isso leva à hipótese de não precisarmos de interpretação (*in claris...*).

No que diz respeito à tradução, o que o Flusser observa, no seu pequeno ensaio, é que a necessidade de tradução surge quando não há compreensão, mas é preciso entender. Por isso, a necessidade de um tradutor, um terceiro entre quem ouve e quem fala (tradutor, dicionário). Traduções são um fato reconhecível. Mediante elas, estrangeiros se entendem e, por isso, a pergunta sobre a tradução correta, que leva a uma circularidade infinita: que garante o entendimento gerado por um terceiro?

Na *prática* diplomática, cada autoridade leva o *seu* tradutor. Lembro, também, de um evento, no Japão, em que, após a guerra, um general americano (MacArthur), em seu discurso, contou longamente uma anedota; traduzida pelo tradutor com incrível brevidade, mas provocando muitos risos, perguntou o general como fora possível, ao que aquele respondeu: "disse a todos – o general acaba de contar uma anedota, riam, por favor". Se era para provocar risos, qual o critério para dizer se o tradutor, na circunstância, traduzira bem?

Essa pergunta exige uma teoria da tradução. Esse é o tema de Flusser. No fundamento *teórico*, aparece um problema: quem/

que garante a fidelidade da tradução? O problema é o fundamento *teórico*. Para enfrentar a dificuldade, Flusser volta-se, inicialmente, à prática da tradução.

Como se procede ao fazer uma tradução? Se eu apontar para um copo de plástico, e um inglês, um americano, falar *glass*, o ato de designar e o ato de pronunciar um fonema dariam o critério para não só fazer a tradução, mas para dizer qual é a tradução correta (*copo? vidro?*): a realidade designada. A primeira resposta, segundo Flusser, seria o critério da própria realidade (*res*). Mas, diz Flusser, a teoria – realista – não se se sustenta. Reconhecidamente, a realidade só se revela após a tradução (lembro, na China, num restaurante de peixes, quando pedi *garfo*, apontando com gestos para o ato de comer e o garçom me levou até um aquário para que eu identificasse o *fork* que eu desejava). O *copo* é sempre uma designação dentro de um sistema linguístico: pode ser o que chamamos de *copo*, mas pode ser uma *cuia*, de barro, nada tendo a ver com *vidro*. O problema é que aquilo que *é* um copo depende do sistema linguístico e não ao contrário (*glass* designa copo e vidro; em português, não). Você identifica o copo depois que linguisticamente o nomeia dentro do sistema. Por isso, conclui Flusser, a teoria realista da tradução fracassa. A realidade não é critério nem para traduzir nem para identificar uma tradução correta. Realidade é aquilo que se revela depois que a tradução é feita: *ah! Entendi!*

O segundo critério é o critério subjetivo, que é o do pensamento. Se o inglês, quando fala *glass*, *pensa* naquilo que se *pensa*, quando se fala "copo", em português, pensa-se *igual*, donde o critério para traduzir e para controlar a correção da tradução seria *o pensamento*. Traduzir é saber o que um pensa e o que o outro pensa quando traduz. O pensamento seria, afinal, o critério para dizer se a tradução está correta ou não. Flusser também desconstrói essa hipótese, lembrando que é impossível o pensamento fora da própria língua. Pensar é falar em silêncio. O acesso ao pensamento ocorre pela língua e não o contrário. Só sei o que o outro pensa em sua língua após a tradução para a minha. Dizer que traduzir é passar da fala em silêncio de um para a fala em silêncio do outro é dizer que traduzir é, no fundo, transpor uma língua para outra. Portanto, nem explicação de uma prática, nem um fundamento teórico se tem. Se não há pensamento fora da própria língua, o pensamento não explica como se traduz, nem pode ser critério de boa tradução. Se não o pode ser nem a realidade – que é língua –, nem o pensamento – que o é também –, sobra o quê? Resposta de Flusser: a própria língua.

Se sobram as próprias línguas, imaginando que uma língua constitui um sistema de signos, passar de uma língua a outra significa passar de sistema para outro sistema: isso é traduzir. Ora, para executar o trabalho da tradução, faz-se preciso aquilo que se pode chamar de comparação entre sistemas. Simplificando bastante o que seja um sistema linguístico, admite Flusser, que ele é composto de signos (pensem num repertório: de que se compõe uma sala de aula?) e de regras que estabelecem as relações entre os signos (pensem numa estrutura: como está disposta uma sala de aula para ser uma sala de aula?). Simplificando, comparar sistemas linguísticos significaria então comparar estruturas – conjunto de regras de cada sistema linguístico – e comparar os repertórios de signos (respectivos vocabulários). Comparam-se signos e regras estruturais. Para fazer uma tradução, o tradutor estabelece entre as estruturas e os repertórios comparados uma relação de coincidência. Essa coincidência é tão mais imperfeita quanto maior a diferença estrutural. Por exemplo, admitindo-se que uma música e uma poesia são sistemas linguísticos, como musicar uma letra ou pôr letra numa música? Qual o critério para dizer que há coincidência, isto é, que um expressa o outro? Uma sala de aula continua sendo uma sala de aula em uma aula virtual? Como traduzir línguas cujas estruturas são totalmente diferentes? Por exemplo, como dizer que uma música (língua musical: sons/harmonia) expressa *tristeza* (língua natural)? No caso das línguas naturais, é conhecido o problema: como traduzir poesia, expressões idiomáticas, jogo de palavras? De que modo ocorre uma tradução?

Para comparar, é preciso um *tertium comparationis*, isto é, uma terceira língua que, por sua estrutura e seu repertório, faça a ponte entre as línguas a serem traduzidas. Para traduzir, é preciso conhecer as línguas e criar entre elas uma língua-ponte. É o que faz um grande tradutor, Haroldo de Campos, ao traduzir a língua grega para a língua portuguesa. Entre a Ilíada em grego e em português, Haroldo de Campos cria uma língua *paramórfica* (reinventada), dada a dificuldade de traduzir um poema em termos *isomórficos* (reprodução termo a termo). Lembro de um verso que ficou assim traduzido: *Progênie-da-manhã, raiou a Aurora, dedos-rosa*.

Mas qual, então, um critério para a chamada boa/fiel tradução?

A resposta de Flusser nos remete a uma hipótese pragmática: trata-se de uma questão de enfoque. O critério da boa tradução repousa no *enfoque do tradutor*, ou, mais precisamente, na *aceitação* do enfoque do tradutor. Aceitar o enfoque do tradutor significa abrir-lhe um crédito de *confiança*. Ou seja, as *fronteiras*, numa articulação linguística, e que nos permitem distinguir entre *rio, riacho, ribeirão*, são preenchidas de modo diferente de língua para língua, conforme suas respectivas regras de uso. Contudo, a transferência de uma sentença na língua *A* para a língua *B* depende do enfoque do tradutor, para quem se abre um *crédito de confiança*.

O critério da boa tradução repousaria no enfoque do tradutor a cuja competência se abre um crédito de confiança. Essa competência não é apenas subjetiva (reputação, autoridade, liderança, em suma, reconhecimento), mas tem suas raízes em estruturas gerais da comunicação: a competência pode ser mostrada, comparada, refutada. Donde o papel da língua do crítico: uma, subsequente, terceira língua. A linguagem elaborada de um crítico de arte saberá nos dizer se a música é adequada à letra. Mesmo assim, não há um enfoque universal. O que chamamos, então, de uso competente depende, em um determinado contexto, de uma perspectiva prevalecente: críticos de arte (*enfoque competente*) são avaliados por outros críticos (*enfoque competente*).

Como isso repercute na hermenêutica jurídica?

Determina o art. 62 da Constituição Federal de 1988: "Em caso de relevância e urgência, o Presidente da República poderá adotar medidas provisórias, com força de lei, devendo submetê-las de imediato ao Congresso Nacional". No processo interpretativo, temos, de um lado, a *prescrição constitucional*, de outro, a *realidade* (o ato presidencial).

A língua normativa é *prescritiva*. Não nos diz como as coisas *são*, mas como *devem ser*. Ou seja, normas não expressam que "*é fato* que o Presidente da República pode baixar medidas provisórias", mas que "*é permitido, está facultado* ao Presidente baixar medidas provisórias". Estamos, pois, diante de duas línguas cujas regras básicas são distintas. A estrutura da língua normativa (LN) é dominada pelo conectivo *dever-ser* (é proibido, é obrigatório, é permitido etc.). A estrutura da língua-realidade (LR) é dominada pelo conectivo *ser* (é fato que, é provável que, é possível que etc.). A passagem, isto é, a interpretação, exige, pois, uma espécie de transferência indireta, que ocorre graças a uma terceira língua – a língua técnica da hermenêutica dogmática (LH) – que, por pressuposto, tem, em sua estrutura, suas próprias regras básicas e, como regras secundárias, as regras básicas (*dever-ser* e *ser*), das outras duas (LN e LR).

Pois bem, quando interpretamos (o fato do ato presidencial atende à prescrição constitucional?), analogamente ao que sucede na tradução, realizamos a passagem – transferência – de uma língua, a das prescrições normativas (LN), para outra língua, a da realidade (LR). Como dito, a passagem, isto é, a interpretação, exige, pois, uma espécie de transferência indireta, que ocorre graças a uma terceira língua – a língua técnica da hermenêutica dogmática (LH).

Essa *passagem*, como bem sabem os juristas, é complicada e traz uma série de problemas. Quero dizer, no processo interpretativo de textos constitucionais ou legais, formulados em linguagem ordinária, o jurista enfrenta uma série de *problemas de indeterminação*: problemas de indeterminação semântica, decorrente da dificuldade de atribuição de sentido a termos vagos e ambíguos empregados na lei, das possibilidades de atribuição de intenções ou propósitos de uma regulação (com o sentido preliminarmente identificado), das propriedades consideradas relevantes dentro de um caso hipotético a ser solucionado; problemas de indeterminação pragmática, como a apreciação das possíveis consequências, justas ou injustas, de determinadas atribuições de sentido; e problemas de indeterminação sintática, como a ausência de uma solução para determinado caso considerado relevante (lacunas), a existência de comandos conflitantes para um mesmo caso relevante (inconsistências), ou ainda a escolha de resultados possíveis de um processo de revisão ou refinamento do sistema normativo.

Para entender essa peculiaridade da língua hermenêutica (LH) é que se faz referência ao *legislador racional*. Trata-se de padrões contidos em alguns *postulados de competência*, desenvolvidos desde o final do século XIX, dentre os quais eu lembraria: (a) o legislador não cria normas impossíveis de serem executadas, daí por que não se pode desejar que alguém realize e deixe de realizar o mesmo ato; (b) o legislador não cria normas sem algum propósito, do que decorre a razoabilidade de seus comandos; (c) as condutas exigidas ou permitidas nas normas são aptas a levar os sujeitos normativos à consecução dos propósitos da regulação (coerência entre meios e fins); (d) a vontade do legislador é unitária, de forma que as regras estão sistematicamente relacionadas; (e) a vontade do legislador é completa, no sentido de que soluciona todos os casos por ele reputados como relevantes; (f) o legislador é rigorosamente preciso e não cria normas inócuas ou redundantes.

Trata-se de uma construção dogmática (terceira língua) que não se confunde com a língua do legislador normativo (o ato juridicamente constitucional) nem com a do legislador real (o enunciado do constituinte *histórico*). É uma figura intermédia, que funciona como um terceiro metalinguístico, em face da língua normativa (LN) e da língua-realidade (LR). A ele a hermenêutica reporta-se, quando diz que "o constituinte pretende que (...)", "a intenção do constituinte é que (...)", ou mesmo "a *mens legis* constitucional diz que (...)", ou ainda "do ponto de vista do sistema constitucional (...)". Para funcionar como critério de correção na comunicação que se estabelece, intermediada pelo intérprete, entre o legislador empírico e o destinatário normativo, assume-se que todos os agentes compartilham um mínimo de padrões de racionalidade, *racionalidade* como uma espécie de condição necessária de todo e qualquer entendimento no plano jurídico.

Em termos de *enfoque competente*, a hipótese do legislador racional está disseminada na doutrina.

Há de se reconhecer que a hipótese do legislador racional como resultado de postulações que, no final do século XIX, ganharam força argumentativa, impôs-se no século XX, mesmo com divergências ou mesmo com formulações e reformulações, acabando por se mostrar como uma forma recorrente de se afirmar um critério de correção. Quem, ao interpretar, se sente autorizado a negar postulados como *o legislador não cria normas sem algum propósito, do que decorre a presunção de razoabilidade de seus comandos*, ou *a vontade do legislador é unitária, de forma que as regras estão sistematicamente relacionadas*, ou *a vontade do legislador é completa, no sentido de ausência de* lacunas, ou *o legislador não cria normas inócuas ou redundantes*?

Com isso, de certo modo, a própria hipótese do legislador racional vira uma espécie de dogma, *dogma interpretativo*. E vira uma espécie de dogma não só em termos de *como* interpretar, mas também de afirmar a correção de uma interpretação.

Por exemplo, é o que se pode observar, na prática, como incomoda, numa decisão judicial, a incoerência interpretativa. Para isso processualmente até estão previstos embargos, embargos de declaração contra qualquer decisão judicial para esclarecer obscuridade ou eliminar contradição, ou seja, para denunciar obliquamente uma incoerência. O que significa esse jogo processual? É a presença da presunção do legislador racional, é a afirmação, por assim dizer, de um dogma interpretativo como objeto de norma. A incoerência perturba, por isso não se admite.

Para avaliação da *correção* interpretativa, porém, a hipótese do *legislador racional*, embora reconhecidamente relevante, não fecha inteiramente, pois se abre a questionamento. A questão, para a dogmática, não é, aliás, propriamente a possibilidade de uma interpretação *correta* ou objetivamente *verdadeira*, mas sim qual está melhor ou suficientemente justificada, diante das evidências dadas pelos textos normativos cujos sentidos estão inter-relacionados.

Vejam, então, que a hipótese do legislador racional não é isenta de uma tomada de posição ideológica, que se baseia no modo como se atribui relevância à racionalidade como condição necessária ao "correto" entendimento da legislação. Essa ideologia, implícita na hipótese, pode ser percebida como *estática* ou *dinâmica*. Ela é estática quando a hipótese do legislador racional favorece valores como a certeza, a segurança, a previsibilidade e a estabilidade do conjunto normativo interpretado. Ela é dinâmica quando favorece a adaptação das normas, a operacionalidade das prescrições normativas, em suma, o valor *justiça*, menos em termos de *justeza* das prescrições (segurança. certeza), mais em termos de *senso do justo* (equidade, eficiência), capaz de dar ao significado das normas um sentido menos apegado ao passado (*fiat justitia et pereat mundus*), mais ao alcance de situações presentes e repercussões futuras.

Ora, essa percepção – de uma ideologia – crucial para dizer da interpretação correta ou incorreta dentro de um saber dogmático, acaba por conduzir a indagações, para além da racionalidade como condição necessária ao "correto" entendimento da legislação, sobre a *racionalidade* da própria hipótese do legislador racional.

Digamos que o *legislador racional* é uma construção dogmática adequada para a interpretação, ainda que sua "correção" seja tema a exigir critérios justificadores. Como na tradução, a necessidade de assumir um critério *final* sem o que o entendimento não ocorreria, a interpretação, por não acontecer, geraria um problema dogmático. Como condição da tomada de decisão, pela proibição do *non liquet*, em algum momento tem-se que dizer ou pressupor, *esse é, afinal, o critério*, donde *esta é a construção "correta"*.

Isso tem, afinal, uma explicação. Como a interpretação é um *continuum* redundante, afinal é inútil pretender ultrapassar a interpretação: dizer o que é interpretar é interpretar. Ou seja, a interpretação se estende ao infinito sem que nada se possa encontrar como critério para interpretar que não seja uma outra interpretação. Vale dizer, seria preciso submeter a interpretação a um ponto em que ela não restituísse um novo significante interpretativo e, assim, evitasse um pedido para uma nova interpretação, o que é impossível. Ou seja, em termos dogmáticos, a legislação conduz inevitavelmente a um sentido último e indiscutível, que, porém, se *revela* paradoxalmente na *sombra* de uma negação, num poder interpretativo, instancialmente último, cuja interpretação é controlada por uma regra de autocontenção: uma espécie de **silêncio** significativo, próprio de um poder interpretativo, cujas interpretações *não* se *discutem*.

Só que aqui, obviamente, surgem outras perguntas. Sempre será possível perguntar se *o que dizem os tribunais em última instância* é critério de interpretação correta porque *assim eles dizem* – interpretação dita *autêntica* – ou se assim interpretam porque é racional que o façam. Ou seja, a interpretação autêntica é autêntica porque é instancialmente final ou é autêntica porque *autenticidade* é condição de integridade e unidade, uma exigência da racionalidade da dogmática jurídica? Dito de outro modo, até que ponto não seria, então, a racionalidade da hipótese do legislador racional que justificaria a própria autenticidade, na medida em que, sem ela, a legislação se fragmentaria e se desintegraria?

Com isso, retorno à pergunta: enfim, em que sentido, afinal, a hipótese do legislador racional é *o* critério de correção? Que é interpretação *correta*?

Percebe-se, então, que, para dizer se uma interpretação dogmática é correta ou incorreta a partir do critério do legislador racional, ter-se-ia que, para além do saber dogmático, invocar um outro sistema linguístico, mediante o qual se vai discutir quais são os critérios dos critérios jurídicos para a interpretação.

Entramos, aí, num modo zetético de pensar, isto é, aberto a indagações recorrentes e sucessivas.

Essa escalada aponta, afinal, para questões em aberto – para uma *zetética jurídica* –, procedimento típico de ciências que têm um modo hipotético de pensar: proposta de hipótese, experimentação ou investigação para *testar* a hipótese – testar sua veracidade ou falsidade –, até sua confirmação ou não, sempre com abertura para novas e novas hipóteses. Nesse sentido, uma zetética jurídica tem, entre seus objetos, o próprio saber dogmático do Direito, que, aliás, não trabalha do mesmo modo, quando parte de dogmas, não para negá-los, nem mesmo quando os demonstra inválidos, mas para ampliá-los ou restringi-los (uma lei inconstitucional não é uma *não-lei*, mas uma *lei* inconstitucional sem eficácia *ex tunc*).

Pensar zeteticamente é, pois, conviver com essa abertura, própria da ciência, com toda a angústia que isso possa gerar para o ser humano. Flusser, tratando da tradução – qual a tradução fiel? – diante do infinito de possibilidades recorrentes (o tradutor que avalia a correção do tradutor, que é avaliado por outro tradutor e assim por diante) levanta a *hipótese* da "confiança". Flusser pensa hipoteticamente. Se tradução fiel é aquela na qual se deposita *confiança, desconfiança* significa tradução infiel? Seu ensaio se abre a novas indagações. Do ponto de vista jurídico, decisões têm que ser tomadas, interpretações têm que ser adotadas. E aí surgem outros questionamentos sobre critérios, que fundamentem os critérios dos critérios jurídicos.

Porém, nesse ponto, cabe uma observação. Olhando de um enfoque zetético, haveria de se observar que, até há alguns anos, a interpretação jurídica pressupunha que toda sociedade precisava de *"cognitive commons"*, de um estoque de padrões práticos, regras sociais, suposições, mas que, nesses tempos de mudança, é como se se perdesse parte de sua capacidade de gerar integração. É o que se observa com o aparecimento de formas (alternativas) de resolução jurídica de problemas, mediante interpretações orientadas mais fortemente pela mudança do que pela manutenção, que permitem uma espécie de "*learning by monitoring*", uma práxis que se deixa observar, por exemplo, na concessão de liminares pelo Supremo, cujos conflitos permanecem em suspense mediante juízos *ad hoc* e que implicam formas interpretativas de viabilização que, ao longo do tempo, acabam por ser encontradas em um *contexto liquefeito* que se encontra para além dos postulados pressupostamente mais *sólidos* da hipótese do legislador racional.

Por exemplo: "O Ministério Público pode, sim, ter acesso a dados, a dados da Receita, e, portanto, pode também" – acho que ainda vai ser feita a inferência – "ter acesso a dados bancários". No entanto, lembro-me de uma decisão, do final da década de 90, do voto do Ministro Velloso, pronunciado em RE, tendo por tema a quebra de sigilo bancário pelo Ministério Público, aprovado por unanimidade pela Segunda Turma, no qual, reiterando que o sigilo bancário é direito que deve ceder diante do interesse público, diante do interesse social, diante do interesse da justiça, esclarece que *a quebra não pode ser feita por quem não tem o dever de imparcialidade*, caso do MP, *por mais importantes que sejam suas funções, não tem a obrigação de ser imparcial*.[58]

Quando se começa a perceber essas "incoerências", ainda que *amenizadas* pelo fato do tempo decorrido, percebe-se que o legislador racional é crença hoje um tanto quanto abalada, o que provoca essa grande interrogação: o que está acontecendo? Acabou o sistema hierárquico do legislador racional? Agora é sistema em rede? Talvez nem em rede, quando se olha para o fosso que se manifesta como insuperável, ao menos parcialmente, ao se levarem em consideração as consequências de uma continuada e progressiva fragmentação interpretativa.

O legislador racional apareceu no final do século XIX. Subsiste, ainda? É ainda hipótese válida para a dogmática teórica da interpretação? Está sendo contestada? Pode chegar a desaparecer? Pode! E acho que estamos em um limiar, momento em está começando a ficar bastante difícil sustentar a primazia da hipótese

---

[58] STF, RE 215301, Rel. Carlos Velloso, Segunda Turma, j. 13.04.1999, DJ 28.05.1999, p. 24, Ement. v. 1952-07, p. 1303, RTJ v 169-02/700.

do legislador racional, mesmo que tenha ainda, na prática jurídica em geral, uma considerável força. Parece, antes, uma prática que está aos poucos cedendo, donde a questão é saber o que está vindo em seu lugar. Enfim, situações novas provocam a dogmática para repensar seus próprios dogmas.

A meu ver, hoje em dia é preciso levar em conta que a noção clássica da "cultura de sentido", base da hipótese do legislador racional, de fato se transformou, desafiada por uma "cultura do presencial", essa nova cultura de superfície, na qual "momentos de intensidade" agrupam-se e enfileiram-se, reforçando uma imediaticidade dos discursos decisórios, isto é, sem apelo a padrões estabilizadores, mediante fórmulas *ad hoc* que se mostram não como uma exceção a paradigmas superiores, mas como algo que tem validade própria, desenvolvidas na própria fragmentação por força da qual se desenvolvem. Em face disso, não é de se esperar uma racionalidade orientada por aqueles postulados até agora tornados relevantes por meio de doutrina e de decisões de tribunais.

Trata-se, para a dogmática jurídica hoje, de um campo novo, a ser explorado, e que tem que ser explorado sob pena de perdermos nossa inserção no mundo real, no qual o desafio é investigar a forma como, afinal, os raciocínios jurídicos estão se formando.

AUGUSTO NEVES DAL POZZO E RICARDO MARCONDES MARTINS – V. Sa., em seu livro "Direito, Retórica e Comunicação", refere-se ao discurso "com" – paradigmaticamente representado pelo discurso científico – e ao discurso "contra" – paradigmaticamente representado pelo discurso jurisdicional.[59] Nesse sentido, no discurso jurisdicional, o Direito é tomado como uma técnica e não como uma ciência: um bom advogado consegue defender tanto o interesse do autor como o interesse do réu.

Seguindo o raciocínio da resposta anterior – de que seria possível uma interpretação correta – devendo o magistrado descobri-la (conhecer – dizer – o Direito e não escolher a resposta jurídica por sua vontade), não parece ser esse o entendimento

---

[59] FERRAZ JR., Tercio Sampaio. *Direito, retórica e comunicação*: subsídios para uma pragmática do discurso jurídico. 3. ed. São Paulo: Atlas, 2015, p. 51 *et seq.*

imposto pelo atual artigo 6º do CPC/2015, segundo o qual "todos os sujeitos do processo devem cooperar entre si para que se obtenha, em tempo razoável, decisão de mérito justa efetiva".[60] A lei brasileira não impõe que o discurso jurisdicional seja "com" e não "contra", de modo que o discurso contra deva ser punido por deslealdade processual?

TERCIO SAMPAIO FERRAZ JUNIOR – Em primeiro lugar, vamos entender o que significa discorrer, ou discursar, ou falar "com" e falar "contra". Acho que por conta do sentido intuitivo e usual com que se usam essas expressões em português, no caso, "com" e "contra", quando se diz *contra*, somos logo levados a pensar em animosidade, em se pôr numa forma de combate, até de guerra, no mínimo em contestação, posicionamento de um "contra" o outro. E no "com", um discurso mais pacífico, no sentido de que todos manifestam boa vontade e querem ou buscam chegar a um resultado comum. E os exemplos que você citou na pergunta, enfim, dos cientistas e dos juristas, estariam a mostrar essa dicotomia entre o espírito aguerrido e o espírito pacifista, por assim dizer.

A ideia, no entanto, quando escrevi sobre isso, não era tomar os termos desse ângulo de qualificação, como modos de comportamento social, mas, sim, de estruturas, estruturas de discurso. Então, quando falo num discurso-com e quando falo num discurso-contra, estou pensando em estruturas de discurso. E quando digo "estrutura de discurso", a ideia fundamental é que se trata de regras mediante as quais posições ou são marcadas pela homologia (o mesmo *logos*), de tal modo que os sujeitos discursivos tenham controle sobre o procedimento cognitivo que justifica suas falas como confiáveis que, assim, possam conduzir à verdade e ser retomadas, ou marcadas pela parcialidade, pelo interesse de parte, em que o procedimento cognitivo estrategicamente abre e esconde, donde a necessidade de um terceiro imparcial, a conduzir as falas a um ponto justo – justiça; daí que a possibilidade de permanente interrogação, mesmo que possa ir ao infinito, seja, afinal, restringida mediante decisão.

---

[60] Cf. MARTINS, Ricardo Marcondes. *Princípio da colaboração e exercício da advocacia. Revista de Direito Administrativo e Infraestrutura* (RDAI). São Paulo, ano 2, n. 6, p. 73-99, jul.-set. 2018.

E aqui se cruzam de novo as noções de zetética e dogmática. A estrutura de um discurso-com está voltada para esse processo contínuo de se fazerem interrogações e, a cada interrogação, gerar uma abertura para nova interrogação. Isso é o discurso-com, o qual não precisa ser e, às vezes, nem é pacífico. Ao contrário, pode ser polêmico, dar razão para muita disputa, com tentativas de um testar no sentido de infirmar a hipótese e a conclusão construída pelo outro. Isso é muito comum em revistas científicas, quando cientistas aparecem para limitar e até negar conclusões alcançadas. Nada de inusitado nisso. Mas a ideia do discurso-com é, não obstante, a ideia, sim, de uma cooperação, mas no sentido de um discurso homológico a presidir a cooperação na interrogação contínua.

O discurso-contra, por sua vez, embora tenha o lado aguerrido, de defesa de interesses, de busca de fazer com que um interesse possa se sobrepor a outro interesse e provocar, então, uma decisão favorável para si e desfavorável para o outro, e isso existe e se observa na prática, porque é assim que se apresenta o discurso jurídico em termos de tomadas de decisões – é o discurso jurídico, como um discurso decisório – não deixa de ter características colaborativas. O que se chama, então, de discurso-contra, aqui, é um discurso em que as partes, por assim dizer, buscam concluir a discussão, e, para isso, estabelecendo regras discursivas capazes de, por assim dizer, ordenar a polêmica sem suprimi-la. E, nesse sentido, é diferente do outro, do discurso-com. No outro, o que se busca é uma cooperação na interrogação contínua de conduzir à verdade e ser retomado, enquanto no discurso-contra, as partes se juntam para fechar a discursão (*res judicata*).

E para fechar a discursão – e aí vem a questão – é até possível que se faça acordo, acordo em que alguém cede e alguém ganha, mas no que não se perde a parcialidade... ou seja, é impossível, por assim dizer, ter algo como um ponto final que, ao interromper a discursão, possa refletir uma forma de apaziguar todas as discussões – discurso verdadeiro. Quando isso é o alvo e efetivamente ocorre, o que aparece é a ideia de uma decisão imparcial, justa e efetiva, não obstante terminal porque se lhe impõe um fim.

Eu entenderia assim que o que o Código de Processo determina é uma busca de decisão justa e efetiva, mas que, para isso, tem de ser final pela proibição de ser retomada: coisa julgada, uma decisão que não se retoma e que, para ser reconhecida, exige o foco no caminhar conjuntamente para chegar a um fim. Razoavelmente aceitável para todos? Às vezes não, às vezes provoca indignação, mas, o discurso-contra, enquanto um discurso dogmático, é um discurso que põe um fim a qualquer discussão, ainda que remanesça duvidoso. O inconformado que vá esbravejar em outro lugar, que até diga que a legislação está toda errada, que precisamos mudar tudo, que no Brasil ninguém respeita a lei, mas que não prossiga, não retome aquilo que foi decidido. A racionalidade do discurso-contra exige um ponto terminal, ainda que não mudemos o modo de ver...

Isso é a estrutura do discurso-contra. E, portanto, quando o art. 6º, mencionado, determina que "todos os sujeitos do processo devem cooperar entre si para que se obtenha em tempo razoável decisão de mérito justa e efetiva", isso não deixa de ser um discurso-contra. Cooperar na forma adequada para alcançar um ponto final, não retomável, não elimina a parcialidade do procedimento e a expectativa de imparcialidade na decisão. Nesse jogo parcial/imparcial, o que conta é chegar a um fim, não a abertura para novas indagações.

O que não exclui o salto para uma questão zetética, com outro modo de discurso, que tem a ver com a verdade, com ciência dos costumes, do comportamento de juízes, de partes, de advogados, com a possibilidade de se pôr o ponto final dogmático em dúvida até para alcançar justiça etc. Mas aí temos uma discussão-com, em que tudo é passível de ser posto de novo em dúvida, em que respostas, isto é, conclusões, são sempre teses, que se transformam em hipóteses, para outras teses que se reformulam na forma de novas hipóteses. Isso é o discurso-com.

O discurso-contra não, tem que chegar a um fim.

Assim, mesmo que seja possível uma interpretação correta – devendo o magistrado descobri-la (como diz sua pergunta: conhecer – dizer – o Direito e não escolher a resposta jurídica por sua vontade), o entendimento imposto pelo artigo 6º do CPC/2015 – "todos os sujeitos do processo devem cooperar entre si para que se obtenha, em tempo razoável, decisão de mérito justa efetiva" – não impõe que o discurso jurisdicional seja "com" e não "contra", um procedimento cognitivo que justifica suas falas como confiáveis e que possam conduzir à verdade e ser sempre retomadas. O modo do discurso-contra, sendo *contra*, não implica, necessariamente, que se deva ser punido por deslealdade processual. A deslealdade processual se caracteriza, ao revés, por, sendo contra o discurso, impedir que se chegue a um fim, protelar, valer-se de subterfúgios que tornem a parcialidade um meio de eliminar a parcialidade do outro.

E, portanto, eu diria que aquela formulação legal não vai contra a ideia de *discurso-contra* enquanto uma estrutura voltada a pôr um fim na discussão.

AUGUSTO NEVES DAL POZZO E RICARDO MARCONDES MARTINS – Ainda sobre a justiça, em seu "Introdução ao Estudo do Direito", V. Sa. enfatiza a diferença entre a deusa romana, *Justitia*, e as deusas gregas, Têmis e Diké.[61] Por um lado, parece que o fenômeno da justiça é mais bem representado pela ideia romana: segurar os dois pratos da balança, sem violência, e sentir – escutá-las sem vê-las com preconceitos, daí o símbolo da venda – as partes em conflito.[62] A deusa romana parece trazer mais à tona a ideia de sopesamento ou ponderação, tão em voga hoje.[63]

Contudo, de certa forma, a justiça também está associada ao símbolo da espada. Não punir alguém que comete um crime violento envolve uma injustiça.[64] No livro, V.Sa. não explora tanto a distinção entre Têmis e Diké como vem fazendo mais recentemente.[65] Essa "espada" pode estar associada à "contraprestação" e à "vingança". A pergunta é: a partir das pressuposições do legislador racional, da busca por um sistema coerente, linguística e axiologicamente, é possível compatibilizar a Têmis com a *Justitia*? Vale dizer: assim como é possível associar a simbologia da *Justitia* à dogmática jurídica – a ponderação e a imparcialidade do magistrado fazem isso –, é possível associar Têmis à dogmática jurídica? Ou dogmaticamente,

---

[61] FERRAZ JR., Tercio Sampaio. *Introdução ao estudo do Direito*, item 1.1.
[62] Cf. MARTINS, Ricardo Marcondes. *Justiça deôntica, op. cit.*, p. 192-194.
[63] Idem, ibidem.
[64] Idem, p. 239-243.
[65] FERRAZ JR., Tercio Sampaio. *Punir: entre justiça e vingança. Revista de Direito Administrativo e Infraestrutura* – RDAI, São Paulo, ano 4, n. 13, p. 253-268, abr.-jun. 2020. Transcrição da palestra proferida em 06.05.2019: FERRAZ JR., Tercio Sampaio. *Punir: entre justiça e vingança*. 1ª Reunião do Fórum Permanente de Filosofia, Ética e Sistemas Jurídicos. Escola da Magistratura do Estado do Rio de Janeiro – EMERJ. Disponível em: https://www.youtube.com/watch?v=5h6ga-mdsvY. Acesso em 03.10.22.

ela (vingança) é sempre uma violação? Apenas para que fique claro: os "sistemas de contato" referidos por Luhmann[66] são uma realidade, mas dogmaticamente tendem a ser uma violação.

TERCIO SAMPAIO FERRAZ JUNIOR – Deixe-me explicar primeiro as duas deusas e o modo como tenho visto as duas figuras. A invocação de figuras míticas como Têmis e Diké destina-se a esclarecer a proximidade e a diferença entre dois fenômenos humanos ligados à noção de retribuição. Fala-se em retribuição justa, mas também em retribuição vingativa, retaliação, como uma forma moralmente reprovável de retribuição. Mas não há como deixar de reconhecer que justiça e vingança são ambas reações que têm a ver com o tema da retribuição, e mesmo seus correlatos: atribuição, distribuição, contribuição.

Em primeiro lugar, embora a distinção entre uma deusa e outra refira-se a relatos mitológicos, o que proponho é antes apenas uma elucubração sobre o tema da vingança e da justiça. Olhando para os mitos gregos, entre Têmis e Diké havia uma relação confusa. Alguns relatos dizem que elas eram irmãs, outros, que se tratava de mãe e filha. Diké é representada nas estátuas da justiça na forma bastante conhecida de todos. Uma mulher de pé, de olhos abertos, carregando na mão esquerda uma balança e na mão direita a espada. Daí, as expressões que se difundiram: a balança da justiça e a espada da justiça. Já Têmis é uma figura mais obscura, como mãe tinha a ver com a intimidade da natureza humana, com os vínculos humanos ligados à própria vida, no seu sentido mais primitivo: procriação, sobrevivência, laços familiares, solidariedade no seu sentido mais forte. E aí a ideia das relações de sangue: pai, mãe, filho, parentesco consanguíneo e sua força em face do não consanguíneo. Portanto, Têmis como uma metáfora da própria vida.

Já Diké era uma deusa voltada mais para relações que se apresentavam para além desses vínculos de sangue imediatos: de amizade, de empatia, enfim, relações que extravasavam o núcleo familiar. Diké presidia alianças entre os senhores na pólis, regulava acordos, impunha proporção na imposição de penas. Nesse sentido,

---

[66] LUHMANN, Niklas. *Legitimação pelo procedimento*. Tradução Maria da Conceição Côrte-Real. Brasília: Universidade de Brasília, 1980, p. 65-69.

lidavam com âmbitos diferentes, a família e a pólis. O que não excluía momentos importantes de interação entre ambas.

Pois bem, aquilo a que me proponho é olhar para a vingança e para a justiça, com base no perfil de uma e de outra deusa. A proposta toma a seguinte forma: vingança tem a ver com o rompimento de relações consanguíneas, isto é, relações consanguíneas estabelecem um tipo de ordem cuja violação enseja o que se chama de vingança. Um pouco numa linha Freudiana, pode-se dizer que os grandes crimes contra Têmis são os crimes de sangue, violações da consanguinidade: parricídio, fratricídio, adultério – até hoje vê-se o cônjuge enganado matar o outro ou matar aquele com quem se pratica o adultério... São situações que, por assim dizer, a gravidade da violação é tal que transforma aquele que viola numa espécie de maldito, que, por tão desprezível, não pode nem ser tocado, tornando-se até um objeto de repulsa social. A ideia do sangue que vincula, o vínculo de sangue, é tão forte, que seu rompimento significa conspurcar o sangue, donde a exigência de uma punição purificadora: vingar-se como limpar uma mancha. Pode-se, nesse sentido, entender que na Antiguidade a pena de morte, por exemplo, fosse uma pena ligada à ideia de purificação.

Já Diké, a deusa da balança, do equilíbrio e da mensuração, tem uma postura que exige distância, imparcialidade, a possibilidade de retribuir sem tomar parte, portanto, um tipo de julgamento em que a balança, prato em equilíbrio, faz todo sentido. Em Têmis, a balança pode até aparecer, mas não faz o mesmo sentido. É a diferença que se percebe entre retribuir e retaliar.

Isso serve para distinguir justiça de vingança. No entanto, quando se olha para o direito, há a percepção de uma interferência de uma dentro da outra. Obviamente, o crime por causa de adultério vai ser julgado por juízes. E a pergunta é: qual o espírito reveste o julgamento quando se julga isso? O espírito da vingança de Têmis, ou o espírito da imparcialidade de Diké? A exigência de imparcialidade se impõe ao juiz ou à juíza, mas como pedir imparcialidade ao júri? Não acaba o júri sendo tomado pelo espírito da vingança? Eis aí uma coisa entrando dentro da outra. Os exemplos poderiam ser multiplicados.

Estou lembrando de um exemplo que Juliano, meu colega de escritório, trouxe recentemente num seminário acadêmico.

Ele lembrou o julgamento dos irmãos Karamázov, no livro do Dostoiévski, procurando mostrar como no final, aparece como decisivo para condenar o filho, assassino de seu próprio pai, o que ele chama, adequadamente, de "espírito da comunidade", o "modo de sentir da comunidade local": apesar de todas as inconsistências da acusação, trata-se afinal de um parricídio, ao que segue a decisão condenatória. Por mais que houvesse evidências de que Dmitri, o filho acusado de matar o pai, não pudesse ter sido o assassino, a força repugnante do parricídio prepondera: ele é condenado. Digamos que é o espírito de Têmis, vingança, interferindo no julgamento sujeito a Diké, em que se apreciam as provas e as contraprovas. Não deveríamos reconhecer que essa repulsa social, que aparece nos irmãos Karamázov, existe até hoje? Quem não percebe nos julgamentos da Lava Jato e sua repercussão pública coisas desse tipo.

Na verdade, ao perceber essa interferência da retaliação na retribuição, ainda usando as figuras mitológicas, não deixa de ser curiosa a confusão gerada pela equivalente deusa romana, a *Justitia*. Os romanos tiveram uma deusa só. Talvez, por essa contingência, uma percepção menos evidente das diferenças, do modo de conceber as retribuições, todas como *atos de justiça*, quando, na verdade, lidamos com *estruturas* diferentes de encarar uma violação. Por que trair um compromisso contratual, por exemplo, revelar segredos empresariais, é punível com indenização pecuniária, enquanto uma traição à pátria, em alguns países, chega até à pena de morte? Qual o *olhar* que se lança sobre uma e outra violação?

Interessante, em termos de um *olhar*, a perspectiva de quem *olha*. Uma das regras fundamentais a separar uma estrutura Têmis da estrutura Diké, vingança e justiça, é a perspectiva pela qual se estima a punição por uma violação. Na perspectiva Diké e, portanto, de *justiça*, a perspectiva é sempre do ângulo daquele que viola: pune-se o violador conforme as condições do *seu* ato: dolo, culpa, atenuantes, agravantes. A pena é retribuição medida pela autoria, donde tipificação e delimitação (caso da prisão, no Brasil). Na perspectiva Têmis, que leva à *vingança*, é sempre um olhar para aquele que é violado, a estimativa é efetuada da perspectiva da vítima.

Achei que isso realmente é uma distinção estrutural importante para a gente entender uma e outra coisa. Isso pode, inclusive, variar num caso concreto: começa olhando de um lado e depois vai para o outro lado, e depois volta para o primeiro lado, dando todos os sentidos para os embates num julgamento. Isso me parece um ponto importante: como é que você olha. Recentemente, foi visto na televisão brasileira a esposa do ex-governador do Rio de Janeiro sendo conduzida à prisão familiar por decisão judicial, que apreciou sua condição prisional enquanto autora de crime, e como o povo se aglomerou diante do apartamento dela para protestar. A reação popular está muito mais perto da estrutura da vingança do que da estrutura da justiça. A decisão em nome da justiça – Diké – provocou revolta social. O povo não entendia por que a corrupção que atingia *a sociedade como um todo* (vítima) autorizava uma prisão domiciliar para quem tinha filho para cuidar, quando há outras mulheres, condenadas por crimes menores, e que também têm filhos, não podem conseguir esse benefício.

Mas sua pergunta é como fica a ponderação e a imparcialidade do magistrado tendo em vista essa dicotomia. É possível associar Têmis, isto é, a vingança, à dogmática jurídica? Eu diria...

RICARDO MARCONDES MARTINS – Ou é uma violação sempre?

TERCIO SAMPAIO FERRAZ JUNIOR – Violação pode ser, mas depende da perspectiva. Um juiz vingativo é intolerável, mas, do ponto de vista estrutural – ver o ato do ângulo do autor ou da vítima – não é de se descartar no âmbito da dogmática. Estruturalmente, a possibilidade surge, por exemplo, no modo como se argumenta e se motiva. É possível trazer Têmis para a argumentação? Acho que até frequentemente isso pode acontecer. Isso tem a ver com o câmbio de perspectivas, o que se percebe no jogo da interpretação dogmática, às vezes para um lado, às vezes para o outro, lidando com as duas deusas. Num desses últimos casos no Supremo Tribunal Federal, da prisão em segunda instância,[67] percebia-se o esforço a todo o momento, seja durante a coleta de votos, seja por entrevista a jornais, para justificar: "Não estamos julgando o caso Lula, isso não tem nada a ver com o Lula etc." Afinal, o ex-presidente disse ou

---

[67] STF, ADC 43, Rel. Marco Aurélio, Tribunal Pleno, j. 07.11.2019, DJe-270, Divulg. 11.11.2020, Public. 12.11.2020.

teria dito que o juiz Sérgio Moro estava querendo, na verdade, era se vingar dele. Por outro lado, a justiça Diké tem uma estrutura em que a retribuição exige sempre ou leva sempre à presença de um terceiro, de quem se espera imparcialidade. Quem julga é sempre um terceiro que olha para acusado como autor, não como vítima, nem é um justiceiro que age pelo próprio ofendido. Daí o esforço enorme de sempre trazer a questão para Diké, e não para Têmis. "Não olhar do ponto de vista da vítima". Embora disso possa fazer uso a argumentação de advogados ou promotores, a expectativa é de que o juiz evite a vitimização, quer do acusado, quer dos acusadores. Não obstante, no caso, era inevitável o argumento da vitimização. Por isso a insistência em que ali estava se julgando a constitucionalidade ou não da prisão em segunda instância. O que a Constituição diz a respeito disso? O caso Lula era outro problema, a ser examinado em momento oportuno. Essa é uma perspectiva Diké. Agora, era inevitável que, aos olhos do povo, a televisão, a imprensa, mostrassem continuamente a outra, a face Têmis. Inafastável a pergunta: e como é que ficaria Lula? E não só o Lula, mas milhares de presos que seriam beneficiados? Isso seria justo ou injusto? Aí aparece "justo", mas aí entra a perspectiva da vítima: pobres presos esperando julgamento definitivo, mas também a indignação da infeliz sociedade diante dos crimes imputados a um ex-presidente. E eis a questão da vingança no interior mesmo da justiça.

Nessa perspectiva da confusão de justiça com vingança, interessante lembrar uma palavra que aparece em estudos sobre vingança e justiça, que é a expressão "ultor", de origem desconhecida, que, primitivamente, no latim jurídico, era a designação daquele que num julgamento vinha *em proteção do acusado*. Não era bem o advogado, era aquele que vinha em proteção daquele que estava sendo incriminado, ou do devedor acusado de inadimplência, esse era o *ultor*, expressão mais tarde substituída por *vindex* (aquele que *vindica, reivindica*), podendo-se imaginar que o *vindex*, que também significava *o que vinga*, tivesse algo a ver com a solidariedade familiar, portanto um misto de Têmis e Diké. Essa expressão desapareceu no latim, mas restou na expressão *insultus – in* – sem – *ultor* – protetor, donde *insultar* como atitude reprovável, sem defesa e proteção. A imbricação de Têmis e Diké aparece também na expressão "indulto". Indulto, do latim *indulgere*, viria de uma raiz indo-germânica, "dlegh" – comprometer-se – à qual se associa "dhlgh" – dívida –, donde indulto significa ver com benevolência aquele que se comprometeu, é devedor e está sendo acusado. A etimologia mostra essa confusão de perspectivas – autor e vítima – justiça e vingança. Aliás, curiosamente, até hoje, toda vez que vem um indulto de natal, se indulto tem a ver com justiça, com Diké, nem por isso deixa de provocar sentimentos do tipo: mas são "criminosos", "bandidos", "deviam é continuar na cadeia!". É a perspectiva de quem olha para as vítimas, a perspectiva Têmis.

Então, a sua pergunta: é possível associar Têmis à violação do Direito? Eu diria: sim, uma vingança é sempre reprovável, mas também está presente quando se *clama* por justiça! A rigor, a argumentação dogmática está sempre lidando com essas perspectivas. Como se, em nossos julgamentos, vivêssemos sempre nesse dilema de vingança ou justiça. A minha resposta, portanto, é: Sim! Isso existe e existe continuamente.

AUGUSTO NEVES DAL POZZO E RICARDO MARCONDES MARTINS – V.Sa. foi o tradutor da obra "Tópica e Jurisprudência", de Theodor Viehweg, cuja primeira edição foi publicada no Brasil em 1979.[68] V. Sa. trata da argumentação desde a primeira edição de seu "Introdução".[69]

Em 2014, publicou o livro "Argumentação Jurídica", em que afirma algo muito claro nas últimas décadas: o Poder Judiciário se desneutralizou.[70] O Senhor foi um evidente precursor do que vivemos hoje! Para nos valeremos de uma autora que é de sua predileção, Hannah Arendt, em "Eichmann em Jerusalém", evidencia o problema do direito formalista, aplicável por subsunção: o cumprimento cego da lei facilita a banalidade do mal.[71]

Contudo, hoje, no Brasil, apresenta-se o problema: a Corte Constitucional, por exemplo, penaliza condutas mesmo sem lei.[72]

---

[68] VIEHWEG, Theodor. *Tópica e jurisprudência*. Tradução de Tercio Sampaio Ferraz Jr. Brasília: Imprensa Nacional, 1979.
[69] FERRAZ JR., Tercio Sampaio. *Introdução ao estudo do Direito*, op. cit., item 6.3.
[70] FERRAZ JR., Tercio Sampaio. *Argumentação jurídica*. Barueri: Manole, 2014, p. XX.
[71] ARENDT, Hannah. *Eichmann em Jerusalém*. Tradução de José Rubens Siqueira. 12. reimpr. São Paulo: Companhia das Letras, 1999.
[72] STF, ADO 26, Rel. Celso de Mello, Tribunal Pleno, j. 13.06.2019, DJe-243, Div. 05.10.2020,

Esse debate entre apego à literalidade e respeito aos valores é circular na história, como mostra a peça de Antígona, citado pelo senhor no livro "O Direito, entre o Futuro e o Passado", de 2014.[73] Como o senhor vê o fenômeno jurídico hoje, não no aspecto do ser, mas do dever-ser: devemos – e aqui perguntamos ao "jurista" filósofo – resolver os problemas a partir dos *topoi* ou devemos considerar os textos normativos como limite da interpretação?

TERCIO SAMPAIO FERRAZ JUNIOR – Garantista ou não garantista? [Risos]. Está implícito na sua pergunta. Você colocou a pergunta em termos de dever-ser: "devemos" partir dos *topoi* ou "devemos" considerar os textos normativos como limite da interpretação? Eu preferiria pôr em suspenso esse "devemos" para começar a responder, colocando-me do ponto de vista zetético, antes, como um observador.

Acho que uma coisa importante a ser percebida, hoje, é uma mudança generalizada no modo da interação humana. Nós continuamos interagindo como sempre interagimos. Neste momento, aqui, estamos nós três, presencialmente. Enfim, isso ainda existe e não desapareceu, mesmo diante da revolução comunicativa que vivemos. Pois há um modo de interagir que entra na interação humana de uma forma avassaladora, alterando modos de pensar, e, portanto, modos de argumentar, e, portanto, modos de julgar. A comunicação *on line* está acontecendo. Embora corra o risco de ser um pouco superficial ao fazer ou estabelecer um nexo entre uma coisa e outra, não há como ignorar que esse modo comunicacional está interferindo na forma como pensamos e como somos. O que quero dizer com isso?

A nossa percepção da vida, e da vida social, tem por característica a intersubjetividade, quer dizer, a sociedade como sujeitos que interagem. Isto é, um com o outro, um contra o outro, um a despeito do outro, de todo modo a ideia da intersubjetividade

---

Public. 06.10.2020. Nesse julgado, decidiu a Corte: "Práticas homofóbicas e transfóbicas configuram atos delituosos passíveis de repressão penal, por efeito de mandados constitucionais de criminalização (CF, art. 5º, incisos XLI E XLII), por traduzirem expressões de racismo em sua dimensão social".

[73] FERRA JR., Tercio Sampaio. *O Direito, entre o futuro e o passado*. São Paulo: Noeses, 2014, p. 157-158.

é uma ideia forte que marca como nos percebemos enquanto seres singulares, mas voltados uns para os outros e, por consequência, no modo como pensamos, agimos, julgamos, argumentamos e tudo mais.

A intersubjetividade, um dado evidente – estamos sempre nos comunicando, a comunicação não tem contrário, não se comunicar é, ainda, comunicar-se –, não desaparece, mas no mundo atual, em que se vivencia a chamada Internet, seja no computador, seja no celular, é uma coisa impressionante, que altera comportamentos. Qualquer um, intuitivamente, percebe como isso muda o jeito de a gente ser... no restaurante ou em casa, na igreja e no funeral, está todo mundo com seu celular, olhando a telinha, esse mundo da comunicação virtual, a alterar a intersubjetividade.

Embora a intersubjetividade subsista, nesse mundo virtual, ela perde consistência em favor daquilo que talvez se possa chamar de transubjetividade. Curiosamente, ainda que a gente, por exemplo, dentro de um grupo de WhatsApp, converse um com o outro, no sentido de intersubjetividade, o que conta, afinal, são informações que correm sem que se possa dar conta de onde vêm ou para onde vão: é a transubjetividade, ou seja, um fenômeno de intersubjetividade, mas no qual as informações são jogadas nesse universo virtual, propriamente sem sujeitos. Vejam a sutileza da pequena flecha com duas pontas, seguida de *"encaminhada"* que aparece nas mensagens. É o que explica o que hoje se chama *fake news*. Histórias mentirosas ou fraudulentas, isso sempre existiu, mas no mundo da transubjetividade, o que caracteriza *fake news*, a diferença da mentira ou da informação fraudulenta é justamente o seu estatuto de transubjetividade. Digamos assim, *trans*, para além da intersubjetividade, porque são situações em que os movimentos de opinião, quase instantâneos, ganham uma tal expansão horizontal que tornam difícil, senão impossível, o controle e o domínio subjetivo das informações.

É verdade que num mundo intersubjetivo existiam coisas parecidas, do tipo: quem conta um *conto* aumenta um *ponto*... Mas, de alguma forma, no mundo em que predominava a intersubjetividade, ainda assim era sempre possível ganhar distância e fazer um controle reflexivo, porque as notícias corriam num modo diacrônico, uma depois da outra, tornando possível recompor, *a posteriori*, os *pontos* aumentados para chegar ao *conto* original. Os desvios, de um momento inicial a um momento final, chegaram até a ser objeto de investigação psicossocial. Existem testes conhecidos em que alguém sussurra no ouvido de outro uma frase e, quando se chega ao décimo interlocutor, pergunta-se a ele: "o que você ouviu"? – sendo frequente a surpresa do primeiro: "não foi isso que eu falei!". Esse teste era possível na preponderância da ordem diacrônica, porque a diacronia fazia do tempo um tempo controlável.

Hoje em dia, nesse mundo virtual que assola a comunicação humana, o que prevalece é a sincronia, e, por isso, a comunicação é preponderantemente transubjetiva. Não há mais, ou quase, espaço para a intersubjetividade. Isso faz com que aquilo que se chama de *informação* adquira estatuto diferente, caraterizado pela transubjetividade, no sentido de que a *informação não tem endereço*. Daí a visível possibilidade de haver manipulações eleitorais, de jogo perverso não só de veiculação de uma notícia falsa, mas de apoios políticos quantitativamente "construídos", apenas para influenciar o voto... Isso é possível porque, dentro da transubjetividade, as informações correm para todos os lados, elas não têm um endereço preciso, nem uma direção diacronicamente identificável, pois é como se uma informação corresse para todas as direções simultaneamente, é o fenômeno da sincronia, fazendo da intersubjetividade uma ilusão virtual.

Isso faz com que nosso modo de pensar, por conta desse mundo virtual, transobjetivo, se altere. O domínio da diacronia – uma coisa depois da outra – começa a ficar perturbado e, com isso, se altera a racionalidade dos discursos. Lembre-se que toda a lógica ocidental foi construída em cima da diacronia – do um depois do outro, donde a *consequencialidade* e seu controle – a ideia de *implicação* exige exatamente isto: dado A, segue o B. A lógica, por assim dizer, como base do pensamento argumentativo, é base para o controle da racionalidade em termos de intersubjetividade.

Vejam que razão (*ratio, logos*) é um substantivo cuja origem está no verbo *reri*, que em seu sentido primitivo significava "tomar algo por algo", portanto ligar "coisas" entre si, donde estabelecer relações e, daí, calcular, pensar. Quando os romanos traduziram por "*ratio*" a relação matemática, pensaram em "*logos*", na cultura grega, palavra que originariamente significara "juntar", "unir", "por em conjunto". Foi a ideia de razão como *relacionar* e relacionar como *consequencialidade* que presidiu, no desenvolvimento do pensamento ocidental, o estabelecimento de diversos princípios, como os do pensamento correto (lógica), da pesquisa correta (metodologia), da correta justificação de juízos valorativos (retórica), do correto comportamento em face das diversas situações vitais (prudência).

Quando se passa para a transubjetividade, isso começa a não funcionar mais. Na verdade, num mundo de comunicação *transubjetiva*, temos uma espécie de situação *diagráfica*, na qual um discurso se desenvolve a partir de outro, mas ganha uma tal distância de sua origem, de modo a ter de ser aprendido por si mesmo. Perde-se o senso da consequencialidade. E, no que se refere à materialidade da incorporação de sentidos, para além da modalidade oral e escrita, surge uma modalidade *virtual*, em que o discurso ganha uma configuração estética (ver, por exemplo, os *emojis*), um suporte matemático (algoritmos) e um contexto situacional, mas indeterminado. Nessa condição, lugares comuns adquirem antes um estatuto expletivo, sem vinculação organizadora, como era antes o caso do *topos* (lugar comum) *sistema*.

E começa, então, a perceber-se o aparecimento de formas argumentativas desviadas das exigências de coerência, formas que começam a se tornar frequentes, e, mais ainda, até predominantes.

Tudo isso acaba por se refletir nos julgamentos, cujas decisões parecem girar em torno delas mesmas. Ao invés de juízos fundados em uma base centrípeta de validade (***topos da hierarquia***, donde a primazia da Constituição, da lei), esses parecem antes "jogadas políticas", que se estabilizam por mútuas e ocasionais vinculações, donde essa sensação de desfalecimento da Constituição diante do poder para interpretá-la.

É como se estivéssemos expostos a um processo de decisão cuja racionalidade parece não impedir o *non liquet*. Daí uma sensação de subjetivismo quase no limite do arbitrário.

Na verdade, o que existe, por exemplo, na tomada de decisão, seja do juiz ou seja do ministro, é a sensação provocado pelo advento da transubjetividade, pois nela, a decisão jurídica ganha um destaque especial, já que se libera efetivamente de um todo pré-constituído – o ordenamento como sistema. Em consequência, *em lugar do **poder de decidir** a tomada de decisão aparece como uma **decisão de poder*** (não *um decido porque posso*, mas um *posso porque* *decido*), que está registrada numa ordem acêntrica e heterárquica, a fim de possibilitar a abertura para o novo, na verdade, para o desconhecido, quando se levam em consideração as consequências de uma continuada e progressiva fragmentação da esfera do público, sem que se separem os fóruns do "público" de círculos "privados" auto-referenciados.

Bom, esse tipo de situação faz com que, por assim dizer, o modo de você lidar com a argumentação jurídica se altere. Ainda existe implicação (se... então), não nego isso. Mas, quando se entra no mundo da transubjetividade, os raciocínios perdem o sentido diacrônico. Porque, *espacialmente*, graças às tecnologias digitais, tudo parece conectado, e, *temporalmente*, de modo sincrônico ("em tempo real..."). Cada decisão valoriza o momento, para acompanhar as mudanças, e, ao mesmo tempo, gera uma febre de uniformização – digital – sem precedentes. É a "argumentação" do *recorta e cola*.

Tem-se, aí, no entanto, uma tópica que ativa o culto das singularidades que, por sua vez, aponta para uma nova objetividade, mais fortemente baseada em conexões *trans*subjetivas (e não, *inter*subjetivas): ao invés de uma orientação por experiências ou por presunções de aceitação comum, cada vez mais se impõe uma "lógica do exemplar", "evocado" por "apresentações imagéticas". O sentido retórico das transmissões dos julgamentos do STF mostra isso de forma ostensiva.

Nesse quadro, a sua pergunta: *devemos resolver os problemas a partir dos* topoi *ou devemos considerar os textos normativos como limite da interpretação?*

Bom, aí entra a questão do "devemos". "Devemos", devemos o quê? Voltar a trabalhar dentro do mundo da intersubjetividade? É uma opção complicada de ser efetivada. Viehweg, falando da dogmática jurídica, pensava em termos de decidir com apoio na doutrina, de modo a minimizar ao máximo a perturbação social. Se você olhar desse ângulo, eu diria, até "deveríamos" ainda nos apegar ao mundo intersubjetivo e tentar fazer com que ele prevaleça.

Mas a avalanche provocada pelo mundo transubjetivo é monumental. Se "devemos", não quer dizer que se consiga. O que se está percebendo é que em vários níveis, não só da vida jurídica, mas da vida política nacional, da vida política internacional, enfim, observa-se e pergunta-se, meio estupefato: o que é que está acontecendo? Dois Presidentes, Macron e Trump, na televisão, numa entrevista ao vivo, um batendo no outro... Ou discórdias públicas, na TV Justiça... O que está acontecendo? Em que mundo a gente está vivendo? De fato, o "devemos" não significa "podemos". Na resistência pelas instituições e regras, há de se levar em conta uma comunidade anônima completamente distinta, que, entretanto, não pode ser constituída de forma consciente.

Por exemplo, nós aprendemos durante todo o século XX que direito é norma. Não precisa ser exclusivamente no sentido kelseniano, mas a norma tem uma função fundamental na percepção do ordenamento, norma se caracteriza por ser prescrição, enfim, tem as características de um dever-ser etc. Hoje, porém, a sensação é de que estamos entrando em um mundo em que a palavra "norma" começa a não fazer totalmente sentido. Talvez, em alguns momentos, seja até substituída pela expressão "instrução tecnológica". O direito, hoje, parece operar mais e com mais eficiência mediante micro diretivas, isto é, *instruções* que se dirigem a cada um e para cada situação. Algo impensável no direito como conhecíamos até agora.

Pensem, por exemplo, em normas de trânsito que impedem o aumento da velocidade ou a transposição de sinal vermelho em períodos noturnos, postas genericamente pelo *direito como norma* como *normas jurídicas*. Imaginem, num futuro não muito distante, que *micro diretivas* sejam enviadas para cada veículo, a depender se circula ou não de noite, em dada região urbana, permitindo ou não o incremento da velocidade ou não-interrupção do fluxo nos semáforos. Essas instruções – algorítmicas – serão bem mais eficientes e oportunas do que regras genéricas, Enfim, um *direito como instrução* cumprirá melhor seu papel que um *direito como norma*, ainda que isso venha a implicar a perda de acervo histórico de sentido do que tínhamos até agora.

Eu diria, então, que, em termos de angústia e de mínimo de perturbação social, a antiga construção intersubjetiva dá conforto e, por isso, na argumentação jurídica, a insistência na lei, no sistema, não se descarta inteiramente. Porém, repito, a avalanche do transubjetivo é enorme. O desafio é como é que se vai enfrentar isso, essa avalanche tão grande que parece tornar o velho estilo insustentável?

Esse, para mim, é um dos grandes desafios da teoria jurídica hoje. E isso, para além da argumentação, se espelha no mundo conceitual, sistematizado durante duzentos anos ou mais, e com o qual, hoje em dia, não consegue mais lidar sem perturbações.

Enfim, parece que estamos entrando em outro mundo, e como é que vamos lidar com esse mundo? Acho que o que "devemos" é pensar essa passagem, para que ela não nos escape completamente de controle.

AUGUSTO NEVES DAL POZZO E RICARDO MARCONDES MARTINS – Sobre a liberdade, V. Sa. adotou o conceito de Bruno von Freytag Löringhoff, no sentido de que a liberdade seria um predicado de três variáveis, havendo duas vinculações relacionadas, uma avaliada negativamente e outra positivamente, de modo que o ser livre é ser livre de algo para vincular-se a outro algo.[74] A análise lembra o "paradoxo" revelado por Sartre em sua "Trilogia da Liberdade": quanto mais Mathieu pretendia ser livre, mais perdia a liberdade.[75]

Diante disso, perguntamos: a liberdade na área jurídica é também paradoxal, ou é possível dizer que no Direito esse paradoxo não se apresenta porque é dogmaticamente irrelevante a avaliação positiva da vinculação? Robert Alexy, por exemplo, afirma que no Direito há uma neutralidade em relação a essa vinculação.[76]

Além disso, ainda sobre a liberdade, muitos filósofos se referem a aspectos diferentes do problema da liberdade, que costumam ser identificados pelos adjetivos "negativa" e "efetiva". Exemplo: uma coisa é não ser impedido de ler um livro (liberdade negativa), outra é ter a possibilidade real de ler (liberdade efetiva).[77] É possível dizer

---

[74] FERRAZ JR., Tércio Sampaio. *Liberdade de opinião, liberdade de informação*: mídia e privacidade. *Cadernos de Direito Constitucional e Ciência Política*, São Paulo, ano 6, n. 23, p. 24-29, abr.-jun. 1998.

[75] SARTRE, Jean-Paul. *A idade da razão*. Tradução de Sérgio Milliet. 4. ed. 3. reimpr. Rio de Janeiro: Nova Fronteira, 2005; SARTRE, Jean-Paul. *Sursis*. Tradução de Sérgio Milliet. 4. ed. Rio de Janeiro: Nova Fronteira, 2005; SARTRE, Jean-Paul. *Com a morte na alma*. Tradução de Sérgio Milliet. 3. ed. Rio de Janeiro: Nova Fronteira, 2005.

[76] ALEXY, Robert. *Teoria dos direitos fundamentais*. Tradução de Virgílio Afonso da Silva. São Paulo: Malheiros, 2008, p. 222, rodapé 123. Sobre o tema: MARTINS, Ricardo Marcondes. *Teoria jurídica da liberdade*. São Paulo: Contracorrente, 2015, p. 44-48.

[77] Cf. MARTINS, Ricardo Marcondes. *Teoria jurídica da liberdade, op. cit.*, p. 134-143.

que em uma perspectiva neoliberal (Freedman, Hayek) olha-se apenas para a liberdade negativa, e em uma perspectiva comunista (Marx, Engels) olha-se apenas para a liberdade efetiva.[78]

O senhor, quando aborda também a liberdade, parece enfocar mais o "aspecto negativo" – não ser impedido de fazer algo – do que o "efetivo" – ter a possibilidade real de fazer. O ideal não estaria na composição ótima de ambas?

TERCIO SAMPAIO FERRAZ JUNIOR – Sua pergunta tem um ostensivo tom filosófico, o que me obriga a encará-lo desde logo.

O paradoxo sartriano está em que nós somos condenados a ser livres. É um paradoxo estar *condenado* a ser *livre*; o que é, afinal, ser livre se a liberdade é uma condenação? Que no fundo é o paradoxo que ele constrói a partir de Heidegger.

Para entrar no tema, a título talvez mais de curiosidade, eu começaria lembrando dois mitos interessantes, um, decisivo para a cultura ocidental, outro menos, mas que hoje, com o advento da inteligência artificial, parece ganhar o seu espaço. Os dois têm origem na antiga Babilônia, com semitas, de um lado, o povo judeu e, do outro lado, outros povos semitas, como os fenícios. Na relação original do homem com Deus, com a divindade (tradição hebraica), ou com as divindades (tradição babilônica), os mitos sempre mostram que o ser humano aspira ter os atributos divinos, basicamente dois atributos, sua sabedoria e sua eternidade. O ser humano aspira ter ambos, o que o tornaria igual a Deus, igual às divindades. Mas os mitos mostram que isso é impossível: ou tem um ou tem outro.

Nesses mitos de origem, o mito bíblico é mais conhecido: Adão e Eva estão no paraíso; no paraíso gozam da vida eterna, eles não morrem. Mas, seja pela tentação da serpente, eles querem ser iguais a Deus, então querem, também, o saber divino. Daí a história da maçã, enfim, o fruto da sabedoria. Comem do fruto e adquirem a sabedoria divina. E sabemos o que acontece. Deus os pune. São expulsos do paraíso, perdem a imortalidade, mas mantêm o saber.

O outro mito é parecido, o babilônico, pois tem a mesma estrutura: a aspiração de ter os dois atributos. Trata-se de um

---

[78] Idem, p. 207-217.

personagem, Adaap, que, aspirando ter ambos, isto é, a imortalidade e a sabedoria, é convidado pelos deuses a ir em uma viagem ao encontro das divindades. É, porém, alertado por sua mãe, que lhe diz: "No caminho não aceite nada que lhe ofereçam para comer, porque pode ser veneno". E ele, com medo de morrer, rejeita tudo que lhe é oferecido no percurso. E quando chega ao destino, ao encontro com os deuses, deles recebe o saber que o faz igual aos deuses. Mas percebe, nesse momento, que o alimento que lhe fora oferecido, várias vezes, durante sua viagem, não era veneno, era, ao contrário, a vida eterna. Algo que ele rejeitara todas as vezes, o tempo inteiro. Ele percebe que tinha sido oferecida a ele a imortalidade, como a Adão e Eva no paraíso, mas que ele a tinha rejeitado. Em compensação, no entanto, ele adquire o saber divino, o saber dos deuses.

É curioso, nesses relatos, que o nosso personagem bíblico se chame Adão, e o personagem babilônico se chame Adaap. Pela origem semita, talvez tenham até a mesma fonte. Mais interessante, porém, é perceber, nos dois mitos, que ambos perdem a imortalidade, que a um – Adão – fora concedida desde sua criação, a outro – Adaap – a ser conquistada num percurso. De todo modo, ambos ganham a morte como destino inexorável, e, ao ganhar a morte como destino, a sua finitude essencial. Seres humanos, nós somos seres finitos. E é disso que fala Heidegger, é disso que fala Sartre, quando percebem na consciência da finitude aquilo que nos angustia profundamente: a morte. É a *angústia* como um temor sem objeto, até porque ter medo da morte é ter medo dessa *experiência única, singular, incomunicável: o nada*. É a morte, indecifrável para a Ciência e semente de todas as religiões.

Do outro lado, porém, se há perda da imortalidade, há a conquista do saber divino. Mas que é o *saber divino*? No mito babilônico, a criação divina é um processo contínuo, permanentemente ameaçado, que se repete a cada evento, em que tudo se constrói, se desconstrói e se reconstrói, como o nascer e o pôr do Sol, cotidianamente. Por isso, o saber dos deuses é um saber que permite conhecer o cosmos e participar de sua criação. Daí, do ângulo religioso, as posições cosmoteístas ou panteístas de divinização das forças da natureza e de dominação da natureza. Um pouco na linha dos astrônomos atuais, que vivem a buscar os efeitos contínuos do *big bang* originário. Nessa mesma direção, como os egípcios, por exemplo, que há 5.000 anos desenvolveram cálculos incríveis, conseguindo medir, por exemplo, com exatidão a distância entre o nascer e o pôr do Sol. Como conseguiram, não se sabe, mas o fato é que, desenvolvendo cálculos fantásticos, desenvolviam um saber, atributo divino de controle do próprio processo natural.

O saber judaico, cristão, é de outra natureza. Não sei se lembram, o que Adão e Eva adquirem, como saber divino, é *distinguir entre o bem e o mal*. É uma outra forma de saber, é a sabedoria de poder distinguir entre o bem e o mal, que, no entanto, aliada à perda da imortalidade, criou essa angústia fantástica, que se chama, no lado negativo, de morte e, no lado positivo, de liberdade. No fundo, a liberdade é uma forma positiva de se nominar a finitude. O ser humano morre, mas, em compensação, adquire a capacidade de distinguir o que é o bem e o que é o mal, o que é o justo e o que é o injusto, e assim por diante. Isto é, para um ser mortal, finito, o núcleo da ética, terreno da liberdade, atributo divino, mas humanamente finito. E esse é o grande saber humano na tradição judaico-cristã, que é a nossa tradição.

Os babilônios, os egípcios desapareceram. Hoje em dia, porém, a gente começa a se perguntar se a nossa tradição judaico-cristã não está sendo substituída pela outra sabedoria. Um pouco na linha da chamada inteligência artificial, como uma capacidade de desenvolver uma espécie de domínio técnico com base digital e numérica, que tudo computa e prevê de antemão (carro sem motorista), onde a sabedoria – liberdade de distinguir entre o bem e o mal – vai ser minimizada, senão substituída por cálculos estimativos a resolver tudo com antecipação. Grande interrogação que está aí à nossa frente. Não sei o que vai acontecer. O que é o bem e o que é o mal, o que é justo e o que é injusto para o mundo computacional?

Como ainda não chagamos inteiramente lá, volto ao nosso mundo atual, à liberdade como o positivo da morte, e à sua primeira pergunta, àquilo que está sendo chamado de paradoxo da liberdade e que tem a ver com a angústia da finitude. Porque vai morrer e tem consciência da finitude, o ser humano gera um comportamento de negação do entrópico, uma entropia negativa na medida em que luta contra o seu limite, contra o destino de todo ser vivo, morrer... No plano dito espiritual, entende-se a criação dos mitos religiosos de que existe uma outra vida, de que o corpo perece, mas a alma é eterna, de que a vida terrena é só uma passagem, enfim, mitos para poder lidar com a angústia da liberdade. Nisso um primeiro sentido do paradoxo, a liberdade paradoxal porque é uma tentativa de o homem eliminar a finitude enquanto ser finito, portanto, eliminar a morte enquanto ser mortal, isto é, de chegar a um saber capaz de liberdade e imortalidade, de se tornar Deus.

E a angústia é gerada pela consciência do paradoxo da liberdade, isto é, quanto mais se exercita a capacidade de julgar, de distinguir entre o bem e mal, mais se dá conta de sua condição humana de ser mortal, da sua finitude. Quanto mais livre, menos livre de morrer você se sente. A liberdade como forma de lidar com a finitude, gera cada vez mais finitude. A cada decisão sempre se percebe que poderia ser do outro jeito. A liberdade é um paradoxo nesse sentido, no infinito da liberdade, mais finito se percebe o ser humano. Esse é o paradoxo da liberdade, filosoficamente falando, entendendo que a sua primeira questão foi inicialmente no sentido filosófico.

Entrando, agora, na estrutura da liberdade – predicado de três variáveis, e, portanto, de vinculações diferentes. Isso é expressão do paradoxo, isto é, da liberdade enquanto persecução infinita da própria finitude, tentativa de, em sendo finito, ultrapassar a finitude. Por isso, *liberdade* "em si" a revelar-se em *relações*: ser livre (i), sendo sempre *ser livre "de"* (ii), sempre *sendo livre "para"* (iii). E é o sujeito que é o centro dessa trilogia, por assim dizer. Toda vez que eu me liberto *de* alguma coisa – sentido negativo –, eu me liberto, na verdade, sempre *"para"* alguma coisa – sentido positivo. Só que esse "para alguma coisa" para o que eu me liberto tem também um sentido negativo ao mostrar, ainda que positivamente, a minha finitude. Portanto, dentro dessa trilogia, o que se percebe é que a liberdade é angustiosa.

Bom, isso com respeito ao tema filosófico, a primeira parte de sua pergunta. Vamos à segunda parte: a liberdade na área jurídica é também paradoxal?

Sim, acho que o paradoxo subsiste no Direito.

Sucede, porém, que, aqui, o jogo conceitual fica tumultuado. O Direito está a todo o momento vinculando a prestações positivas, a realização de coisas e a teoria jurídica constrói todo um modo de argumentação – teleológica – em cima disso: fins estabelecidos, fins estabelecidos na Constituição, enfim, estrutura de Estado, políticas de Estado, que a Constituição manda que se faça isso, que o próprio Estado é obrigado a fazer isso e aquilo... Enfim, estamos a todo momento diante de vinculações e essas vinculações acabam mostrando a finitude humana.

Para o senso comum jurídico, o Direito, enquanto estrutura normativa, obriga, proíbe, mas também faculta, autoriza, permite. Quando obriga e proíbe, parece impor limites à liberdade. Quando permite, parece acolher a liberdade. Segundo o senso comum, liberal, ao impor limites, ao obrigar e proibir, abre espaço para a liberdade: o que não está juridicamente proibido... E quando expressamente faculta e autoriza, restringe o espaço das proibições.

Ora, conforme esse senso comum jurídico, se o limite da liberdade de um está no ponto em que se passa a produzir um dano à liberdade de outro, todo exercício da liberdade seria sempre uma restrição e, simultaneamente, uma resistência. Assim, o primeiro sentido de liberdade estaria no não-impedimento. Ser livre é resistir ao impedimento (restrição) provocado pela liberdade do outro. Mas o segundo sentido, autonomia, está também ali presente, posto que ser livre é também poder impor restrições. No ponto intermédio entre ambos, localiza-se um *quid* indefinido: a liberdade em si mesma! Esse *quid* indefinido é, por sua vez, o fundamento das relações. Nesse esquema relacional, aparece então o Direito – *subjetivo* – como o *reconhecimento da liberdade que é atribuída igualmente aos homens, enquanto sujeitos do poder de vontade*.

Direito subjetivo implica poder, poder de afastar a interferência dos outros em sua área de ação, salvo se houver consentimento. Poder é nessa situação consentir ou não consentir e rechaçar: liberdade. Mas não decidir, abrir mão do seu direito, dá poder ao outro. É o jogo dos *direitos*. Esse jogo, porém, deixa transparecer uma das fontes do poder: decidir é um encargo, donde a geração de poder mediante esse aliviar-se da carga de ter de decidir por conta de vinculação a um terceiro. Esse comportamento sociologicamente observável mostra um traço da relação entre poder e liberdade. O peso do mundo nos leva a desvencilhar-nos de parte dele. Se a favela pegou fogo, o problema é do governo... Curiosamente, deixar de depender (sentido negativo: *de* algo) gera poder de fazer outra coisa (sentido positivo: *para* algo). Na liberdade, os "limites" relacionais (*de, para*) põem à mostra um paradoxo: quanto mais liberdade, mais poder.

Ou seja, a noção de direito subjetivo, presente no cotidiano jurídico, sustenta bem unidas as dimensões, positiva e negativa, da liberdade. A discussão da liberdade, neste ponto, traz duas indicações importantes. A primeira é que as dimensões, positiva e negativa, da liberdade, não são propriamente antagônicas, mas *indissociáveis*.

Essa perspectiva, defendida no Direito por Alexy, é que marca, a meu ver, o problema da substantivização da liberdade (donde a possibilidade de se dizer: *ter* liberdade). E, ao mesmo tempo, uma ilusão: a pergunta "que é liberdade" aponta para um vazio substancial, na verdade para a mera intersecção entre *de* algo e *para* algo. A liberdade ou se define como um *sim* e *não*, ou como algo terceiro e insubstancial, que permite o exercício da intimidade, da ação política e da indiferença.

Enfim, acho que não dá para dizer nem que privilegio o lado negativo nem que privilegio o lado positivo, eles estão juntos aí dentro. Por aí!

AUGUSTO NEVES DAL POZZO E RICARDO MARCONDES MARTINS – De uma certa forma, ligado a esse assunto, V. Sa. invoca o pensamento de Helmut Schoeck[79] para compreender a problemática que envolve o Estado Social de Direito ("Estudos de Filosofia").[80] O tema foi explorado no Seminário da Feiticeira de 2016 ("A Dialética do Senhor/Escravo").[81] Schoeck examina a inveja e seu papel nas relações sociais.

A crítica é bem ácida e pertinente: quando alguém das classes humildes ascende socialmente, em não raras vezes, adapta-se com muita facilidade aos privilégios. Em poucas palavras: a riqueza do outro é um problema porque não é minha riqueza. A teoria lembra

---

[79] SCHOECK, Helmut. *La envidia y la sociedad*. Traducción de Marciano Villanueva Salas. 2. ed. Madrid: Unión Editorial, 1999.
[80] FERRAZ JUNIOR, Tercio Sampaio. *Estudos de filosofia do Direito, op. cit.*, Cap. 6, p. 244 *et seq.*
[81] FERRAZ JUNIOR, Tercio Sampaio. *A dialética do senhor-escravo e o preço da desigualdade*. Seminário da Feiticeira – 2016. Disponível em: https://www.youtube.com/watch?v=j5RwTv5hyEE. Acesso em 03.10.22.

uma passagem de Hannah Arendt ("A Condição Humana"), em que ela afirma que não existe caridade puramente desinteressada: o motivo cristão seria sempre um motivo, de certa forma, egoístico.[82] Essas duas reflexões despertam para outra, própria do conto "Mineirinho" de Clarice Lispector: afetar a dignidade do outro acaba atingindo nossa própria dignidade.[83]

Dito isso, perguntamos: será que não existe uma "solidariedade" entre nós, por pertencimento à humanidade, justificadora da realização do mínimo vital para além da inveja e do egoísmo? O problema político da classe humilde, que se perde ao ascender ao poder, seria explicado pelo fenômeno próprio da "Engrenagem" (como bem elucida Sartre na obra do mesmo nome)[84] ou, de fato, pela inveja?

TERCIO SAMPAIO FERRAZ JUNIOR – Em primeiro lugar, uma palavrinha sobre a inveja.

Inveja é sentir pesar, tristeza pelas conquistas do próximo, mas de um modo peculiar: *o que pensa ele que ele é?* Entende-se, assim, que, teologicamente, a filha da inveja, chamada *sussurratio* (e que traduzimos academicamente por *murmuração*) é, pura e simplesmente, a *fofoca*, subproduto da inveja.

Entende-se, então, que, embora inerente à vida social, a inveja tenda a ser submetida a um processo de recalque. Da inveja não se fala ou se fala dissimuladamente ("santa inveja", "inveja no bom sentido"). Uma espécie de tabu, ninguém proclama sua inveja. A criança não é capaz de dizer aos pais "se vocês derem uma boneca para ela, eu vou ter inveja dela", mas é capaz de quebrar a boneca da outra. Ou então de proclamá-la edulcoradamente, como um elogio: "que linda boneca você ganhou"!

Sendo um fenômeno da proximidade social, a inveja é um sentimento agressivo, que parte da consciência da própria impotência, mas que contém um fundo ligeiramente masoquista:

---

[82] ARENDT, Hanna. *A condição humana*. Tradução de Roberto Raposo. 10. ed. Rio de Janeiro: Forense Universitária, 2004, p. 83-88.
[83] LISPECTOR, Clarice. *Para não esquecer*. Rio de Janeiro: Rocco, 1999, p. 123-124. Sobre o tema: MARTINS, Ricardo Marcondes. *Teoria jurídica da liberdade, op. cit.*, p. 97-98.
[84] SARTRE, Jean Paul. *A engrenagem*. Tradução de Sousa Victorino. 3. ed. Lisboa: Presença, 1980.

o invejoso prefere prejudicar-se desde que o invejado sofra um igual prejuízo. O invejoso não aprecia, antes deprecia, os valores materiais e espirituais do invejado, mas não se furtará em assumi-los, desde que isso possa denigrir o outro ou demonstrar-lhe a sua mediocridade. Assim, portanto, o invejoso é autodestrutivo e passivo, mas pode, facilmente, tornar-se agressivo.

Invejar, assim, é pronunciadamente um ato de percepção. Percebe-se, com pesar, o bem-estar ou as vantagens do outro, sem que se possa concentrar a inveja num único objeto. Na verdade, o invejoso inveja o outro e alterna os objetos assim que deixam de ser estímulos. Por isso, é utópico tentar eliminar a inveja pela eliminação de um objeto-estímulo (como a riqueza, as honrarias, o lucro etc.). Afinal, não são as diferenças objetivas entre os homens que provocam a inveja, mas a percepção subjetiva: *o invejoso vê aquilo que sua inveja lhe confirma*!

Ora, o que Helmut Schoeck diz a respeito da inveja é que ela tem um duplo sentido, enquanto sentimento. Num primeiro sentido, ela vai na direção de algo antissocial, e, portanto, voltada para o egocentrismo do próprio sujeito. Na verdade, inveja provoca defesa da inveja dos outros, e, nesses termos, seria antissocial. Ninguém confessa sua própria inveja, mas ninguém suporta a inveja dos outros. E como é que se defende da inveja dos outros? Um exemplo é esconder-se, ocultar suas próprias vantagens, em outras palavras, não se mostrando, e por aí se entende em parte o empenho em proteger a privacidade, a afirmação do direito de privacidade, ou da proteção de dados, dados sensíveis, que não podem ser mostrados para todo mundo, salvo consentimento. O Supremo, a meu ver, toca no tema e, do ângulo da inveja, se equivoca quando declara constitucional o promotor público ter acesso a dados da Receita.[85] A reação do defensor da privacidade faz sentido: Como? Aos meus dados? Enfim, como uma consequência da inveja, a presença intrometida do outro incomoda. Garantir o sigilo dos vencimentos,

---

[85] STF, RE 1055941, Rel. Dias Toffoli, Tribunal Pleno, j. 04.12.2019, DJe-243 Divulg. 05.10.2020 Public. 06.10.2020. O julgado importou na Repercussão Geral n. 990: "Possibilidade de compartilhamento com o Ministério Público, para fins penais, dos dados bancários e fiscais do contribuinte, obtidos pela Receita Federal no legítimo exercício de seu dever de fiscalizar, sem autorização prévia do Poder Judiciário".

da renda, é defesa contra a inveja dos outros. Por aí, inveja nos afasta, por assim dizer.

Em suma, a inveja provoca no grupo e no indivíduo o desenvolvimento de bloqueios e proteções. Em princípio, o invejoso é percebido como perigoso e destruidor. Conhecemos, entre nós, expressões como *olho gordo, mau olhado*. Por isso a resistência social contra a inveja.

Porém, embora a inveja seja destrutiva, desequilibrada, emocional, pois não é diretamente proporcional ao valor absoluto do invejado – muitas vezes uma desigualdade mínima provoca enorme inveja – o invejoso manifesta uma expectativa *contra a desigualdade*. Isso tem uma importante consequência para o equilíbrio social e sua manutenção: quanto mais uma norma, uma regra social incomoda, tanto maior é a vigilância de uns sobre outros para que ninguém dela escape. Perante a inveja, privilégios são sempre odiosos. E injustos!

Vai daí que, embora em tudo é um sentimento negativo, a inveja também tem um sentido positivo para a coexistência. Ela tem a ver com controle social. Veja-se, por exemplo, a função importante exercida pelo denunciante ou pelo delator. A justiça criminal ou a justiça pública de modo geral precisa da inveja latente de todos contra todos, o que pode explicar a figura do denunciante, a razão pela qual alguém que nada tem a ver com o sucedido (um crime, uma fraude) seja capaz de denunciá-lo sem daí tirar nenhum proveito. Como se houvesse um sentimento do tipo: se *eu* não roubo e não *me* aproveito das vantagens do crime (ainda que estas vantagens estejam só na cabeça do criminoso), o criminoso não pode deixar de ser punido: *ninguém* deve roubar! Aliás, a mesma inveja latente e difusa explica também a busca do equilíbrio proporcional das retribuições civis. A igualdade, como cerne do sentimento do justo e do injusto, tem por base essa inveja positiva, chamada inveja-indignação (Bacon a chamou de inveja pública), que, como sentimento, não é diferente da inveja em geral, mas que acaba exercendo uma função positiva no controle social. Ela conduz a exigir compensações e, por ser dissimulada, leva à negociação e à busca do justo e do correto como equilíbrio e harmonia.

A inveja, portanto, tem também, como diz Schoeck, o seu sentido positivo, o que é, aliás, o alerta de Bacon. No sentido positivo, a inveja é pró-sociedade. Para entender isso é bom que se precise que a inveja é distinta da cobiça.

O invejoso não é um ladrão potencial. Ele apenas despreza o outro, quer até vê-lo desprovido do objeto de sua inveja, mas não quer este objeto para si (neste sentido, inveja e cobiça são sentimentos diferentes).

Ter inveja não significa, portanto, querer o que o outro tem, isso é cobiça. Não obstante, a intensidade da inveja depende da distância social entre o invejoso e o invejado, não do objeto-estímulo. Nestes termos, a inveja não é um sentimento psicoindividual, mas psicossocial. Diferentemente da cobiça, ela não se alimenta de coisas, mas de relações.

A inveja tem, por isso, um sentido positivo na vida social. A inveja explica o fenômeno da vigilância. Se eu não posso, ele também não pode. Se eu não posso matar ou roubar ninguém, ele também não pode matar ou roubar. Se eu não posso roubar e não roubo, também ele não pode roubar e não vai roubar. A vigilância é um fruto dessa inveja no seu sentido positivo, isto é, ela cria condições para que as regras sociais surjam e sejam eficientes.

Aliás, a inveja latente e difusa explica também a busca do equilíbrio proporcional das retribuições civis. A igualdade, como cerne do sentimento do justo e do injusto, tem por base essa inveja positiva, chamada inveja-indignação (Bacon a chamou de inveja pública) que, como sentimento, não é diferente da inveja em geral, mas que acaba exercendo uma função positiva no controle social. Ela conduz a exigir compensações e, por ser dissimulada, leva à negociação e à busca do justo e do correto como equilíbrio e harmonia.

Na minha interpretação, a inveja tem, portanto, uma relação direta com o tema da igualdade, com a afirmação da igualdade jurídica. *Por que ele tem que ser diferente de mim?* É a pergunta que se faz o invejoso diante do invejado. *Ele pode até ser melhor por isso e por aquilo, mas isso é suficiente para dizer que ele seja mais bem apreciado, deste, daquele jeito?* Isso é o invejoso. É esse sentimento negativo que tem esse lado positivo de criar, digamos assim, uma espécie de senso de justiça em termos de igualdade: nem de mais nem de menos, a cada um, quem seja, nada além do que lhe cabe. Mas o que quer dizer "a cada um, o que lhe cabe"? Desde Aristóteles, esse é um ponto controverso. Sua elucidação encontraria uma ligação forte com a noção de inveja? A inveja não iguala no sentido de que todos devam ter a mesma coisa – uma situação dessas é insuportável para o invejoso – mas afirma que ninguém deve ter mais do que merece. A distinção é sutil, mas importante. O invejoso aceita as diferenças de merecimento. Porém, ao mesmo tempo, é um meticuloso escrutinador das diferenciações (*todos são iguais perante a lei, não haverá distinção de raça, gênero, a lei protegerá o idoso, a criança*). Isso é manifestação de justiça e igualdade, olhando para a questão da inveja.

Na verdade, o que sugere Helmut Schoeck no seu trabalho é que a inveja é um dos sentimentos mais enraizados na natureza e não só humana. Ele chega até a sugerir que outros seres vivos manifestam coisas parecidas, como mostram as experiências da psicologia animal. Enfim, a hipótese que ele levanta é de que no ser humano, por assim dizer, a inveja é algo extremamente forte e impossível de extirpar. Contudo, por ser um sentimento incômodo e desconfortável, a inveja acaba por produzir, recorrentemente, utopias de extirpação. Ele faz os seus estudos, mostrando situações até louvadas, por estabelecerem, ainda que artificialmente, uma completa igualdade – por exemplo, a vida nos monastérios, em que monges abdicam de toda riqueza e se põem em um estado de nenhum pertence, não têm nada, nem mesmo a roupa que vestem, por assim dizer, vivem em desprendimento total; no entanto, mostra ele, mesmo isso não elimina inveja, o olho gordo no suposto mérito: *quem de nós pode arvorar-se ser o mais desprendido?* Daí sua conclusão sobre o caráter utópico das teorias da igualdade social em diferentes matizes, mormente de igualdade total e absoluta.

Em outras palavras, a inveja instituiria, para usar a palavra de Sartre, uma espécie de "engrenagem" dentro da qual estamos, ainda que nos esforçando para mitigá-la e até eliminá-la. Ou seja, não se consegue sair de dentro da engrenagem, pois não se consegue eliminar a inveja. Mas, então, como lidar com ela?

É o cerne de sua pergunta: *Será que não existe uma "solidariedade" entre nós, por pertencimento à humanidade, justificadora da realização do mínimo vital para além da inveja e do egoísmo?*

Isso é possível? Sim, isso é possível! Do ponto de vista psicossocial – ainda me referindo ao estudo de Schoeck –, uma observação importante, se olhamos o desenvolvimento em termos da riqueza e a eliminação da miséria como um alvo importante, como o fez, aliás, o mundo desde o século XIX, com as distinções entre desenvolvidos, em vias de desenvolvimento, subdesenvolvidos, o Brasil precisa se desenvolver, etc., o modo como lidar com a inveja é fundamental!

E o que significaria *solidariedade* nesse contexto? Qual é o modo solidário de convivência que a inveja propicia? *Solidariedade* poderia ser entendida, a meu ver, como forma de relação social de desenvolver condições psíquicas e sociais em que sejamos capazes de não nos importarmos com a inveja dos outros. Não eliminar a inveja, mas não se deixar perturbar por ela. Solidariedade como uma espécie de diferença controlada. É isso, a meu ver, que Schoeck quer dizer, ao comentar que os norte-americanos debitariam o progresso econômico que tiveram – o livro de Schoeck é antigo, mas, enfim... – porque constituíram uma sociedade que desenvolveu uma espécie de culto ao sucesso do sujeito bem posto na vida, tipo de comportamento perante a inveja que não faz da riqueza um cerne de diferenças, mas de aspirações comuns e, daí, solidárias. Talvez, com Max Weber, algo como a ética protestante, e um pouco na linha de Hannah Arendt, mas tomando a tradição americana e a francesa não à moda da *guerra fria*, mas como *tipos*, teríamos, de um lado, a solidariedade da *nação*, a solidariedade *nacional*, compacta, monolítica, da *égalité* da Revolução Francesa, em que cortar a cabeça dos nobres, depois cortar a cabeça dos burgueses, cortar a cabeça dos poderosos criou uma irmandade – *fraternité* – de aspiração libertária – *liberté* – mais uniforme e, ao mesmo tempo, individualista. Conforme o que diz Schoeck, que geraria solidariedade, mas acenderia inveja com suas piores consequências negativas. De outro lado, a solidariedade à moda americana, menos compacta, mais fragmentária, capaz de gerar uma confederação política, uma unidade mais flexível e diferenciada de grupos e posições e, por isso, com maior capacidade de confrontar a inveja.

A sua pergunta, porém, vai além: se o problema político de a classe desprovida de riqueza, mas que se perde ao ascender ao poder, ao ascender às boas condições de vida, tornando-se igual aos outros, caindo na mesma engrenagem, isso teria uma outra explicação na inveja. Aliás, o título do livro do Schoeck é "A inveja, uma teoria social". Ao dizer "uma", evita uma generalização: que a inveja explica tudo. Ou seja, ele não está querendo explicar toda a vida em sociedade a partir do fenômeno da inveja. A inveja não deixa de produzir uma espécie de engrenagem da qual não se sai. Não obstante, a partir da inveja, isto é, dentro da sua engrenagem, existem condições para criar mecanismos de superação, não no sentido de acabar com a inveja, mas de conviver melhor com ela.

Não sei se é bem uma resposta, se isso seria outro mecanismo para além da inveja, ou se, na verdade, são mecanismos a partir da inveja: pensar a noção de trabalho como *trabalho social* e o ser humano não apenas como um criador de necessidades vitais e de produtor dos meios de sua satisfação, mas como um superador desse processo monótono e infinito, fazendo da política o lugar jurídico da verdade do econômico e, da verdade do econômico, o momento de libertação humana.

A inveja vai estar sempre presente. De todo modo, a libertação humana não quer dizer acabar com ela. Num certo sentido, a libertação evoca, sim, uma complicada relação entre política, direito e economia, em que a desigualdade socioeconômica adquire um relevo ímpar. Enfim, trata-se de um jogo complicado, mas um jogo de que não se sai e que tem de ser jogado.

AUGUSTO NEVES DAL POZZO E RICARDO MARCONDES MARTINS – Ainda sobre a liberdade, agora em relação à liberdade política, lembramos da clássica dicotomia proposta por Benjamin Constant entre a "liberdade dos antigos" (liberdade de agir na pólis) e a "liberdade dos modernos" (liberdade privada) e a tese de como, na contemporaneidade, a obtenção da última importou na abdicação da primeira.[86]

Ainda no campo da filosofia, Rousseau, em seu "Contrato Social", propugnava pela democracia direta, sem representação,[87] mas considerava que a "vontade nacional" seria infalível,[88] pois o

---

[86] CONSTANT, Benjamin. *Sobre la libertad en los antiguos y en los modernos*. Tradução de Marcial Antonio Lopez e M. Magdalena Truyol Wintrich. 2. ed. Madrid: Tecnos, 2002, p. 63-93. A contraposição entre liberdade antiga e moderna é explorada em: FERRAZ JUNIOR, Tercio Sampaio. *Estudos de filosofia do Direito*, op. cit., Cap. 3, p. 95; MARTINS, Ricardo Marcondes. *Teoria jurídica da liberdade*, op. cit., p. 160-163.

[87] ROUSSEAU, Jean-Jacques. *Do contrato social*, Tradução Eduardo Brandão. São Paulo: Penguin Classics e Companhia das Letras, 2011, Livro III, Cap. XV, p. 151.

[88] Idem, Livro IV, Cap. I, p. 161

"corpo político" formado pela manifestação de cada cidadão não erra. A adoção da representação, proposta por Sieyès,[89] foi uma deturpação da compreensão democrática – pois uma coisa é a formação da "vontade geral" a partir do voto do eleitor, outra é a partir do voto do suposto representante do eleitor?

A sociedade brasileira, em certas ocasiões, parece não se ver "representada". A história brasileira – repleta de fraudes eleitorais – reforça essa dificuldade. Em suma, a democracia é uma falácia hipócrita?

TERCIO SAMPAIO FERRAZ JUNIOR – A democracia, até etimologicamente, está ligada à noção de povo – *demos/kratos* – "poder do povo". Mas que significa *povo*?

Começaria por um dado histórico. Como se sabe, por ocasião da redação da primeira Constituição Francesa, surgiu um problema. A discussão girava justamente em torno da palavra *peuple*, a partir de enunciados que estavam na Enciclopédia. Jaucourt, um dos enciclopedistas, tinha dito algo assim: *povo (peuple), nome coletivo de difícil definição, pois nele se tem ideias diferente em diversos lugares, em variados tempos, conforme a natureza dos governos*. O que seria, então, povo? Obviamente, os cultos da época sabiam que a palavra vinha do latim, *populus*, e se percebia, ao se olhar para a Roma Antiga, que *"populus"* era uma designação eminentemente política, ao lado de plebe – *populus/plebs*. Nesse sentido, a expressão: "*Senatus Populusque Romanus*", SPQR, "o Senado e o Povo Romano", em que a palavra usada, *"populus"* designa uma entidade política, ao lado de *"senatus"*. O Senado, uma identidade política, e *o Povo Romano*, outra entidade política, que não se confundia com *plebs*. Daí a pergunta que se fazia naquele momento da Revolução Francesa: o que é *peuple*, *"populus"*? Povo, para os romanos – *populus* – não era *"plebs"*. Aí surgiam dúvidas para os constituintes franceses: quando se vai afirmar a *soberania do povo*, em termos políticos, numa Constituição, do que estamos falando? *Populus*, no sentido romano, a abarcar a *plebe* também? E as disputas eram muito concretas. *Populus* incluiria

---

[89] SIEYÈS, Emmanuel Joseph. *A Constituição burguesa*: qu'est-ce que le tiers État? Tradução Norma Azevedo. 4. ed. Rio de Janeiro: Lumen Juris, 2001, p. 52-58.

os nobres, também? Ou, ao excluí-los, estaríamos expressando mais a *plebe*, aqueles desgraçados, espoliados pela nobreza? Por conta dessa imprecisão semântica e pragmática, pode-se entender que, em seus traços elementares, o ideal democrático, configurado desde os pensadores iluministas do século XVIII, mostrava um processo complicado de como lidar com relações de inclusão e exclusão, *inclusão* dos antes *excluídos*, sejam pessoas ou grupos, classes, sexos, raças, países, regiões, inclusão que gerava, porém, novas exclusões e pedia novas inclusões. Por exemplo, Robespierre, com os Jacobinos, exigiu que se falasse de soberania do *povo*, em forte alusão à *plebe* e com exclusão dos nobres, clérigos e burgueses corruptos. É o *proletário*, como vieram dizer mais tarde Marx e o marxismo? A ideia da prole aproxima povo muito mais de plebe do que propriamente do *populus* romano.

Aquela disputa, acesa no momento da criação da primeira constituição francesa, conheceu uma saída, se não me falha a memória, proposta por Mirabeau que veio com a ideia: nem povo, nem plebe: "*la nation*"! Em 1789, a ambiguidade apareceu, e, o quanto me lembre, a Declaração foi assinada conforme proposta de Mirabeau, pelos representantes do *povo francês*, embora também declarasse que o princípio da soberania residiria *essencialmente na Nação*.

A expressão "nação" depois conquistou o mundo e, curiosamente, apareceu também em muitas constituições que foram seguindo a tradição francesa, aliás, ambiguamente, ora falando de povo – a soberania popular, o povo etc. –, ora de nação.

Talvez, por isso mesmo, o tema da moderna democracia representativa sempre tenha carregado essa ambiguidade.

Quando se pensa em representação, é preciso pensar em povo – representação popular –, com todas as suas ambiguidades. No século XIX brasileiro, enfim, quem era *povo*? Você tinha uma nobreza, tinha os bacharéis, uma pequena burguesia nascente, escravos... Os analfabetos não votavam e até muito recentemente não tinham direito a voto. As mulheres não votavam... Para votar se exigia renda mínima. Enfim, com isso, com todas essas distinções, que significava representação política? Quem votava? Isto é, quem pertencia ao povo?

Mas, até hoje, esse sentido ambíguo de representação vive no nosso imaginário. Quando o Brasil ganha da Argentina e a multidão grita: "Ganhamos!" (***nós*** ganhamos). Aquilo faz daqueles onze, jogando bola, uma espécie de "representantes", todos sentem, cada um sente orgulho de *ser brasileiro*. "Ganhamos!" Ou perdemos de 7 a 1 da Alemanha, mas a derrota também é o outro lado que mostra esse sentido representativo, da "nação", dessa unidade difusa, e ao mesmo tempo concretamente compacta. Difusa, porque não se identifica nesse e naquele, não é censitária, não dá para se reduzir a votos, cada um pensa como um todo. Talvez essa seja uma possível interpretação, olhando um pouco anacronicamente, do que dizia Rousseau, quando distinguia, de um lado, a vontade de todos da vontade geral, de um lado, o censitário, o povo contado em números, e aí o problema de maioria, minoria etc. Como aparecem, então, questões do tipo "decisões democráticas são decisões majoritárias?", vinha a pergunta: e a minoria sempre se submete inteiramente à maioria? Se não, então a minoria tem certos direitos, mas em nome do quê? Que tipo de jogo é esse que faz a democracia, para que a maioria, embora tenha o poder nas mãos, respeite a minoria? Em nome do quê? Aí entrava essa figura mais qualitativa, um pouco obscura, da "vontade geral", esse difuso-compacto, que, olhando para Rousseau, talvez fosse o que ele quisesse dizer quando pensou em "nação".

É isso que leva a ideia de representação a uma ambiguidade, representante como aquele que está no seu lugar de, de quem? ou, do quê? Pensem nas controvérsias jurídicas em torno da representação eleitoral: o mandato pertence ao partido? Ou ao eleito? O Senado conta com representantes do estados federados, a Câmara, do povo, o Presidente representa a nação brasileira... São problemas conhecidos quando se pensa nesse "todo" e na representação "do Brasil". Que quer dizer um Presidente quando, eleito por maioria, se arroga dizer: "eu sou o representante de todo o povo brasileiro..."? De todos ou daqueles que votaram em mim? Aí entra, às vezes sim, às vezes não, ora a palavra "nação", ora a palavra "povo", com suas fórmulas representativas distintas, simbologias com forças diferentes.

Isso tem a ver com democracia? Sem dúvida nenhuma, tem! A democracia é um regime político que tenta lidar com essas duas representações, a censitária e a difusa-compacta. Ao mesmo tempo manifesta um poder que se fragmenta e se organiza em minorias e maiorias, ao mesmo tempo exige um poder representativo, que engloba tudo em nome de um todo compacto, em que maiorias não esmigalham minorias, em que minorias têm direitos, tanto quanto. E aí entra, ao lado da representação popular, censitária, o outro lado, que é o lado da "nação", entre aspas quando faço alusão a Rousseau e à "vontade geral" – veja, eu não estou fazendo uma interpretação fidedigna de Rousseau, estou colocando nas palavras dele alguma coisa que não é, necessariamente, o que ele disse.

A democracia é uma falácia hipócrita? Nesse jogo, o jogo entre o compacto e difuso da nação e o fragmentário e censitário da representação eleitoral, existem situações complicadas, que às vezes vão mais para um lado e às vezes vão mais para o outro. Aliás, exatamente por isso, foi possível a regimes antidemocráticos se dizerem "populares". Se você olhar o que aconteceu com o nazismo e com o fascismo e com o stalinismo... Ditadores são mestres nesse jogo! Por exemplo, no Brasil, na época do getulismo, do Estado Novo, a afirmação mais forte é da nação; enfim, desse todo difuso e integral, que não se fragmenta, e que no limite despreza a eleição, isto é, que mata a democracia, mas que não deixa de falar de nação e de povo. Veja que a Constituição de 1937, no seu art. 1º, dizia que o Brasil era uma República, que o poder político emanava do *povo* e era exercido em nome dele. Mas a mesma Constituição, no preâmbulo, era *decretada pelo Presidente*, visando a assegurar à *Nação* a sua unidade.

A democracia é uma falácia hipócrita? Não! Eu diria que ela é um jogo difícil de ser jogado, porque estamos sempre tentando lidar equilibradamente com essas duas representações, uma que tem um sentido relativo do censitário e outra que tem um sentido compacto e absoluto, por assim dizer, da nacionalidade. Não é hipócrita, é um regime de risco, risco de pender exageradamente para um lado ou para o outro. É a tentação, na hora em que se ouvem coisas do tipo: "O Congresso foi eleito, mas eles não entendem nada de questões técnicas, são uns ignorantes, só pensam nos próprios interesses..." E daí vir com propostas como: "temos que pensar é na *nação* brasileira" (podendo até usar a palavra "povo")... e puxar para esse lado, o risco de você matar a democracia existe. Então, eu diria, não é bem uma falácia, é um jogo complicado. Implica, afinal, essa dificuldade em expressar um razoável equilíbrio, entre lograr fazer prevalecer interesses transcendentes aos interesses dos indivíduos, submetê-los a regras objetivas do jogo social e resguardar os interesses particulares de cada um.

Governar democraticamente uma sociedade implica mecanismos capazes de estabelecer uma coexistência *legítima* entre a necessidade de tomar decisões em nome da coletividade e as inevitáveis decepções que ela provoca. Mas isso, a meu ver, é antes o desafio que se põe diante dos olhos de quem se dispõe a resgatar a democracia no mundo de hoje.

Acho que é mais por aí.

AUGUSTO NEVES DAL POZZO E RICARDO MARCONDES MARTINS – No Seminário da Feiticeira de 2014, em que se abordou o tema do "Direito à Verdade",[90] V. Sa. invocou a distinção há muito proposta na sua obra "Introdução ao Estudo do Direito", entre "evento", o acontecimento real, e "fato", a versão linguística do evento.[91] A partir dessa distinção, a suposta "verdade" é sempre uma construção linguística, e nessa construção atuam as relações de poder.

Em 2019, o Seminário da Feiticeira abordou o tema da mídia, o chamado "Quarto Poder".[92] De certa forma, o tema volta à baila. Lembramo-nos de uma lição de Celso Antônio Bandeira de Mello: as pessoas pensam que os jornais atuam para nos informar; são empresas que atuam para ganhar dinheiro, diz ele.[93]

Diante disso, perguntamos: a crise de legitimidade da imprensa, claramente vivenciada no Brasil nos últimos anos, não

---

[90] FERRAZ JR., Tercio Sampaio. Direito à verdade, *op. cit.*
[91] FERRAZ JR., Tercio Sampaio. *Introdução ao estudo do Direito, op. cit.*, item 5.1.5.2.
[92] FERRAZ JR., Tercio Sampaio. *A galáxia de Gutenberg*: imprimir/exprimir, liberdade/poder, sobrevida em extinção? XIII Seminário da Feiticeira – 2019. Disponível em: https://www.youtube.com/watch?v=Zc7541ORG4I&list=PLz4NJFjVBD9Mvoqp8hcR3yXqlaNB8IFrS. Acesso em 04.10.22.
[93] Afirma Celso Antônio Bandeira de Mello: "Aliás, a grande imprensa é não apenas o arauto do pensamento das classes dominantes, mas também o instrumento de que elas se valem para domesticação do pensamento das classes dominadas". (*Curso de Direito Administrativo*. 35. ed. São Paulo: Malheiros, 2021, p. 44). Contudo, a frase mencionada foi extraída de uma entrevista concedida por Celso Antônio a Luis Nassif: BANDEIRA DE MELLO, Celso Antônio. Entrevista. Brasilianas.org. TV Brasil. Disponível em: https://www.youtube.com/watch?v=hAcWTF6IMs4&t=1710s. Acesso em 04.10.22.

decorre apenas de um fenômeno que sempre existiu, mas que só agora foi percebido por muitos: que a mídia não existe para relatar os "eventos", mas para construir os "fatos", e na construção desses fatos atuam as relações de poder?

Essa construção dos fatos é muito debatida no Direito. Fala-se no processo penal de "verdade real". Na teoria processual, muito já se discutiu sobre o limite da construção da verdade dos fatos pelos meios de prova. A Comissão da Verdade e o tema do Quarto Poder levam a um rico tema jurídico: o Direito deve permitir a desconstrução de construção de fatos – como os fatos construídos pelos ditadores ou os fatos construídos pela mídia – ou há de se invocar o "direito ao esquecimento"?

TERCIO SAMPAIO FERRAZ JUNIOR – Luhmann fez uma observação a respeito da verdade, de um ângulo sociológico, dizendo que, por mais que você possa afirmá-la objetivamente, uma implicação de ordem até matemática, aquilo que se chama, socialmente, de *verdade* depende de outros fatores que não têm uma relação direta com o que se demonstra, por assim dizer. Por exemplo, em que veículo foi publicado? É um veículo "sério"?

Por óbvio, a observação de Luhmann a respeito da "verdade", do ângulo sociológico, não pretende ser um critério de verdade. Mas, infelizmente, tanto acontece que até vira critério burocraticamente impositivo. É até possível perceber um pouco disso na *imposição* da CAPES para que artigos sejam publicados em revistas que tem a Qualis a critério dela, CAPES – Qualis1, Qualis2, Qualis3 –, sob pena de não serem valorizados para efeitos acadêmicos. *Não tem Qualis, não conta!* Nessa visão, a meu ver, de modo equivocado, não importa o que se diz, o que importa é onde se publica. Alguém pode ser um gênio matemático, mas se publicar numa revista que não tem Qualis, não se reconhecerá o valor.

Mas voltando à questão, você fez menção aos seminários da Feiticeira... de um lado, a questão do direito à verdade e o problema da anistia, de outro, à imprensa, é a questão dos fatos e das versões... deixe-me explicar o que se examinava ali.

Falando de anistia, falou-se desse fenômeno corrente, ligado a situações de mudança política, de ditadura para liberdade, enfim, para democracia, e, nesse contexto, do problema de como lidar com o passado, o problema dos grandes julgamentos que se seguiram, sendo que aí aparecia a noção de direito à verdade sobre o passado, ao que se assistiu, do ponto de vista teórico e prático, ao aparecimento de novas teorias sobre o sentido do testemunho, o que começou com a África do Sul e depois se repetiu para várias outras situações semelhantes.

No caso do testemunho, o que se chamou de direito à verdade implicou uma espécie de mudança no modo de se ver o testemunho. Juridicamente, quando se pensa num julgamento e se pensa no testemunho, pedindo a um sujeito que jure dizer a verdade – jura com as mãos na bíblia, ou jura em respeito à sua própria consciência, ou jura sob as penas da lei, não importa, seja o que for, importa que ele jura dizer a verdade –; esse sentido tradicional do testemunho, verdade, é uma noção em que a ideia de fato, daquilo que ocorreu *de fato*, com todas as nuances, prepondera; daí porque alguém não é obrigado a dizer nada que o incrimine, ainda que seja verdadeiro, que tenha de fato acontecido, o direito ao silêncio, para não ter de mentir.

A outra noção que veio com esses movimentos pós fim do *apartheid*, ligados à anistia, julgamentos após mudança de regime político, começou a ressaltar a verdade num outro sentido, não o testemunho como a manifestação daquilo que aconteceu de fato, aconteceu para efeito de se efetuar um juízo de condenação ou não, mas como uma possibilidade de – usando uma palavra antiga – uma espécie de catarse social, de poder pôr para fora, como quem expressa um sentimento ou algo assim, independentemente do controle dos fatos no primeiro sentido, de uma demonstração de se aquilo corresponde ou não corresponde aos fatos.

Lembro-me uma vez, estar olhando um daqueles vídeos a respeito do julgamento do Eichmann, em que o promotor pergunta para a testemunha: "O senhor reconhece que lá, no campo de concentração, havia judeu que colaborava, judeus que colaboravam com nazistas, nem que fosse para se salvar, situações de exercício miserável do poder?" "Em que medida o senhor está aí denunciando uma barbárie dessa enormidade, como matar gente sem absolutamente nenhuma razão plausível, imotivadamente, talvez por um mero prazer sádico, mas, ao mesmo tempo, reconhece que colaborou para salvar-se?" Eu me lembro de a testemunha dizer algo assim: "É, colaborei, mas a possibilidade de eu estar aqui e testemunhar o que aconteceu, nada tem a ver com isso. Não fosse isso, eu não poderia estar aqui para testemunhar?!" Uma resposta dura e forte, que põe em relevo esse outro lado do testemunho, como uma espécie não de *obrigação* de dizer a verdade, mas de *direito* à verdade, da verdade como uma forma de *catharsis* individual e coletiva. À dúvida sub-reptícia de qual seria a legitimidade do testemunho de alguém que colaborou, contrapunha-se a importância de dizer ao mundo o sentimento da enormidade de um crime cometido.

Então, quando se fala em "verdade" e no "direito à verdade", é preciso encarar os sentidos da expressão. Mas, então, quando se olha a imprensa, – e a imprensa é fenômeno muito mais antigo – algo de semelhante sucede. Celso Antônio [Bandeira de Mello] tem razão? São empresas; sem dúvida que são empresas. Isso significa que a verdade dos fatos é manipulada? Num certo sentido, sim, claro, as notícias são dadas de uma forma, ou às vezes não são dadas, ou você omite uma parte, apresenta só outra. Isso faz parte desse jogo, por assim dizer. Não se pode negar, de um lado, que o desenvolvimento dos meios de comunicação de massa, particularmente o televisivo, mudou o papel da imprensa. Os aspectos econômicos, cada vez mais importantes, contribuíram para a construção de opiniões como a única fonte de legitimidade: vejam a incansável luta pela liberdade de imprensa, constante, recorrente, fortemente afirmada para os meios de comunicação em geral. De outro lado, porém, a *imprensa*, ela própria, ao relatar os fatos, ao alimentá-los, ao passá-los, ela encena-os: eles estão a *seu* serviço.

Fatos? Fatos verdadeiros? Há de se reconhecer que o jornal, impresso ou não, é uma *forma confessional de grupo* no sentido de que induz à participação comunitária. Dá "coloração" ao acontecimento, utilizando-o ou deixando de utilizá-lo. E, assim, apesar disso, é a exposição comunitária diária de múltiplos itens em justaposição que lhe dá a qualificação de imprensa. Nesse sentido, a página do jornal apresenta a história interna da comunidade em ação e em interação.

O que me leva à pergunta: se a verdade dos fatos, no fundo, é uma manipulação? É, mas também é por aí que se tem vazão para aquela outra verdade, para *kathársis*. A notícia em mosaico, no jornal, na TV, no rádio, não é bem uma narrativa, um ponto de vista explicativo. É uma imagem icônica da sociedade em ação, um convite à participação no processo social. Transforma temas pálidos, fragmentários e anêmicos, em ruídos persuasivos. Notícias não são endereçadas ao leitor consciente, pois são como pílulas subliminares para o subconsciente visual ou auditivo, capazes de exercer um efeito hipnótico, nem que seja numa forma grotesca. Mas por isso mesmo, ainda que venha manipulada, é o modo como aquilo sobressai, vem a público, e isso é fundamental. Você não tem democracia se não tiver isso.

A ligação com a democracia e o papel da imprensa como "quarto poder" é um tema de nossos dias. E, curiosamente, uma pergunta que eu faria, pensando no Celso Antônio, é se, em termos de *forma confessional de grupo*, não estaríamos vivenciando, hoje, uma situação caracterizada por algo como uma "hipocrisia" total, quando as plataformas se apresentam como neutras, inclusive reivindicando a legitimidade dessa neutralidade, possibilitando que qualquer um se coloque e divulgue o que quiser. E, no entanto, acho que foi o Eugênio Bucci que disse, no seminário, que as maiores empresas mundiais, em capital, são hoje essas plataformas, o que põe em questão o poder da velha imprensa em suas diversas manifestações. Será que elas seriam, então, finalmente, a realização paradoxal da possibilidade de a verdade aparecer com independência da condição empresarial que a viabiliza? Afinal, a expansão das mídias de comunicação em massa e a facilidade de disseminar as informações, em que notícias e divulgação de impressões e opiniões se propagam de forma tão simples e rápida, em que a simultaneidade da técnica faz com que eventos que acontecem em outras partes do mundo sejam apresentados de forma instantânea, tudo isso acontece com uma fantástica sensação de autonomia de quem participa.

Já que é para brincar um pouquinho com o tema da hipocrisia, essa é uma pergunta crucial no mundo em que se está vivendo.

Resumindo, e aí olhando a segunda parte da pergunta que se refere à desconstrução de construção de fatos... eu acho que se tem que olhar aqueles dois lados da verdade: o lado fático e o lado catártico. Existem desconstruções de fatos, seja pela empresa jornalística, no interesse capitalista ou conservador capitalista, ou no interesse institucional, ideológico, de um grupo político de esquerda, e isso é inegável, mas seja também nessa forma de plataformas e redes, em que a informação se torna uma imensa *commodity* e as notícias vão muitas vezes degenerando em uma espécie de "desastre-entretenimento". Ainda assim, existe a outra dimensão, que é a *katharsis*, também importante na percepção da verdade. E, como disse, o jogo democrático está em como lidar com esses dois aspectos. Em nome de uma verdade dos fatos pura e simplesmente, não asfixiar a *katharsis*, mas, também, em nome dessa *katharsis*, em que todo mundo diz o que quer, de qualquer lugar, dar vasão descontrolada a *fake news* e coisas do gênero.

Afinal, que dizer de sua pergunta: o Direito deve permitir a desconstrução de construção de fatos – como fatos construídos pelos ditadores ou fatos construídos pela mídia – ou há de se invocar o direito ao esquecimento?

Eu diria que sensacionalismo e simplificação excessiva estão afetando a produção de todos os meios de comunicação. Há menos espaço para uma abordagem equilibrada, para análise em vez de ir para o título crasso ou história extraordinária. A impiedosa busca por fraquezas e direitos na imprensa torna-se predominante. Nela se misturam produtos de *marketing*, serviços para o leitor e notícias, de preferência as revelações escabrosas, escândalos e denúncias, capazes de satisfazer a enorme curiosidade do público da sociedade de consumo.

Mas, do lado da mídia social, porque lidamos com fatos sobre os quais não se tem nenhum controle, isso tem um impacto completamente difuso, até porque não se sabe para onde ou para quem vai a notícia. Daí, em termos de verdade dos fatos, perguntas sem resposta, quando, de repente, se vê o povo na rua, movido por convocações que se alastram como estilhaços: "por que estamos aqui?" Alguns dizem: "Estamos aqui porque queremos que preços abaixem, estamos contra o aumento das tarifas de ônibus etc." E então tudo se confunde: "Abaixo Dilma, abaixo Temer, *impeachment*". Como isso acontece é uma coisa estranha, e tem a ver com esse tipo de meio de comunicação novo, aparentemente neutro, mas sem filtros.

O Direito deve permitir a desconstrução de construção de fatos? Eu diria que, para a democracia, repito, é um jogo novo e complicado. Há de se permitir? Não dá nem para condenar a imprensa empresarial pura e simplesmente, que, aliás, parece estar morrendo, mas também não dá para abrir o jogo totalmente para as mídias sociais.

Há de se invocar o direito ao esquecimento? O papel da mídia, impressa e social, envolve, a meu ver, uma espécie de dilema autorreflexivo e paradoxal. De uma parte, provoca uma nova diferenciação: a exigência de uma mídia transparente, politicamente independente e economicamente autossustentável, fundamento da *opinião pública*, distinta, ela própria, dos escândalos que constituem sua contribuição à transparência. De outra parte, porém, a escandalização repousa em valores e valorações geradores de indignação popular, que são, assim, maximizados pela própria mídia. Daí o dilema: nos regimes democráticos, a denúncia é uma arma política que escandaliza quando aponta para personagens e esquemas que estão *dentro* dos sistemas de decisão vigentes, mas também estão *fora* da sua *oficialidade*, o que torna a atuação da mídia um jogo de realimentação sem precedentes de disputas *pró* e *contra*, sob o título de *liberdade de imprensa*.

E esse é o desafio democrático.

AUGUSTO NEVES DAL POZZO E RICARDO MARCONDES MARTINS – Em 2008, V. Sa. publicou um trabalho, junto com os professores Roque Carrazza e Nelson Nery Jr., defendendo a possibilidade de modulação de efeitos *para o futuro* no reconhecimento de inconstitucionalidade pelo STJ.[94] A questão, na época, decorreu do julgamento do STF sobre a invalidade do município Eduardo Magalhães.[95]

No seu "Introdução ao Estudo do Direito" V. Sa. afirma que a dogmática jurídica às vezes alude às categorias da inexistência e da invalidade jurídicas, mas apenas para dosar a reação do Direito a certas invalidades.[96] Em nenhum momento de sua obra, o senhor adotou textualmente a chamada "teoria dos três planos", segundo

---

[94] FERRAZ JUNIOR, Tercio Sampaio. *Irretroatividade e jurisprudência judicial*. In: FERRAZ JUNIOR, Tercio Sampaio; CARRAZA, Roque Antonio; NERY JUNIOR, Nelson. *Efeito ex nunc e as decisões do STJ*. Barueri: Manole, 2008, p. 1-32.

[95] STF, ADI 2240, Rel.: Eros Grau, Tribunal Pleno, j. 09.05.2007, DJe-072, Divulg. 02.08.2007, Public. 03.08.2007, DJ 03.08.2007, p. 29, Ement. v. 2283-02, p. 279.

[96] FERRAZ JR., Tercio Sampaio. *Introdução ao estudo do Direito*, op. cit., item 4.3.2.2.2.

a qual a norma pode existir ou não no mundo jurídico; existindo, pode ser válida ou inválida; e eficaz ou ineficaz.[97]

Admitir que a lei inconstitucional existe e, se eficaz, gera efeitos, de modo que haverá no mundo jurídico a lei e os efeitos dela a serem desconstituídos – porque ela é existente – apesar de inválida[98] – e não nula – etimologicamente falando, pois nulo em italiano é "nada" –não facilitaria a compreensão do fenômeno jurídico? O grande problema sobre a validade não está na associação dela à nulidade? Em não perceber que a invalidade é a desconformidade com a norma superior, mas não algo que não existe?

TERCIO SAMPAIO FERRAZ JUNIOR – Vamos por partes. Essa aproximação, vamos chamar assim, da "validade" com a "nulidade", do ponto de vista constitucional, tem uma relação próxima com o direito americano, acho, e nessa linha a aproximação se deu pela fórmula da inconstitucionalidade como uma perda de validade *ex nunc*, e aí o jogo *ex tunc/ex nunc*.

Apenas com o intuito de situar o problema, tenho por premissa que, numa decisão a ser tomada em ação direta de inconstitucionalidade, do efeito *ex tunc*, no caso da declaração de inconstitucionalidade, por razões que a doutrina e a própria jurisprudência acatam de longa data, resulta a total nulidade dos atos emanados do Poder Público. E daí veio uma óbvia identificação entre o nulo e o inválido, ou inconstitucional no sentido de que não vale, de que a lei ou o ato não vale.

Parece-me que o que se põe em discussão, numa perspectiva histórica, é a conhecida assertiva de Alexander Hamilton, incorporada ao senso comum jurídico, quando discutia a competência judicial para *declarar nulos determinados atos do Legislativo*. Hamilton disse, na ocasião, em nome da superioridade da própria Constituição, que *não será válido qualquer ato legislativo contrário à Constituição*.[99] Isso se torna uma espécie de lugar comum, *topos*

---

[97] Sobre a teoria dos três planos: MARTINS, Ricardo Marcondes. *Ato administrativo*. In: BACELLAR FILHO, Romeu Felipe; MARTINS, Ricardo Marcondes. *Tratado de Direito Administrativo* – v. 5: ato administrativo e procedimento administrativo. 3. ed. São Paulo: Revista dos Tribunais, 2022, p. 230-232.

[98] Idem, p. 325-327 e 348.

[99] HAMILTON, Alexander. Número LXXVIII – *Exame da organização do Poder Judiciário no tocante à condição do bom comportamento para a permanência no cargo*. In: MADISON, James;

de argumentação, e como um *topos* de argumentação, foi sendo repetido e é repetido até hoje.

O adjetivo "inválido" é uma criação jurídica, porque "inválido" em português é um substantivo. O "inválido" como "nulo" vem de um tipo de identificação. A lei declarada inconstitucional, embora, aparentemente pareça haver aí um efeito retroativo (*ex tunc*), na verdade, sendo considerada nula, perde todos os seus efeitos e, assim, afeta, de certo modo, a própria validade da norma. Se, nesse caso, como diz Kelsen, a norma que não produz nenhum efeito perde a sua vigência, num sentido peculiar, a perda total da eficácia afeta a validade que Kelsen entende como expressão de sua existência. Ou seja, afeta o sentido da *validade* das normas legais quando declaradas inconstitucionais. O próprio Kelsen (cuja teoria sobre esse tema não é clara) chega a dizer que validade (*Geltung*) é o modo como as normas *existem*. A noção de *existência* traz uma carga de ambiguidade. De um lado, validade continua a ser um termo relacional: validade como relação de subordinação hierárquica, de norma a norma. De outro, parece significar uma "pertinência": a norma "está" no mundo jurídico.

Eu me lembro que a primeira vez que enfrentei pessoalmente essa situação foi naquele julgamento a respeito da TR no STF. Se era índice de correção monetária ou se era juro. Se não me falha a memória, a decisão do Supremo foi de que a TR não era índice [de correção monetária]. A decisão, se não me engano, foi tomada a propósito da correção das prestações da casa própria, do Sistema Financeiro de Habitação. Lembro que nesse dia, há quase 30 anos, eu era Procurador Geral da Fazenda, tomei a liberdade de ligar para o Ministro Moreira Alves, para fazer algumas perguntas referentes à extensão da decisão para outras situações, ao que ele respondeu que a decisão de não ser correção monetária era apenas para efeitos daquele caso. Mas, e para outros casos de correção, como ficaria, perguntei. Afinal, o uso da TR tendia a se tornar "o" índice para a correção monetária de tudo. Eu me lembro que ele respondeu assim: "Tercio, não crie encrencas, nós decidimos esse caso. Outros casos a

---

HAMILTON, Alexander; JAY, John. *Os artigos federalistas*. Tradução Maria Luiza X. de A. Borges. Rio de Janeiro: Nova Fronteira, 1993, p. 480.

gente decide depois". Mas havia o risco de se alastrar, de a decisão ser lida de forma ampla, gerando problemas.

Trazendo o problema para os dias de hoje, eu diria, então, que, por um lado, a pluralidade de órgãos judiciais com competência para declarar a constitucionalidade/inconstitucionalidade até mesmo como objeto de decisão, e não como simples razão de decidir, parece exigir uma espécie de uniformização do entendimento a respeito *da* Constituição. Donde a *presunção* de uma necessária força vinculante das decisões concentradas do STF. Mas, por outro lado, é impossível limitar o controle difuso a uma mera competência pontual e subsidiária, esvaziando-a de uma função própria de controle. Especialmente no caso de normas que agasalham direitos fundamentais e correspondentes garantias, parece se impor o reconhecimento de sua plena operacionalidade e efetividade.

E nessa condição parece até temerário presumir a hipótese de uma fórmula abstrata que possa resolver o tema dos efeitos *ex tunc/ ex nunc* no manejo dos efeitos de sentença, ou o problema da força *erga omnes* de uma decisão limitada às partes. Pois nada indica que seja dispensável o exame das circunstâncias do caso concreto, quer para a manutenção dos efeitos da lei, da norma inconstitucional, quer para a supressão dos efeitos.

O que se percebe é que as dicotomias tradicionais, inconstitucional/constitucional, válido/inválido, perdem funcionalidade.

E, nesse quadro, o que se observa é o surgimento de situações, como essa do município de Eduardo Magalhães, que começaram a provocar "flexibilizações", como já vinha acontecendo dentro do constitucionalismo continental europeu – penso na Alemanha –. Percebe-se que para regular certas situações, se é obrigado a proclamar a perda de validade e, simultaneamente, proclamar a validade, nem que seja para um determinado período.

A chamada *flexibilização* do efeito *ex tunc* e a possibilidade de *modulação* abala, de certo modo, importantes premissas do controle da constitucionalidade, pois reabre, em outra sede teórica, a antiga polêmica entre *nulidade* e *anulabilidade*.

Vejam que a noção de modulação implica que uma norma *permaneça no sistema* mesmo quando tenha sido declarada inconstitucional, donde sua invalidade e nulidade absoluta, o que implica a presunção pragmática de que a hipótese contrária conduziria a uma disfunção do sistema. Essa *exigência funcional* afeta, na verdade, o sentido da *validade* das normas legais quando declaradas inconstitucionais. Implica que uma norma possa ser inválida e, não obstante, ter *força* de obrigatoriedade ou, como chamei nos meus trabalhos, *imperatividade*. Isto é, a capacidade de *incidir*, de produzir efeitos imediatos, inclusive quando a verificação de sua validade impeça.

O que quero dizer é que é a força decorrente da "existência" de uma norma ter sido positivada que, numa declaração de inconstitucionalidade, sustenta a possibilidade de a norma ser declarada inconstitucional, portanto, inválida – estou pensando na validade como relação hierárquica – e, não obstante, poder ter mantido os efeitos antes produzidos, algo como validade enquanto existência no ordenamento.

É a presença de uma *regra estrutural do sistema* que foi percebida por Bobbio quando disse que sistemas jurídicos funcionam com base no *princípio de autoridade,* isto é, na presunção de que as normas vêm à *existência pelo simples fato de serem postas.*

Aliás, gostaria de observar que esse fenômeno não se reduz à modulação de efeitos. Isso aconteceu também com a Medida Provisória. Claramente, a Constituição dizia primitivamente (hoje isso foi alterado) que o Congresso, quando rejeitasse a medida, deveria estabelecer normas para aquele período em que ela foi vigente, pois, rejeitada, não deveria ter produzido nenhum efeito, criando uma situação de estranha anomalia, já que ela não teria validade *ex tunc*. Foi então que, naquela época, como o Congresso nunca se manifestava, surgiu o problema: como fazer? Foi quando se criou a presunção de que, embora não valesse *ex tunc*, as regras da MP valeriam para aquele período de vigência provisória, como se o Congresso, ao não convalidar a Medida Provisória, tivesse convalidado suas regras para o período. Se não me engano, o Supremo fez ou aceitou essa interpretação. O que mostra que lidar com situações novas que punham em xeque as dicotomias, válido/inválido, constitucional/inconstitucional, era algo que já existia antes da modulação.

O que, por assim dizer, é uma espécie de gota d'água no copo cheio, porque toda a concepção *sistemática* tradicional – na hora em que se põe em xeque essas dicotomias, que são lugares comuns fortes – acaba entrando em crise. Hoje, a relação validade/ eficácia, invalidade/nulidade *ex tunc* afeta a dicotomia constitucional/ inconstitucional, como se, entre ambos, houvesse algo a ser levado em conta. É inconstitucional, mas nulo, mas produz efeitos e, de certo modo, vale. No caso da MP, para aquele período, valeu. Eu arriscaria a dizer que a noção de constitucionalidade se aparta, de algum modo, da noção de validade, ou seja, começam a tratar-se como se fossem noções a exigir distinções, pois a identificação que se fazia de inconstitucional com inválido e de constitucional com válido, tem que ser repensada. Então, distinguidas, constitucional e inconstitucional é uma dicotomia, válido e inválido é outra. Mas, com isso, mexe-se com a noção de nulidade *ex tunc*. Porque, na medida em que se ligava inconstitucionalidade à invalidade, e essa à nulidade, os três termos constituíam um bloco. Na hora em que se é obrigado a separar as dicotomias, isso tem consequências. Então, é inconstitucional, no entanto, não é nulo integralmente? Mas é válido?

A minha resposta à sua pergunta seria, afinal, que a complexidade das situações – sociais, políticas, econômicas – foi fazendo com que lugares comuns tradicionais, no caso, essas dicotomias tradicionais, entrassem em crise. Elas entraram efetivamente em crise. Hoje é mais difícil aceitar que se possa definir o que é válido e o que é inválido em termos de uma pura oposição dicotômica. E isso mexe com a noção de existência/inexistência. Curiosamente, a tradição do Direito Civil sempre encarou a existência como uma forma de lidar com situações. E funcionava. Quando se desenvolve o Direito Público, no século XIX, surge a exigência de dicotomias mais estritas, até por conta da legalidade estrita. E aí entendo por que Kelsen trilhou esse caminho... Transposições terminológicas são complicadas, com todas as dificuldades que temos para lidar com existência, nulidade, anulabilidade, as distinções funcionavam no Direito Privado. No Direito Público, outros problemas exigiam fazer certas adaptações, donde um distanciamento. Pois bem, o que nós estamos vivendo hoje é uma espécie de exigência de adaptação às avessas, isto é, como se o Direito Público voltasse a olhar com tolerância para o modo privatista de lidar com as situações. Esse, aliás, é um tema que surge com força quando se fala no "ocaso do constitucionalismo" ou numa "privatização do Direito Público". Mas, no fundo, é sempre isso que se faz, em termos de pensamento jurídico.

AUGUSTO NEVES DAL POZZO E RICARDO MARCONDES MARTINS – No livro "Teoria da Norma Jurídica", V. Sa. dá luz a um tema fundamental: quando a pessoa do juiz acerta na interpretação jurídica (supondo que há uma interpretação certa), a decisão jurídica é justa; quando o juiz erra e a questão transita em julgado, existe uma "regra de calibração": o sistema assimila o erro como acerto para o caso concreto.[100] Isso por uma óbvia razão: é mais injusto manter o conflito eternamente aberto do que resolvê-lo de forma injusta.[101]

No controle concentrado, essa regra de calibração é diferente da do controle difuso, pois nada impede que uma ADI seja reproposta, ou que o legislador edite nova lei, com texto idêntico a anterior.[102] Apesar das diferenças entre o controle de constitucionalidade no direito norte-americano e no direito brasileiro, Dworkin, em seu "Levando os Direitos a Sério", observa algo pertinente a essa diferença: cabe aos juristas apontar os erros dos ministros da corte para que eles se convençam que erraram; se não se convenceram, "não precisamos exagerar o perigo", pois morrerão um dia.[103]

Pois bem: contemporaneamente, no limite, vem se admitindo afastar a regra de calibração, em casos extremos, no controle difuso – com a revisão da constitucionalidade da coisa julgada.[104] Mesmo no campo dogmático, é possível (também em uma perspectiva do dever-ser) negar a calibração de forma mais geral do que vem ocorrendo?

TERCIO SAMPAIO FERRAZ JUNIOR – Quando eu falei sobre "regras de calibração", vamos entender, *regra de calibração*

---

[100] FERRAZ JR., Tercio Sampaio. *Teoria da norma jurídica*. 5. ed. São Paulo: Atlas, 2016, Cap. 3.8, p. 127 *et seq*.
[101] Cf. MARTINS, Ricardo Marcondes. *Direito e justiça, op. cit.*, p. 81-83.
[102] Dessarte: julgada improcedente uma ADI, nada impede que seja proposta novamente; julgada procedente, nada impede que o legislador edite nova lei com o mesmo texto da anterior. Por todos: BARROSO, Luís Roberto. *O controle de constitucionalidade no Direito brasileiro*. 8. ed. São Paulo: Saraiva, 2019, p. 269-273.
[103] DWORKIN, Ronald. *Levando os direitos a sério*. Tradução Nelson Boeira. São Paulo: Martins Fontes, 2002, p. 232.
[104] Sobre o tema: NASCIMENTO, Carlos Valder do (coord.). *Coisa julgada inconstitucional*. 2. ed. Rio de Janeiro: América Jurídica, 2002.

se põe como uma explicação teórica para a noção de coesão do sistema normativo, na constatação de não coerência do sistema, de ausência de uma – única – norma fundamental, mas de exigência de que, não obstante, o sistema não se desfaça. "*Coesão*" significa que o sistema normativo, embora plural e até paradoxal em seus pontos de partida – por exemplo, a Constituição institui uma *corte suprema*, mas é essa quem determina o sentido constitucional das regras constitucionais que a instituem – não pode se desfazer diante de paradoxos fundamentais ou mesmo diante de fragmentações institucionais, por exemplo, quando, em nome da justiça, o juiz chega a pronunciar uma sentença *contra legem* (de se lembrar da demissão da mulher grávida, então permitida, mas revertida pela jurisprudência). Para isso existe regra de calibração. Como "coesão" não significa "coerência", a coesão pode existir mesmo na incoerência, portanto, regra de calibração não exige coerência, como um valor absoluto. Ela até pode exigir a coerência, mas como um valor relativo dentro do ordenamento. E o sistema *assimilar o erro como acerto para o caso concreto* é uma das formas de garantir a coesão.

A função das regras de calibração, em termos da coesão, é fazer com que um sistema jurídico se mantenha, em termos de seus vários modos de funcionamento. A regra de calibração é uma noção tirada da cibernética, os exemplos são de máquinas, de máquinas que têm que se adaptar à variação das condições, ou às dificuldades de funcionamento dentro de determinadas condições, variando o seu modo de funcionamento, em certos limites. O câmbio do automóvel, então, nesses termos, é um exemplo de regra de calibração, ele não é parte *do motor*, tendo em vista a finalidade própria do motor. Isto é, ele não faz o carro andar, mas ele regula o motor enquanto faz o carro andar, em ambientes diferentes: na subida, em baixa velocidade, na descida, em alta velocidade, sem que o motor "morra" ou "seja fundido". Isso é sabido em relação ao automóvel. Então, fazendo a analogia, as regras de calibração existem também em sistemas humanos, caso dos ordenamentos jurídicos, permitindo que o sistema continue coeso ainda que venham a ser alteradas as condições de funcionamento.

Como modos de funcionamento eu elegi três, mas podemos eventualmente até descobrir outros. Neles, as regras de calibração atuam umas sobre outras, para que, dentro de condições de mudança, o sistema continue coeso. Uma delas eu chamei de modo *legalidade*, no qual a regra de calibração, vamos dizer assim, se explicita na conhecida norma: ninguém é obrigado a fazer ou deixar de fazer alguma coisa senão em virtude de lei. Daí, no limite de funcionamento, o respeito a uma estrita formalidade. Enfim, o que vale é a regra, *fiat justitia et pereat mundus*. Em sede de teoria constitucional, o "garantismo" é uma expressão para esse modo de funcionar o sistema. Mas, funciona sempre assim? Às vezes, como se sabe, um garantismo, estrito e radical, pode pôr em risco a coesão do sistema. Enfim, *summum ius, summa iniuria*, já dizia o brocardo latino. Ou seja, para um bom funcionamento do sistema, de vez em quando é preciso que se abandone um estrito formalismo.

Como é que se faz isso? Invocando outras regras de calibração. E quais seriam essas outras regras de calibração? Por exemplo, o apelo à noção de efetividade, ou de atendimento à circunstância empírica: *ex facto oritur jus*, o Direito tem que olhar para os fatos. Quando se faz isso, alivia-se a carga disfuncional de uma calibração mais estrita e se abrem condições para o sistema ser alterado sem perder coesão.

E, às vezes, pode-se passar até por cima dos próprios fatos presentes e entrar numa terceira forma de funcionamento do sistema, que eu chamei de modo *legitimidade*, no qual se invocam critérios de justiça, acima dos fatos presentes, em benefício de fatos futuros. A exigência de equidade no caso concreto é uma velha regra de calibração nessa direção. A equidade é um bom exemplo de calibração voltada para um funcionamento em termos de legitimidade. Hoje, um exemplo mais contundente pode ser visto em diferentes manifestações do ativismo judicial...

Enfim, as regras de calibração permitem que o sistema se mantenha coeso na diversidade das situações. Então, eu não falaria propriamente de *negar a calibração de forma mais geral do que vem ocorrendo* e de que, *nesse sentido*, a calibração não funciona bem. Se uma regra de calibração não está funcionando bem, o que faz o jurista? *Calibrar* é o seu "métier". Nas circunstâncias, uma regra de calibração parece inadequada? Ele inventa ou adota outra, e, ao fazê-lo, sai, às vezes, de um modo de funcionamento e entra em outro modo de funcionamento. O importante é o sistema continuar coeso. É o que acontece, a meu ver, com a chamada *flexibilização da coisa julgada*. Falar, nesse sentido, de coisa julgada inconstitucional, resultante da oposição desequilibrada entre as exigências de segurança e certeza, que conferem a autoridade da coisa julgada, e as exigências de justiça e legitimidade das decisões judiciais, é admitir, como regra de calibração, uma hierarquia de valores fundamentais, que, no limite, erige a justiça acima da segurança.

Mas, no limite da funcionalidade de um sistema, entra o conceito de revolução. E o que é uma revolução? É preciso dar um sentido mais estrito a esse termo nascido na era moderna. Pois só então poder-se-ia entender quando a calibração do sistema realmente se supera. Numa revolução, recomeça todo um processo calibração, recalibrando-se as antigas regras. Isso é o que eu chamaria de uma revolução. Calibrações têm uma espécie de núcleo forte, como era a *boa-fé* no direito romano – Cícero fala disso no *De officiis*. Revoluções existem como destituição de regras de calibração mediante substituição ou reinterpretação radical de seus núcleos condutores, mas são casos raros. Casos em que o sistema perde totalmente a sua coesão. Isso pode acontecer? Aconteceu, por exemplo, na Revolução Francesa, e, mesmo assim, aos poucos. Primeiro, tentou-se uma monarquia constitucional, até que cortaram a cabeça do rei, dando azo a um sistema e a uma coesão completamente diferentes. Desaparece a legitimidade concreta na figura do rei, núcleo fundante do direito medieval e que subsiste mesmo após o Renascimento. Surge a soberania do povo, mais abstratamente, da nação. E, como isso, a substituição de uma calibração por outra, com um direito centrado na propriedade e na liberdade subjetiva e assim calibrado. Algo semelhante se pode dizer para a Revolução Americana e para a Revolução Soviética.

Em suma, não se escapa de uma calibração. Isso a respeito de a calibração funcionar mal ou funcionar bem. Tomando a palavra *sistema* num sentido amplo, *o sistema* funciona mal, *o sistema* funciona bem, mas para que continue funcionando, bem ou mal, precisa ir sempre sendo calibrado.

Mas há outros casos de revoluções que, porém, como disse, não são revoluções propriamente. Num primeiro momento apenas se força uma calibração que até existia no sistema, mas não, propriamente, para aquele caso. Eu me lembro, na Revolução de 64, quando – creio ter sido o professor Miguel Reale –, para explicar que João Goulart não havia sido *destituído* pelo golpe, afirmou que, na verdade, ocorrera *abandono de cargo* pelo Presidente da República. A explicação, talvez uma tentativa de salvar a Constituição vigente e o sistema legal, durou pouco tempo, porque em seguida veio o Ato Institucional. Ou seja, teria sido uma tentativa de manter a coesão do sistema constitucional de 46 em funcionamento em termos do modo legalidade. Não funcionou e no momento seguinte se inaugurou uma outra calibração, com base no poder militar, com outras regras de calibração, na verdade, uma recalibração, com um modo de funcionamento do tipo *efetividade*: o sistema do ordenamento permaneceu coeso, mas com outra norma origem, como expressamente dizia o Ato Institucional (a revolução não procura legitimar-se através do Congresso, este é que recebe deste AI a sua legitimação), permanecendo em vigor, por sua vontade, a Constituição de 1946. Ou seja, tivemos antes uma "quartelada", não chegava a ser *revolução* nos moldes de uma Revolução Francesa (ou da Revolução Americana ou da Revolução Soviética).

Eu não sei se a explicação foi suficiente para entender como é que funciona a regra de calibração? Quer dizer, o problema é um pouco parecido com a questão da inveja. Não se sai de regras de calibração. Sistemas jurídicos são sistemas calibrados, digamos assim. Às vezes tem-se a impressão de que as calibrações foram para o espaço, e, então, se percebe que o que mudou foi apenas o modo de funcionamento mediante invocação de regras de calibração. É o jogo de preservação da coesão. E para isso, as regras de calibração. Elas são regras formadas no correr do tempo, elas têm um sentido histórico, nascem, desaparecem, voltam a ser adotadas. Sua força está nesse sentido histórico, o que lembra um pouco a ideia de *topoi*, dos lugares comuns na argumentação jurídica.

O que, aliás, também acontece, às vezes, em lances de genialidade, quando se cria uma regra de calibração nova, alguma coisa diferente, inaugurando, dentro de um sistema, algo como uma calibração *revolucionária*. Esse tipo de genialidade, pela percepção intuitiva das situações que exigem mudança, existe. Existiu após a Segunda Guerra e do conhecimento das atrocidades nazistas. Às vezes, aparece um jurista de genialidade, capaz de uma invenção desse gênero. À época do Tribunal de Nuremberg, Lauterpacht foi um deles, com a noção de *"crimes contra a humanidade"*; Lemkin foi outro, com a noção de *"genocídio"*, criando um lugar comum que depois se firmou: direito internacional não é só direito dos Estados, mas também dos direitos individuais e de comunidades.

Há também exemplos que me ocorrem no passado brasileiro, em uma dimensão nacional, como aconteceu, a partir de uma percepção de justiça social, quando foi-se criando aos poucos uma regra de calibração nova, na figura do *hipossuficiente*, de que falava Cesarino Junior no direito trabalhista. Mais tarde, ganhou amplitude, como se vê na lei do consumidor. Por meio de regra de calibração, mudou, de certo modo, o modo de funcionamento das relações jurídicas dentro do sistema, mantendo a sua coesão.

Enfim, o sistema permanece coeso diante do que parece uma exceção perturbadora, mas, na verdade, sai de um modo e entra em outro modo de funcionamento. Esse jogo é o jogo da calibração jurídica; é assim que funciona.

Mas, para encerrar: *calibração* não significa uma porta aberta a qualquer justificação de não importa o quê. *Calibrar* significa lidar com *regras de calibração*, tal como elas aparecem *no e para* os sistemas jurídicos. Calibrar tem limites no próprio sentido de calibrar. "Fazer uma interpretação fraudulenta" ou "uma sutil interpretação fraudulenta" é violar o sentido de calibração de uma regra de calibração: o sistema não suporta sua própria corrupção.

AUGUSTO NEVES DAL POZZO E RICARDO MARCONDES MARTINS – Ainda sobre essa temática, V. Sa., em seus estudos, observa que é próprio da relação de poder desconfirmar a desconfirmação do poder, de modo que qualquer atuação contra a ilegitimidade da atuação estatal tende a ser tomada como violação do Direito.[105] Apenas para pontuar: dizem os historiadores que Marechal Floriano Peixoto costumava mandar seus adversários políticos para Cucuí (daí a expressão "ir para a cucuia").[106] Rui Barbosa chegou a impetrar HC contra essa prática e teve a ordem denegada pelo STF.[107] A pergunta é: até que ponto

---

[105] FERRAZ JR., Tercio Sampaio. *Teoria da norma jurídica*, op. cit., item 2.4, p. 54-55. Sobre o tema: MARTINS, Ricardo Marcondes. *Justiça deôntica*, op. cit., p. 172-179.

[106] SANT'ANNA, Pietro. *Floriano Peixoto*: o marechal de ferro. São Paulo: Folha de São Paulo, 2019, p. 20

[107] Idem, ibidem.

é missão do jurista lutar pelo respeito ao Direito em situações de ilegitimidade? Como o senhor encara esse problema tendo em vista o Brasil, em sua perspectiva histórica e atual?

TERCIO SAMPAIO FERRAZ JUNIOR – Desconfirmar é uma forma sutil de negar. Para negar, primeiro aceitamos o positivo, para então rejeitá-lo. O ladrão que furta contrapõe-se à ordem jurídica dada. O revolucionário a ignora, ao tomá-la por ilegítima. Na desconfirmação nada se aceita, para depois negar. Ao invés de contrapor-se, ignora-se, como se o outro não existisse. Existem muitas formas de desconfirmação, como a indiferença, a indiferença cínica e intencional (desfazer do outro), a ignorância. Mas a desconfirmação destrói a autoridade. Por isso, o Direito não pode tolerá-la (daí a proibição de alegar a ignorância da lei). Nesse sentido, qualquer deconfirmação, perante o Direito, é desconfirmada e tomada como negação. Mas existem casos em que, vamos dizer assim, para sustentar o Direito, ao invés de desconfirmar a desconfirmação (tomando-a como negação, punindo-a), confirma-se a desconfirmação. Existem casos, até paradigmáticos. Se não me engano, isso aconteceu no Brasil na época das chamadas lutas pela independência. Não sei se foi a Farroupilha, no Rio Grande do Sul, quando se declarou a não-obediência ao reino português. Foi quando as cortes portuguesas, por conta dos riscos de uma proclamação de independência pelo próprio filho do rei, o que seria uma forma de esvaziar o poder da coroa, as Cortes usaram de um sutil estratagema de desconfirmação, "reconhecendo" as lideranças farroupilhas, em detrimento do príncipe regente. Com isso, confirmaram uma desconfirmação (uma declaração local de independência) para desconfirmar outra confirmação (a do poder da coroa). É uma forma sutil de se lidar com o jogo de poder.

Mas vamos à sua pergunta: até que ponto é missão do jurista lutar pelo respeito ao Direito em situações de ilegitimidade? É possível, às vezes, no Direito, você... Eu diria, há juristas e há juristas! Um jurista que pensa *juridicamente* – e não em termos pura e simplesmente políticos, de poder, isto é, de tomada de posição política –, que está antes preocupado não diretamente com uma, por assim dizer, ilegitimidade, mas com a solução de conflitos (lembro-me de Ascarelli, quando contrapõe as figuras de Antígona e de

Pórcia, a primeira enfrentando o déspota, a segunda argumentando em favor do cliente); o bom jurista calibra sempre, podendo, com isso, até dar à ilegitimidade uma saída aceitável, vamos dizer assim – isso pode criar uma sensação de hipocrisia para quem não entende a profissão –, mas é algo até bastante frequente. O que, volto a lembrar, não significa uma porta aberta a qualquer justificação.

Lembro novamente Miguel Reale, ao falar de "abandono de cargo" como uma forma de manter coeso o sistema da Constituição de 46 e lidar com uma destituição forçada do Presidente da República. Isso era uma forma de lidar com uma ilegitimidade no contexto de uma inconstitucionalidade, dando-lhe alguma explicação jurídica capaz de resgatar o sistema vigente. O que, repito, muitas vezes faz do jurista uma figura ligada à hipocrisia. Não são poucas as vezes que se desentende, por exemplo, o papel do advogado criminalista. E, diante de explicações do tipo "todos têm direito a um advogado e a uma defesa", não raro se ouvem coisas do tipo: "Ah, vocês, advogados, legalizam o que vocês querem, vocês torcem a lei!" Isso acontece? Eu diria: acontece! Pode acontecer mesmo diante de uma situação de ilegitimidade patente (um crime "indefensável..."), a pôr em dúvida até o funcionamento da justiça. Pode até explicar que, politicamente, se discorde com esse ou aquele posicionamento, mas o que deve ser afirmado é que o jurista, ao pensar juridicamente, terá sempre um olho na preservação do sistema e, por consequência, na sua calibração; *se, politicamente, se concorda ou não, isso é outro problema.* É o que se ouve, quando se diz: *não está satisfeito, mude a lei.*

No caso de Floriano Peixoto, contam que Ruy Barbosa foi ao Supremo para impetrar um *habeas corpus* contra prisões em situação de estado de sítio, contra o interesse de Floriano Peixoto. Este, alertado para eventuais problemas que poderiam surgir de uma decisão do STF, mostrou-se tranquilo. Eis que seus assessores lhe disseram: "Mas quem vai impetrar é Ruy Barbosa e a chance de conseguir uma decisão favorável não é pequena". Ao que Floriano teria retrucado: "E quem dá *habeas corpus* aos ministros do Supremo?"

São histórias a insinuar outras histórias. Recentemente se propagava algo parecido, com a intenção de Bolsonaro de criar o seu novo partido, apelando para registros de adesão por meio virtual, apesar de sua ilegalidade. Não deixaram de insinuar coisas...

Até mesmo a possibilidade de algum argumento calibrador... Hipocrisia?

AUGUSTO NEVES DAL POZZO E RICARDO MARCONDES MARTINS – Em 1984, V. Sa. participou de um livro "Crítica do Direito e do Estado", fruto da VI Jornada Latino-Americana para Metodologia do Ensino do Direito, realizada na PUC-RJ, em abril de 1981.[108] Na época, V. Sa. examinou os obstáculos a uma teoria crítica do Direito. E concluiu que o "jurista desenvolve uma espécie de imunidade contra a realidade, que torna, para ele, qualquer projeto de teoria crítica, algo desnecessário".

No Direito Administrativo, é bastante comum que a doutrina assuma posições favoráveis à corrupção ou ao menos facilitadoras da corrupção. Teorias são muitas vezes sustentadas para satisfação do interesse do cliente – muitos dos administrativistas são advogados ou agentes que estão em contato com o poder econômico. A percepção desse fenômeno, mesmo do ponto de vista dogmático, não exige uma teoria crítica do Direito Administrativo?

TERCIO SAMPAIO FERRAZ JUNIOR – O que eu quis dizer, naquela ocasião, foi o seguinte: criar uma teoria crítica do Direito para a consecução de uma das finalidades do Direito – de criar condições para a decidibilidade de problemas – encerra um paradoxo. Caso se entenda "teoria crítica do Direito" como uma forma zetética de pensar, *teoria crítica* significa desvendar os pressupostos dogmáticos, pôr à luz suas delimitações, denunciar seus condicionamentos ideológicos etc. Isso pode até ajudar a tomar decisões, mas ao tomar-se a crítica como condição para a tomada decisão, ela vira dogmática, tem que ser dogmatizada. Disse isso primeiramente em uma conferência, de que participou o Professor Michel Miaille, que escrevera uma "Introduction Critique au Droit".[109] Lembro de ele ter ficado furioso, porque ele tinha acabado

---

[108] FERRAZ JR., Tercio Sampaio. *Existe um espaço no saber jurídico atual para uma teoria crítica? In*: PLASTINO, Carlos Alberto (org.). *Crítica do Direito e do Estado*. Rio de Janeiro: Graal, 1984, p. 65-72. FERRAZ JR., Tercio Sampaio. *Existe um espaço no saber jurídico atual para uma teoria crítica? Revista de Direito Administrativo e Infraestrutura* – RDAI, São Paulo, ano 6, n. 23, out-dez. 2022.

[109] MIAILLE, Michel. *Introdução crítica ao Direito*. Tradução Ana Prata. 3. ed. Lisboa: Estampa, 2005.

de fazer sua apresentação, defendendo que a Ciência do Direito tinha que ser crítica. Foi quando eu disse: "Olha, ela pode até querer, mas na hora que ela vira ciência para decidir problemas, era se torna *dogmática*. Impossível sair disso".

Foi o que eu quis dizer com essa afirmação. Isso não despreza a teoria crítica, mas afirma que ela não substitui a dogmática, salvo se dogmatizar-se.

TERCEIRO ENCONTRO
30.03.2022

AUGUSTO NEVES DAL POZZO E RICARDO MARCONDES MARTINS – De início, professor, estamos quase superando a pandemia da Covid-19 no Brasil. A PUC-SP, por exemplo, retomou as aulas presenciais. Muito antes da pandemia, Lipovetsky falava em "Era do Vazio"[110] e Bauman em "Modernidade Líquida".[111] Uma pandemia global pode ter sido a oportunidade de a humanidade repensar seus caminhos. A pandemia alterou, de alguma forma, sua visão de mundo e seu pensamento?

TERCIO SAMPAIO FERRAZ JUNIOR – Essa é uma questão curiosa. Para início de conversa, essa não é, obviamente, a primeira pandemia que o mundo viveu. Nós tivemos uma pandemia após a Primeira Guerra Mundial, a chamada gripe espanhola, que proporcionalmente também foi algo significativo, tendo em vista sua repercussão, até mesmo em mortes. Eu, obviamente, não a vivi, mas me lembro de meu pai contando sobre o que acontecia nessa ocasião, as cautelas que se tomavam naquele tempo. Não se tinha antibiótico; também não havia vacina. As cautelas eram outras. Eu me lembro do meu pai dizendo que o meu avô reuniu a família inteira – eram onze irmãos – e fez todo mundo tomar um banho gelado para ver se expulsava a gripe espanhola. E meu pai dizia: "todos pegaram, mas, graças a Deus, ninguém da família morreu, apesar de haver morrido muita gente".

A convivência humana com epidemia e com pandemias, pelo menos pensando na gripe espanhola, não é, portanto, inusitada. O que é inusitado no mundo em que nós estamos vivendo é a rapidez, por meio de Internet, da comunicação de fatos. Acredito que na

---

[110] LIPOVETSKY, Gilles. *A era do vazio*: ensaio sobre o individualismo contemporâneo. Tradução de Therezinha Monteiro Deutsch. Barueri: Manoel, 2005.
[111] BAUMAN, Zygmunt. *Modernidade líquida*. Tradução Plínio Dentzien. Rio de Janeiro: Zahar, 2001.

segunda década dos anos 1900, a circulação das informações era pequena, não havia uso de estatística. Hoje, nós temos esse fator que se acrescenta. À pandemia, hoje, acrescenta-se a facilidade da divulgação de informações e, também, as estatísticas, que nos fornecem um panorama que acresce os receios, os medos, e de uma forma diferente. Talvez, lá atrás, na pandemia da gripe espanhola, aquilo gerasse uma angústia, pois apenas se "ouvia falar". Hoje, além dessa angústia, você tem medo mesmo, porque olha os números e eles também dizem alguma coisa para você.

Li alguma coisa no sentido de que essa pandemia gerada pela Covid-19 teria uma dimensão ligada à Internet, ou seja, a uma natureza virtual. Justamente essa natureza, em termos de expansão, aumenta, virtualmente, a percepção do "ouvir falar". É muito curioso saber – parece que isso é um fato – que durante a pandemia, pelo menos nos momentos mais intensos, em 2020 e em 2021, a comunicação virtual aumentou extraordinariamente a divulgação. Por tudo isso, acho que a experiência que nós tivemos, talvez tenha sido uma experiência inusitada, nas condições de temor à pandemia. Não é apenas a angústia, que existe, a respeito de onde vem e como é que se pode pegar – um vírus é sempre esse incontrolável que está aí, em qualquer parte, em qualquer lugar –, mas, por outro lado, quando se confronta com a estatística e se mantém a comunicação com os amigos, surgem efetivamente medos, que são percebidos, por exemplo, nas interrogações que se fazem às ações de governo: "Tem que combater; a vacina tem que ser comprada; deve ser distribuída; tem que usar máscara". Isso talvez seja uma coisa que nós experienciamos de uma maneira nova.

Eu tenho oitenta e um anos e não me lembro de nenhuma vez na minha vida ter usado máscara. Ao contrário, lembro-me de, em aeroportos, ver orientais usando máscara. Sempre achava aquilo estranho. Por que eles usam máscara? Nunca me ocorreu que eu próprio tivesse que fazer o mesmo, nem que eu fosse exigir dos outros que também o fizessem. Ou seja, nós vivemos realmente, por conta desses efeitos, uma situação nova, diferente.

O que é inusitado nessa situação, basicamente, é, em primeiro lugar, uma caracterização mais direta desse medo. Ele provoca dois efeitos: um, obviamente, é o individual, que se aloca no medo da morte; o que, por sua vez, como se sabe, gera a angústia: somos limitados, podemos morrer. Essa é uma consequência que nos faz pensar. Um outro efeito, mais direto, além desse medo da morte, é uma espécie de medo do outro. A gente se resguarda, nem que seja por alertas públicos ou pela informação circulada na Internet, começa a evitar contato. O contato passa a ser mortal. É muito estranho que se tenha vivido todo esse tempo – 24 meses, por dois anos – evitando contatos. O contato é, do ponto de vista humano, social, uma coisa fundamental, algo que faz parte do nosso ser. Tocar o outro é um indicativo forte de vários sentimentos, por exemplo, de amizade, de conexão respeitosa. Nós passamos, porém, a não nos tocar, nem mesmo a dar a mão, como é hábito ocidental. Essa distância que a epidemia provoca é realmente alguma coisa estranha, e é, pelo menos desse ponto de vista, alguma coisa nova.

É verdade que no passado, quando alguém ficava gripado, sempre se dizia: "olhe, fique longe porque eu estou gripado". No caso da pandemia, porém, é mais do que isso, porque não se guarda apenas distância, mas não se toca por medo simplesmente de tocar qualquer coisa pela qual tenha passado algum contato de mão humana. Isso é uma condição diferente, pois não é um evitar contato com alguém infeccionado, mas evitar qualquer contato: tornamo-nos risco por estar expostos a risco. Então, aliado ao efeito do medo da morte, que é angústia, também essa situação nova de uma relação social em que a distância passa a predominar.

E o terceiro efeito, – muito falado nos últimos dez ou vinte anos – é essa condição de a própria vida supostamente estar dentro do mundo do vírus e não o contrário. É uma interrogação que os seres humanos começam a se fazer: afinal, o que é a vida humana se não uma sobrevivência em um estado virótico? O que também tem sido motivo para reflexões sobre as consequências que a experiência pandêmica nos trouxe: avivar a percepção da vida inserida num mundo virótico. Como se sabe, há discussão entre os biólogos sobre se o vírus é um ser vivo ou não. Sendo ou não sendo, a pandemia acende uma interrogação sobre o que é a vida humana, inserida num mundo que não se vê, do qual não se tem uma percepção "material", por assim dizer. Eis uma situação com a qual anteriormente se convivia sem perceber.

Para terminar, um exemplo do que que significa conviver sem perceber: em 2020, em fevereiro, eu retornei de uma viagem ao Egito. Cheguei no Brasil por volta do dia 9 ou 10 de fevereiro e tive a sensação de não estar me sentindo bem. Tinha um pouco de febre, embora baixa, e dor muscular intensa. Pensei: "acho que estou com reumatismo". Procurei um médico, um reumatologista, que me examinou e disse: "Não é reumatismo; o senhor está bem; deve ser um vírus, isso passa". Ele me disse isso no começo de fevereiro de 2020. Se tivesse sido um mês depois, provavelmente ele teria me mandado fazer algum exame. É essa consciência de que se vive num *mundo virótico* que mudou. Antes, um médico não se incomodara – "deve ser um vírus, isso passa" – hoje, quando se ouve a palavra "vírus", "levantamos antenas".

Em suma, para responder sua pergunta, diria que a pandemia global pode, sim, ter sido uma oportunidade de a humanidade repensar seus caminhos. Meu pensamento é que o vírus sabotou o imaginário de autocálculo e controle que talvez tivéssemos antes da pandemia. Deixamos de ser sujeitos de um predicado estável (*animal rationale*), para tornar-nos um ser maleável, que nos torna frágeis em um mundo que não controlamos. A pandemia ocorreu em plena extensão planetária da Internet. Através do uso generalizado de tecnologias digitais e de transmissão e informação, por computador via satélite, por celulares, o uso de inteligência artificial e algoritmos na análise de *big data*, a troca de informações em alta velocidade e o desenvolvimento de dispositivos globais de vigilância, transformaram o conjunto de tecnologias biomoleculares, microprotéticas, em índices de uma nova gestão técnica. Isso porque essas técnicas de biovigilância introduzidas no corpo, que passam pela pele, que penetram em nós, as vacinas, tudo isso faz de nossos corpos os novos enclaves do biopoder, tornam mais urgentes do que nunca novas estratégias. Ao contrário do que se poderia imaginar, nossa saúde não vem de uma imposição de distâncias ou separação, mas de uma nova compreensão da comunidade com todos os seres vivos, de um novo equilíbrio com outros seres vivos do planeta. O evento Covid-19 e suas consequências talvez nos conclamem a nos libertar da violência com que definimos nossa "imunidade social", geradora de desigualdades persistentes e injustas.

AUGUSTO NEVES DAL POZZO E RICARDO MARCONDES MARTINS – No livro "Introdução ao Estudo do

Direito", ao tratar da *unidade do ordenamento jurídico*, V. Sa. sustentou que o ordenamento jurídico não teria uma *estrutura piramidal*, mas *"circular"*, com várias *normas-origem*, em que cada uma daria sequência a uma respectiva cadeia normativa.[112]

No livro "A Superação do Direito como Norma", escrito em coautoria com Guilherme Roman Borges, V. Sa. observa que, diante da "virtualidade", própria do momento atual, o sistema não teria nem mais uma *estrutura de "rede"*, mas de *"rizoma"*.[113] Esse "sistema" é caracterizado não por ser um sistema de "textos", mas de *"hipertextos"*, presidido pelos princípios da *metamorfose, heterogeneidade, multiplicidade, exterioridade, topologia* e *mobilidade dos centros*.[114]

Nesse sistema, a decisão jurídica deixa de ser um *"poder de decidir"* ("decido porque posso"), mas uma *decisão de poder* (*"posso porque decido"*).[115] Um exemplo concreto disso seriam as decisões monocráticas de ministros do STF que, sem mais, suspendem a eficácia de dispositivos legais por considerá-los inconstitucionais. Dito isso, perguntamos: é possível dizer que o *filósofo* Tercio vivencia um constante conflito entre o *sociólogo* Tercio, que tenta entender o *mundo como é* (plano ôntico) e o *jurista* Tercio, que tenta entender o *mundo como deve-ser* (plano *dêontico*)?

Seguindo essa provocação, na teoria do livro "Introdução ao Estudo do Direito", do ponto de vista dêontico, uma *norma-origem* não deveria ser considerada a Constituição *suprema*, e todas as demais, contrárias a ela, não deveriam ser consideradas *inválidas*?

No novo livro, essa compreensão do mundo do ser (*ôntico*) é, de fato, inconciliável com o mundo jurídico (*deôntico*)? Vale dizer, este último – o mundo do dever-ser – ainda não se baseia em textos (e não em hipertextos)? No exemplo dado, as *decisões monocráticas* não violam a *reserva de plenário*, de modo que, ainda que o ministro

---

[112] FERRAZ JR., Tercio Sampaio. *Introdução ao estudo do Direito*: técnica, decisão, dominação. 11. ed. São Paulo: Atlas, 2019, §4.3.1.4.
[113] FERRAZ JR., Tercio Sampaio; BORGES, Guilherme Roman. *A superação do Direito como norma*: uma revisão descolonial da teoria do Direito brasileiro. São Paulo: Almedina, 2020, p. 47-48.
[114] Idem, p. 49-50.
[115] Idem, p. 52.

assim decida, no mundo do ser, não deveria assim decidir, no mundo do dever-ser?

TERCIO SAMPAIO FERRAZ JUNIOR – As perguntas são desafiadoras. Em uma primeira abordagem, olhando a pergunta na sua extensão, estamos lidando, primeiro, com uma situação em que o Direito como norma, na sua pergunta, não está inteiramente superado. Essa é a primeira observação. Ainda que no vocabulário, para fazer as indagações, refira-se a texto e a hipertexto, sua pergunta se insere ainda dentro do Direito como norma. Na parte final da sua pergunta, isso me pareceu bem nítido: ainda que no plano ôntico, dos fatos, eu possa observar divergências que rompem aparentemente qualquer ordem sistemática, não deveríamos dizer que há, ainda, um dever de respeito a uma unidade sistemática e, portanto, no mínimo um conflito – daí a pergunta "quem vence esse conflito?" – de unidade? Daí a questão: como lidar, num ambiente de rompimento da estrutura escalonada do ordenamento, com essa relação, a clássica relação, que conhecemos de Kelsen, entre "ser" e "dever-ser"?

Primeiro, vamos localizar o problema tal como ele se apresenta, a meu ver, nos dias de hoje. O que é novo em relação a esse passado? Existem autores que já fizeram uma observação a respeito da percepção de que o Direito, pelo menos o Direito como ordenamento, não é sistemático. Essa observação não é algo de nossos dias, nem do século XX, ela remonta ao século XIX. Desde o século XIX, na esteira das indagações do Direito objetivo e do ordenamento como sistema, sempre houve articulações a colocar em dúvida se o Direito funcionava inteiramente desse modo. A começar na proliferação dos chamados métodos de interpretação, em que se desloca o chamado método sistemático de uma posição supostamente superior a uma posição paralela. Ele é um dos métodos e de fato se observa que, no decorrer do século XIX, ele vai perdendo a sua condição sobranceira.

Por isso mesmo, quando se fala em sistema no campo jurídico – vi que na sua pergunta duas vezes se fala de sistema entre aspas, embora, talvez, não se precise colocar entre aspas –, o que se observa, pelo menos na conscientização que a discussão toma no século XX olhando para o século XIX, é que durante cem anos se lidou com métodos e sua proliferação; por consequência, assistimos à proliferação de "sistemas metódicos" (sistema como método: *pensar sistematicamente*). Temos, assim, *sistemas analíticos* na forma de implicações lógicas, um tipo de sistema; mas temos também *sistemas dialéticos*, um sistema não formalizado como um sistema analítico na forma da implicação. Existem também os chamados *sistemas seriais*, que não são propriamente redutíveis a implicações de ordem lógica, são apenas uma sequência não necessariamente redutível a uma fórmula analítica. Temos, ainda, os *sistemas cibernéticos*, circulares, que têm uma outra estrutura. Ou seja, quando falamos de sistema, não necessariamente temos que colocar o termo entre aspas. Meu mestre, Theodor Viehweg (Tópica e Jurisprudência), colocou a noção de sistema em contraposição à noção de problema. Ora, refletindo um pouco sobre isso, entendo que *sistema*, olhado do ponto de vista da tópica, é um *topos*, do qual não conseguimos escapar, mesmo admitindo, como Viehweg, que o pensamento jurídico seja problemático e não sistemático. Trata-se de um *topos* ainda forte na argumentação, que sempre volta de algum modo. Mesmo na dúvida, estamos sempre falando de sistema.

Feita essa preliminar, volto ao cerne da pergunta: como lidar com a observação, isto é, como os sistemas se constituem, que estrutura eles adquirem e como entra aí o momento do dever-ser? Trata-se de tema intimamente ligado a um momento de liberdade problemática, isto é, um poder contrariar o sistema submetendo-se ao seu foco, nem que seja pela contraposição de um sistema a outro. Seja como for, quando nós entramos nesse universo, eu tenho, de fato, duas perspectivas, olhando agora do ponto de vista do Direito, para as quais venho chamando a atenção: a *perspectiva dogmática* e a *perspectiva zetética*.

Assim, para começar, vocês falaram do sociólogo ou do filósofo-Tercio, que põe em questão a hipótese de estrutura única do sistema no campo jurídico. Com efeito, tal como ela é desenhada no *topos* sistema usado na argumentação, vale dizer, quando se aplica sistema, consciente ou inconscientemente, por exemplo, quando se recorre de uma sentença em termos de embargos de declaração, diz-se que ela é contraditória, pedindo-se para que seja *sanada*. Aqui se está usando sistema como *topos*, como um lugar comum, que até impõe uma exigência, como a não-contradição. Se é uma não contradição estritamente analítica, a exigência tem uma outra dimensão, ligada a uma *força* persuasiva e mais, criptonormativa (o juiz pode negar a contradição, mas não pode, ao reconhecê-la, mantê-la). É o que se percebe também, nesse movimento teórico chamado neoconstitucionalismo ou ponderação de princípios, em que o uso da expressão "princípio" ainda tem essa carga semelhante a uma espécie de premissa maior, forte, da qual se extraem consequências fundantes para uma decisão (do balanceamento de princípios a um princípio diretor para o caso). Ou seja, percebemos que, mediante ponderação de princípios, o uso da noção de sistema tem ainda uma função: uma constituição é articulada mediante princípios articulados a fim de guiar a decisão, seja em que campo for. É, no campo jurídico, de um modo ainda recorrente e muito forte, o que chamaria de uso dogmático do *topos* "sistema". Isso responde de certo modo aquilo que vocês estão chamando de *mundo como deve-ser* (plano *deôntico*). Talvez um dever-ser que emerge da própria doutrina, enfim, que faz parte desse saber jurídico que se transmite intuitivamente por meio dos outros lugares comuns e que se aprendem quando se começa a estudar, desde o primeiro ano de uma faculdade. Nós vamos sendo conformados a pensar assim. E isso acaba por tornar o sistema uma espécie de dever-ser mental, desde o século XIX, discutido quando se pergunta se a doutrina é ou não é fonte do Direito. Sem entrar nessa discussão – se é fonte ou não – nela pesa o papel do sistema em termos de dever-ser.

Então, respondendo à pergunta: em nome da observação ôntica ou, como eu chamaria, zetética, seria possível concluir que, atualmente, o dever-ser sistemático fica enfraquecido? Não necessariamente. Ao contrário, acho que até se fortalece. E, curiosamente, se fortalece mesmo entre aqueles que aparentemente rompem com o rigor analítico que se espera de um sistema escalonado. Se olhamos para obras que lidam com a teoria da argumentação, percebe-se que elas acabam, por assim dizer, bem ou mal, com ou sem rigor, fazendo uso de uma perspectiva de dever-ser sistemático. É o caso de obras, como, por exemplo, o Tratado da Argumentação, de Chaïm Perelman,[116] pelo menos no

---

[116] PERELMAN, Chaïm; OLBRECHTS-TYTECA, Lucie. *Tratado da argumentação*: a nova retórica. São Paulo: Martins Fontes, 2002.

sentido forte de que há um caminho do qual não se deve e não se pode apartar.

Mas a questão proposta é mais extensa. Quando se examina esse dever-ser sistemático, qual sua estrutura? De uma perspectiva ôntica, como vocês a chamam, ou zetética, começamos a perceber a necessidade de recolocar o tema do sistema, para descobrir, apesar daquilo que se invoca, o que, de fato, está acontecendo. É quando eu uso a expressão "rizoma", a hipótese de um sistema rizomático, falando de um ponto de vista zetético, não de um ponto de vista dogmático. E não estou tão longe da linha primitiva de Kelsen, quando falou da ordem escalonada. Kelsen diz, na "introdução" à sua Teoria Pura do Direito, que pretende tratar de uma teoria do Direito, não de uma dogmática jurídica; ou seja, trata-se de uma perspectiva teórica, não de uma proposta de método doutrinário, ainda que se pudesse transformar essa posição teórica em uma posição "dogmática". Aliás, foi o que aconteceu com a obra dele. Ela foi "dogmatizada": o Direito é assumido, metodicamente, como ordem escalonada, um sistema em forma de pirâmide, porém, dogmatizado; enquanto dogmatizado, há de se respeitar as consequências: a Constituição é norma fundamental que *tem que* preponderar; se um regimento fala que a decisão é colegiada, não deve haver essa decisão unilateral; se o recurso é admissível, não deve ser negado. Enfim, a ordem escalonada torna-se, ela própria, dever-ser, dever-ser doutrinário criptonormativo. Mas, atento ao próprio Kelsen, quando diz falar na perspectiva de *entender* o direito como sistema e o sistema jurídico como ordem escalonada, diria algo parecido: observando o que está acontecendo no mundo de hoje, no plano dos fatos, no modo como o sistema se revela ou se manifesta, o rizoma parece uma explicação do modo de pensar juridicamente na atualidade; o que não quer dizer que eu esteja pregando um método, que doravante tenhamos que estabelecer regras rizomáticas *para aplicar* o Direito.

Esse "sistema" rizomático é caracterizado não por ser um sistema de "textos", mas de *"hipertextos"*, presidido pelos princípios. Com isso, afastamo-nos de toda uma tradição que transformara a *matéria* em sentido, o *conteúdo* em expressão, o *processo social* em sistema significante (Hegel), que reduz superestrutura a infraestrutura (Marx), estrutura superficial em estrutura profunda

(Chomsky). Ao levar em conta essa perspectiva, abandonamos o modelo da *árvore*, da ordem linear dos elementos linguísticos, do tronco que se enraíza e da raiz presente até a última folha, para entrar no modelo *rizoma*, cujos elementos não possuem mais ordem linear fixa, conforme Deleuse/Guattarri. No modelo da árvore (em sede jurídica, da ordem escalonada, da pirâmide), somos sempre levados à busca de uma constante, a um ponto inicial (centrípeto), preferentemente a um movimento centrífugo. No modelo do rizoma, percebemos que uma "variável" pode ser contínua em uma parte de seu trajeto, depois saltar ou pular sem que sua variação contínua seja por isso afetada, como se vê, por exemplo, num quarteto de Beethoven, em que a variação se libera e se transforma em criatividade. Ou, mais ainda, a música produzida por um sintetizador, da qual até mesmo os furos, os silêncios, as rupturas, os cortes fazem parte de um "sistema", por assim dizer, sobrelinear. É como se tomássemos, por exemplo, a noção de maioria/minoria de tal modo que maioria seja antes o resultado um estado de poder e de dominação e não ao contrário, isto é, como se um estado de poder resultasse de uma maioria. Nesse sentido se entende a possibilidade de dizer que o "homem" (varão) é maioria mesmo sendo menos numeroso que as mulheres, o homem branco é maioria, mesmo quando menos numeroso que os negros etc.

No que se refere à materialidade da incorporação de sentidos, para além da modalidade oral e escrita, surge uma modalidade *virtual*, em que o discurso ganha uma configuração estética (ver, por exemplo, os *emojis*), um suporte matemático (algoritmos) e um contexto situacional, mas indeterminado. Nessa condição, lugares comuns adquirem antes um estatuto expletivo, sem vinculação organizadora. Ao invés de culminar em catálogos móveis e diferenciados de *topoi*, em que princípios se revelam antes como proposições diretivas (Leitsätze), os procedimentos interpretativos se direcionam por abduções mais que por deduções (por exemplo, partir de uma asserção cientificamente verdadeira para concluir numa direção que a falseia), a argumentação *aparece agora* como se o raciocínio jurídico obedecesse a uma nova "lógica", a *lógica do hipertexto*, desses textos eletrônicos cujas partes remetem a outros textos e a outras partes e a outros textos. Tudo é então possível de se ligar a tudo mediante *links*. Essa perspectiva inova consideravelmente, pois o hipertexto, como se percebe, livra o sentido do discurso da forma LIVRO e da autoridade do autor. O hipertexto desconstrói a escrita linear e a sugestão dessa de que as ideias são organizadas de modo homogêneo, pois torna explícita coexistência de diversas estruturas. Entramos numa forma de comunicação em rede. Na verdade, nem mesmo *rede*, mas formas de *nós em expansão*, para todos os lados. O que lembra um pouco o papel desempenhado pelas antigas notas de rodapé generalizantes para um texto com suas múltiplas referências, porém, agora tornadas texto (hipertexto).

Se isso pode vir a se tornar um padrão dogmático, e como isso é possível, essa é outra questão, que está nesse livro "A Superação do Direito como Norma".

AUGUSTO NEVES DAL POZZO E RICARDO MARCONDES MARTINS – No capítulo 3 do livro "*A Superação do Direito como Norma*", VV.SS. tratam da "*colonialidade do saber jurídico*".[117] A teoria do direito brasileiro, própria de um país que foi colônia de outro, vivenciou um processo de *transplante* e *assimilação* da teoria europeia.[118] Essa transposição muitas vezes implica uma importação desastrosa e sem reflexão de institutos como a delação premiada.[119]

Em relação ao Direito Administrativo, é possível dizer que até aproximadamente o meio da década de 1990, a doutrina brasileira era profundamente influenciada pelo Direito francês. Na cultura francesa, a Administração Pública é naturalmente vista como tendo *prerrogativas* em relação aos particulares, estando em uma *relação vertical* em relação a eles. Do meio da década de 1990 para cá, a doutrina brasileira passou a ser profundamente influenciada pelo Direito norte-americano. Na cultura inglesa e norte-americana, há uma dificuldade em dissociar a Administração Pública do particular, vislumbrando-se uma *relação horizontal* entre eles e uma tendência a negar as referidas prerrogativas. Essa diferença de culturas é

---

[117] FERRAZ JR., Tercio Sampaio; BORGES, Guilherme Roman. *A superação do Direito como norma, op. cit.*, p. 53 *et seq.*
[118] Idem, p. 54.
[119] Idem, p. 55.

emblematicamente apresentada na tese do professor José Guilherme Giacomuzzi ("Estado e Constituição"), destacando-se, logo no início, a conversa com seus orientadores, os professores Ettiene Picard, francês, e Joshua Ira Schwartz, norte-americano, sobre os contratos administrativos.[120] Celso Antônio Bandeira de Mello, no apêndice ao seu curso, tece duras críticas a essa "americanização" do Direito Administrativo, a que ele denomina de "Neocolonialismo do Direito Administrativo Brasileiro".[121]

Dito isso, perguntamos: a insistência inglesa e norte-americana de submeter o Estado – sujeito que, por definição, não possui livre-arbítrio – ao mesmo regime das relações privadas não foi historicamente um *equívoco conceitual*? E mais, a importação dessa visão, para um país marcado por altos índices de corrupção, pela cultura do "jeitinho", como a ampla submissão da atividade administrativa ao direito privado, a retirada de prerrogativas da administração e a exigência de que ela faça, sempre, acordos (*administração consensual*), como os acordos processuais e a generalização da delação premiada – esta última criticada no livro – não atenta contra a própria realidade brasileira? Como aproveitar o desenvolvimento científico estrangeiro sem a incorporação de conceitos e institutos incompatíveis com a realidade nacional?

TERCIO SAMPAIO FERRAZ JUNIOR – Em primeiro lugar, uma observação, que, no fundo, é uma pergunta: nós estamos, se eu entendi, girando em torno desse sentido criptonormativo da doutrina? A pergunta tem um tom mais de um observador – "o que está acontecendo"? –, mas tem também o outro tom – "o que é melhor, o que deveria ser, como lidar com isso"? Os dois momentos estão aí presentes. Feita essa observação preliminar, a respeito do próprio colonialismo, eu me lembro de haver lido – não me lembro onde li ou por parte de quem: um europeu, um alemão? – um comentário, que, olhando o desenvolvimento do Direito nas

---

[120] GIACOMUZZI, José Guilherme. *Estado e contrato*: supremacia do interesse público *versus* igualdade – um estudo comparado sobre a exorbitância no contrato administrativo. São Paulo: Malheiros, 2011, p. 20-24.

[121] BANDEIRA DE MELLO, Celso Antônio. *Curso de Direito Administrativo*. 35. ed. São Paulo: Malheiros, 2021, p. 998 *et seq.*

Américas, mas, mais amplamente, o desenvolvimento cultural nas Américas, emitia uma opinião, talvez preconceituosa, no sentido de que os Estados Unidos da América conseguiram desenvolver uma cultura própria, mas a América Latina não conseguira. Inclusive talvez a isso se pudesse até acrescentar a língua, a língua inglesa falada nos Estados Unidos, razoavelmente diferente da língua inglesa falada na Inglaterra. Tudo bem que há dialetos, o que é a língua inglesa, aquela no padrão Oxford? Independente disso, a observação de que os EUA tinham desenvolvido uma cultura própria apontaria para o fato de que, pensando em termos de filosofia, os americanos teriam desenvolvido perspectivas filosóficas próprias, diferentes das perspectivas que nasceram e cresceram na Europa insular e continental. Por exemplo, o pragmatismo, algo que na América Latina não teria surgido. Lembro-me, a propósito, do empenho do professor Miguel Reale para mostrar uma filosofia brasileira autêntica. Existiria uma filosofia que pudesse chamar-se filosofia brasileira? Com alguma autenticidade? Em contraposição a Miguel Reale, João da Cruz Costa, que foi também meu professor na FFCL da USP, dizia que os filósofos brasileiros seriam simplesmente reflexos daquilo que acontecia na Europa. Uma filosofia brasileira, dizia Cruz Costa, estaria antes na literatura, nela com alguma coisa propriamente autêntica, um produto de dentro para fora, não uma mera importação colonial.

Em outras palavras, olhando agora para o Direito, embora possamos falar do Direito anglo-saxão, o *anglo-saxão* na América seria diferente, tomando rumos próprios. Ao contrário, nesse sentido, embora exista um direito pátrio, sua percepção e elaboração doutrinária talvez tenham permanecido colonial.

Bom, para introduzir e mostrar que a pergunta envolve certa polêmica, ou, pelo menos, discussão, acho que é inegável um fato: nenhum dos países latino-americanos se tornou ele próprio colonialista em face de outros países. Os Estados Unidos da América, ao contrário, tornaram-se, eles próprios, colonialistas. É fato a existência de um colonialismo cultural americano. Se, para ser colonialista, é necessária uma autenticidade – e essa é a outra interrogação –, nem que por força de seu poder econômico, os EUA foram ou são colonialistas. Inclusive nos exemplos que vocês trouxeram em sede do Direito Administrativo, é hoje, inegável, a presença importada das agências reguladoras, a conformar o perfil constitucional de nosso *estado regulador*. Existe, de fato, uma influência, no campo administrativo e em outros ramos jurídicos também (no Direito Comercial, por exemplo), *a colocar, senão entre parênteses, pelo menos em sombras, a influência francesa*. Essa, a segunda observação em torno da sua pergunta.

Terceira observação: como se manifesta o nosso espírito de colonizado e não de colonizador? Aqui também há um fato que não dá para ser ignorado. Eu me lembro de um ilustre amigo meu, ex-ministro do Supremo Tribunal Federal, Nelson Jobim, que, conversando comigo a respeito de nossos trabalhos doutrinários, dizia-me: "Nós sempre citamos algum autor estrangeiro, porque isso é que dá prestígio. Citar os nacionais dá menos prestígio". A observação pode chocar, mas tem algo de verdadeiro. É claro que, junto aos nossos tribunais, se você citar um reconhecido administrativista, o nosso grande Celso Antônio, que vocês mencionaram, não há dúvida de que que isso dá prestígio. Ou seja, nós temos também internamente aqueles autores que são citados e que têm prestígio nas cortes. Isso é inegável. Mas quando você escreve uma dissertação de mestrado ou uma tese de doutoramento, a presença da literatura estrangeira não só é uma exigência, como é uma exigência forte, uma espécie de compromisso com o estar no mundo, uma obrigação de respaldar o que aqui se diz internamente com o que se diz externamente. E você discute, com ela, as posições doutrinárias internas. Parece-me que isso também é inegável, sendo, talvez, uma forte manifestação do *ser colonizado*.

Quarta observação, entrando um pouco no que significa uma absorção colonial: ela não se dá apenas em termos de erudição, produção cultural, de citações ou de incorporação de influências. Um pouco em defesa do que nós vivemos, a observar com olhos críticos, não em termos de "dever-ser", não em termos de "americanização" do Direito Administrativo, do que Celso Antônio denomina, criticamente, de "Neocolonialismo do Direito Administrativo Brasileiro", mas olhando a própria história do Direito brasileiro e, particularmente, no campo do Direito Público, digamos, a nossa condição colonial nunca deixou de existir. Vocês, como estudiosos da área, têm toda razão em assinalar a influência francesa no Direito Administrativo. Acho que isso é inegável. Mas, por outro lado, também não se pode negar a influência forte que o Direito Constitucional brasileiro teve da tradição americana, por exemplo, em Ruy Barbosa. É inegável isso. São fatos a engendrar situações um pouco paradoxais: uma absorção colonial que, ao provocar dificuldades, constitui também uma forma de libertação, e que se vai aprendendo ao conviver, com elas se ajeitando – não quero falar em "jeitinho brasileiro". A distinção/relação entre administração e vida social, de modo geral, aos moldes franceses, não é nunca por inteiro. Nunca fomos franceses inteiramente, nunca tivemos um tribunal como o Conselho de Estado na França. E quando falamos de tribunal administrativo, é uma experiência internamente vivida. Lembrando que a ideia de Corte Constitucional, na França, demorou a se implementar; embora os franceses tenham tido Constituição desde a Revolução Francesa, a ideia de uma Corte Constitucional demorou muito mais; nos Estados Unidos, surgiu muito mais rápido. Daí, talvez, a percepção de que o Direito Público brasileiro se tenha desenvolvido mais como uma espécie de amálgama de influências francesas e americanas, estas com um pé em nosso constitucionalismo, que governa nosso administrativismo afrancesado. Vejam, por exemplo, como nossa percepção do princípio da legalidade oscila entre posicionamentos formais e flexibilidades situacionais, caso, por exemplo, do julgamento no STF a propósito de possibilidade de aborto para além do previsto no Código Penal.

 Eu diria, então, nessa quarta observação, que, apesar desse nosso espírito colonial, a absorção se deu com amálgamas, que se foi aprendendo a integrar e superar por nossa conta. A superação é, sem dúvida, complicada, quando, por exemplo, se toma como paradigma autores administrativistas franceses para uma situação que não é exatamente a mesma, pela necessidade que se tem de conciliar com uma tradição constitucionalista à moda americana. Então, acho que a absorção que fizemos da cultura estrangeira, colonialista, seja a francesa, seja a americana, sempre nos obrigou a encontrar algum sentido apropriado para a nossa realidade.

 No livro, a intenção era tocar na falta de sensibilidade de nossa cultura europeizada para problemas nacionais. Apesar, porém, de o livro ter sido às vezes cáustico em algumas observações, não chego a desprezar certa forma de absorção.

Acho até que os nossos grandes autores "colonizados" têm uma característica importante no Brasil: eles foram cabeças que leram a literatura estrangeira, mas leram diretamente os textos consagrados, *absorvendo* posições. Impressiona quando se lê, por exemplo, Clóvis Beviláqua. Ele não está simplesmente reproduzindo aquilo de que fala, mas vai às fontes, lê e discute, compara com outros e daí olha para a nossa realidade. Pontes de Miranda, Orlando Gomes, Celso Antônio Bandeira de Mello são outros exemplos. Isso é fantástico. Um problema que posteriormente viemos a perceber e que, de certo modo, acabou por motivar o livro mencionado, é, no momento em que vivemos, esse modo de absorção ocorrer muito indiretamente, aí sim, submetendo-se à cultura colonizadora. Digamos assim: quem do século XXI ainda vai ler, por exemplo, Savigny com aquela disposição, discuti-lo, valorizá-lo ou desvalorizá-lo? Não lê! Lê aquilo que disseram os nossos antigos autores, que o leram, mas termina com comentários por empréstimo. E, assim, acabamos ficando prisioneiros em um universo colonial ruim. Fazendo uma observação mais cáustica: ruim, porque se fica em uma espécie de marasmo, a reflexão cai e resvala para argumentos de autoridade meramente por prestígio. Quando se denuncia o colonialismo, é esse fenômeno que está na base da crítica. Talvez seja também – presumo – o que diz o professor Celso Antônio ao criticar esse *neocolonialismo*. Enfim, o que choca é o deslumbramento, reduzido, às vezes, a frases, sem pensar no conjunto ou sem esforço de pensar os problemas tais como aparecem lá e cá, seja na França, seja onde for. Acho que isso é uma forma de colonização que tem efeitos bem diferentes da "colonização" de cento e tantos anos atrás.

Quanto ao problema especificamente mencionado de "americanização" do Direito Administrativo, penso, do ponto de vista do dever-ser doutrinário, que o cuidado não é simplesmente afastar a influência americana. Ela existe igualmente na Europa continental com toda sua tradição romanística. Aliás, é consenso que o modo de pensar americano está entrando dentro do modo de *pensar* o Direito. Não é um fenômeno só brasileiro.

Teubner[122] chama a atenção, dentre os fenômenos correntes em nossos dias, para a forte expansão atual do Direito dos juízes

---

[122] Em *Paradoxien der Verfassung*, 2014. O texto, traduzido, foi publicado no Brasil: TEUBNER, Gunther. *Autovinculação exógena*: como subsistemas sociais externalizam seus paradoxos

(também conhecido como *ativismo judicial*), justamente no contexto da tradição romano-germânica, que, a meu ver, parece significar o fim do Direito dos códigos e o lugar espaçoso que em seu lugar ocupa a jurisprudência.

Particularmente em relação à diversidade dos direitos e dos sistemas, foi a sua pergunta final, como como lidar com uma administração no modo americano de vê-la, e no modo brasileiro de trabalhar, com a retirada de prerrogativas da administração e a exigência de que ela faça, sempre, acordos (*administração consensual*), como os acordos processuais e a generalização da delação premiada. Afinal, será que ao modo francês com todos os privilégios conferidos ao Estado, como vocês mencionam, não haveria uma garantia maior tendo em vista as nossas próprias condições?

De novo, para ficar talvez em um lugar comum, sabemos que a administração no direito americano, e, de certo modo, no direito inglês, sempre foi pensada de outra forma. A expressão "agência" é uma expressão forte nesse cenário. Hoje acabamos trazendo as agências para dentro de nossa administração, dentro da qual elas teriam uma funcionalidade importante: tornar-se organismos estritamente técnicos. O problema brasileiro é que não vamos exatamente por esse caminho. Talvez porque, entre nós, a relação entre administração e política tenha uma forma muito peculiar, o que levanta dificuldades conhecidas.

Em nossa tradição, europeia de modo geral, cuja tradição mais centralista sempre encarara a administração a partir dos interesses da Coroa, tendo por paradigma o Fisco como entidade arrecadadora e mantenedora do patrimônio do rei, a distinção entre a administração e a política, uma voltada para os interesses do Estado, a outra para os interesses individuais e sociais, conduziu a um sistema jurídico homogêneo, no qual o Estado seria antes uma espécie de sujeito jurídico dotado de forte importância. Isso leva ao que chamamos de *estado de direito*, basicamente um conjunto de órgãos e funcionários submetidos a uma legalidade própria,

---

de fundamentação. *In*: TEUBNER, Gunther; CAMPOS, Ricardo; VICTOR, Sérgio Antônio Ferreira (orgs.). *Jurisprudência sociológica*: perspectivas teóricas e aplicações dogmáticas. Tradução de Geraldo Luiz de Carvalho Neto e Gercélia Batista de Oliveira Mendes) São Paulo: Saraiva, 2020, p. 159-193.

a legalidade estrita, submetida, por sua vez, a procedimentos e recursos próprios, outros até mesmo "eleitos" por convenções locais. Nos Estados Unidos, por conta dessa alta complexidade da atividade administrativa, impossível de ser dominada por saberes genéricos e formais, explica a ideia de especialização em áreas de atuação demarcadas, nas quais o conhecimento técnico exige uma formação especial. Em consequência, a independência de grande parte delas tornou-se corolário do alto grau de discricionariedade técnica de seus atos regulamentares que, então, supunham-se politicamente neutros, se comparados com a atividade legislativa do Congresso.

Ora, a criação de agências entre nós, com atribuições técnicas, de suposta neutralidade política, mais voltadas para a eficiência das regulações e, necessariamente, independentes, com poderes quase legislativos: *problema da reserva de lei*, quase regulamentares: *problema da competência privativa do Presidente da República*, e quase judiciais: *problema dos limites do contencioso administrativo*, acabou por esbarrar em conhecidos óbices. Trata-se de uma configuração que, obviamente, contraria a posição tradicional e conservadora do Direito brasileiro. Lembro, a propósito, a doutrina francesa, que, ao tratar da responsabilidade objetiva (*sans faute*) da Administração, falava apenas de duas tendências: a) a civilista, que aplica a teoria do risco para explicar a responsabilidade, pressupondo que a Administração também "tira vantagens" de sua atividade, decorrendo daí um risco assumido, tendo em vista a correlação vantagem/encargos; b) a publicista, que aplica o princípio da igualdade de todos perante os atos decorrentes de encargos públicos para justificar a responsabilidade por atos que ofendam o princípio.

Pois bem, um Direito Administrativo voltado para agências tem por característica disciplinar a atividade administrativa *nos seus resultados* e não apenas na sua consistência interna (legalidade estrita, moralidade, impessoalidade). Por assim dizer, *para fora* e não *para dentro*. Isto é, não impõe apenas *limites* (condição formal de competência) mas impõe *resultados* (condição material de atuação). Por seu intermédio, a atividade administrativa continua submetida à legalidade, muito mais, porém, à legalidade enquanto relação solidária entre meios e fins e pela qual se responsabiliza o administrador. Isso exige que a administração, em vista do mercado, seja dotada de competências reguladoras de natureza técnica e especializada sob pena de paralisia. Idealmente, isso pode acontecer e até ter efetivamente acontecido, mas, de fato, acaba por exacerbar conhecidos problemas de *captura* do interesse público pelo interesse privado, donde o risco de corrupção.

Como lidar com o *lobby*, nos Estados Unidos regularizado, mas aqui ainda fortemente ligado a interesses pressupostos como escusos? Enfim, acho que a pergunta sobre o que seria melhor não passa pelos paradigmas que adotamos, mas passa por nós mesmos, quando aplicamos os paradigmas.

AUGUSTO NEVES DAL POZZO E RICARDO MARCONDES MARTINS – Ainda sobre a temática do *colonialismo cultural*, essa *cultura do colonizado* e do *colonizador*, foi bem delineada por Albert Memmi ("Retrato do Colonizado Precedido de Retrato do Colonizador"[123]). O autor aborda, por um lado, o "amor pelo colonizador" e o "ódio a si mesmo", próprios do colonizado, e, por outro, a impossibilidade de assimilação, porque depende da "aceitação do colonizador", que sempre recusa o colonizado como igual a si. Memmi observa o quanto é difícil ao colonizado e ao colonizador romperem com as respectivas culturas.

Pois bem, pode-se, de algum modo, afirmar que a obra "A Superação do Direito como Norma"[124] representa uma reação do Prof. Tercio à *cultura de colonizado*, que, tal como todo jurista brasileiro, de certa forma, presidiu seu pensamento? Como fazer para que nesse enfrentamento não haja *xenofilia* –apreço ao estrangeiro –, mas também não haja *xenofobia* – aversão ao estrangeiro? Como o pensador brasileiro consegue realizar a leitura de um livro estrangeiro de Teoria Geral do Direito sem o "olhar do colonizado"?

TERCIO SAMPAIO FERRAZ JÚNIOR – Começando com uma observação preliminar, que não tem diretamente a ver com a pergunta, mas é uma observação que talvez jogue alguma luz sobre

---

[123] MEMMI, Albert. *Retrato do colonizado precedido de retrato do colonizador*. Tradução de Marcelo Jacques de Moraes. Rio de Janeiro: Civilização Brasileira, 2007.
[124] FERRAZ JR., Tercio Sampaio; BORGES, Guilherme Roman. *A superação do Direito como norma, op. cit.*

isso e sobre a discussão que segue, a expressão "colônia" é uma expressão latina que vem dos tempos romanos. Na Alemanha, não por acaso, há uma cidade chamada Colônia. O Império Romano foi, na antiguidade, o primeiro império colonizador. Conhecemos outros grandes impérios na História, mas não colonizadores. Os persas constituíram grandes impérios. Os gregos, de modo geral, Esparta e Atenas, quando se uniram, também foram impérios, expandiram-se. Alexandre conquistou o mundo de então e espalhou o helenismo. O Egito foi um grande império. Nenhum deles, no entanto, foi colonizador. Uma característica do Império Romano, que acabou criando a expressão e a estrutura própria do que significa *colônia*, foi, porém, algo peculiar, que não se repetiu mais tarde, quando se voltou a falar de império colonizador. Isso é muito interessante, pois a contraposição forte entre o colonizador e o colonizado foi razoavelmente atenuada no espírito romano. Tanto que o olhar de Roma sobre as suas colônias não era um olhar puramente de dominação armada, isto é, não era um olhar exclusivamente de dominante para dominado. Tanto que tivemos césares oriundos de colônias; seguramente, não nascidos em Roma. Ao contrário do que aconteceu mais tarde com os povos colonizadores modernos, Roma se expandia, olhava o mundo como uma grande Roma, tudo era Roma. Colônia romana era Roma como o era a *civitas* no Lácio. Com a queda do Império Romano, com o advento da Idade Média, com a Era Moderna, surge um outro espírito. Essa é uma primeira observação a respeito da noção de *colonizar*.

Quando pensamos em grandes colonizadores a partir do século XVI, o que temos no século XIX para o século XX, faz-nos pensar, sem dúvida, nos franceses, nos britânicos (e hoje, por extensão, nos norte-americanos); como impérios colonizadores, portugueses, espanhóis e holandeses decaíram. Os alemães não foram fortes colonizadores, aliás, uma das razões a explicar a expansão, pelo nazismo, do *Lebensraum* (o espaço vital), numa tentativa de se tornar algo como o império britânico. Claro que, de um lado, sem fazer dos povos dominados *alemães*, mas, de outro, uma forma "germanizar" o mundo, mediante um espírito de superioridade *ariana*. Esse espírito é, com outra nuance, um espírito que está por detrás do caráter do colonizador em face do colonizado; com características diferentes do nazismo, o que conta, no limite, um mais ou menos ostensivo desapreço pelo colonizado.

A frase atribuída a São Paulo, quando é condenado a morte, na cruz: "*civis romanus sum*", "sou um cidadão romano", pois a morte na cruz era infamante, apelo aceito, foi decapitado, e isso porque era romano, embora não tivesse nascido em Roma, é um exemplo bem característico da colonização romana. É essa a situação que, embora tenha traços comuns com o mundo do século XIX, do século XX, e, ainda, do século XXI, parece não existir hoje na relação do colonizador em face do colonizado e vice-versa. Daí uma ambiguidade que se revela, por exemplo, no filme "Gandhi",[125] quando ele se dirige à autoridade policial britânica e, por liderar uma manifestação pública, violando ordens formais do colonizador que, politicamente, tenta evitar as repercussões mundiais de sua eventual detenção, e diz: "prenda-me!". O policial lhe responde: "Não, não vou prendê-lo". Ao que Gandhi responde: "Sou um advogado, formado em Oxford, o senhor tem a obrigação de me prender". Note-se que ele não diz: "eu sou britânico", diz que é um advogado formado em Oxford. Quer dizer: "eu conheço a sua cultura, o senhor é obrigado a me prender". Ou seja, ainda que tudo ocorresse sob o guarda-chuva de um grande império, nele cada um era cada um. Por razões políticas, isso se atenuou na expressão da *Commonwealth*, uma associação internacional do Reino Unido, juntamente com estados que antes faziam parte do império britânico e dependências. Isso, porém, não chegou a alterar a relação colonizador-colonizado, mistura de *xenofilia* –*sou formado em Oxford* –, mas também de *xenofobia* – *prenda-me, porque pretendo desarticular seu domínio* – em face de uma relação de superioridade e inferioridade.

Então sua pergunta: como lidar com isso? Acho que em parte já avancei sobre esse tema, na resposta anterior. Como absorver sem se submeter? A absorção insubmissa, do ponto de vista das condições de desenvolvimento técnico, tecnológico e científico, até por força de condições econômicas, é muito complicada, é difícil. Por exemplo, sabemos, nos Estados Unidos, logo no pós-guerra,

---

[125] GANDHI. Produção de Richard Attenborough. Londres: Goldcrest Films, 1982, 3h10min.

da quantidade de cientistas que foram levados para lá, da própria Alemanha, para formar a base de um desenvolvimento tecnológico que acabou surtindo um grande efeito. Eles tiveram, é verdade, os meios econômicos para fazer isso. Uma nova linguagem surgiu, centrada num novo termo: *desenvolvimento*. Lembro que foi no começo da década de 50 que o economista Colin Clark vulgarizou a ideia e o termo, de tal modo que *"desenvolvimentismo"* se tornou a ideologia da época, primeiro, ocupando espaços na fronteira econômica, para, depois, ultrapassá-la, estendendo-se a todos os domínios da atividade humana. E, em tudo, o nascimento da hegemonia norte-americana, do *american way of life*, que, aliás, prenunciava o que hoje se chamaria de pós-moderno.

No Brasil, na década de 70, um dos grandes problemas dos então chamados *países subdesenvolvidos* parecia localizar-se, justamente, na obtenção de um razoável crescimento econômico nos quadros de um equilíbrio político, razoável e desejável. As sociedades subdesenvolvidas pareciam verdadeiros corpos informes e assim socialmente nivelados mediante dominações autoritárias. Daí a dificuldade de fazer prevalecer interesses que transcendessem os dos indivíduos pertencentes aos grupos dominantes e, com sua anuência, submetê-los a regras objetivas do jogo social nos moldes dos países desenvolvidos. Donde a ideia corrente, naqueles anos, encaminha-se para a estratégia de, inicialmente, conquistar as necessárias bases econômicas para, então, reformar o político e o social. Infelizmente, essa condição não nos levou a uma absorção insubmissa.

Recordo o que aconteceu em passado recente com relação a professores estrangeiros. Eu me lembro de uma legislação obtusa que criava problemas para manter sob contrato o professor estrangeiro, embora, no seu começo, a USP tivesse nascido com professores estrangeiros. Esse é um bom exemplo do que deveria ser feito, mas que não fecundou. Como se, aos olhos do colonizado, olhando para o Brasil, cultivássemos uma expressão de admiração/ não-admiração.

Meu encontro com os grandes trágicos gregos me ensinou que a palavra *philos* (amigo) expressa muitas relações. *Amigo* altera ligeiramente seu sentido na dependência de como se qualifica o outro. Com efeito, *philein*, o verbo, ora se traduz por 'amar', ora 'sentir afeição por', ora 'comportar-se de modo amigável', mas também 'assumir o papel de anfitrião' - 'ser hospitaleiro', 'dar o devido tratamento a um hóspede'. Nesse último caso também se fala do comportamento que incumbe a um membro de uma comunidade com relação ao 'estrangeiro' (*xenos*), o 'estrangeiro hóspede', sendo a relação recíproca entre *xenos* (estrangeiro) e *xenos* (hóspede) uma espécie de fundamento institucional da noção de *philos*.

Acho que nossa relação colonizador/colonizado, que, de alguma maneira, vivemos até hoje, não só no Brasil, mas na América Latina de modo geral, é uma relação ainda não totalmente resolvida. Somos *philos* quando integramos o estrangeiro (*xenos* estrangeiro e hóspede) em nosso ambiente: admiração insubmissa. Mas o mantemos, enquanto fora e distante, numa condição superior de admiração submissa, o que mostra o problema de conciliar uma relação "amor e ódio" entre o superior e o inferior, o colonizador e o colonizado.

O professor Miguel Reale sempre dizia, pelo menos no campo da Filosofia do Direito, que o modo de se lidar com isso seria deixar absorver para deixar-se absorver, num esforço de transformar aquilo que se absorve a partir de si próprio. Não há necessidade de criar alguma coisa absolutamente original, até porque toda originalidade sempre tem alguma referência, nada é puramente original. Talvez seja esse o caminho.

AUGUSTO NEVES DAL POZZO E RICARDO MARCONDES MARTINS – No capítulo 3 do livro "A superação do Direito como Norma", V. Sas. examinam a imposição da matriz justeórica europeia tendo em vista o direito indígena.[126] A pesquisa indica que existe um verdadeiro "direito indígena", que foi simplesmente desprezado/silenciado pelo "direito oficial". O "giro descolonial" dar-se-ia por "ver" e "ouvir" o outro, dando-lhe voz, por meio de uma análise zetética, com ênfase na pergunta. O capítulo 4 do livro propõe uma *reflexão erotizada* e um *"discurso de transgressão"*.[127] A perspectiva "erótico-política da pedagógica",

---

[126] FERRAZ JR., Tercio Sampaio; BORGES, Guilherme Roman. *A superação do Direito como norma, op. cit.*, p. 53 *et seq.*
[127] Idem, p. 113 *et seq.*

em que se opera um novo olhar sobre o outro, corresponde a uma "filosofia da libertação".[128] Logo, o *subalterno* – o negro, o homossexual, a mulher, o índio – deve conquistar um "lugar de fala". Faz-se necessário um "filtro descolonizador".[129] A teoria é testada por um exemplo concreto: um cacique acusado de ter estuprado sua enteada.[130] Propõe-se no livro uma "comparação de experiências jurídicas".[131]

O tema é rico e permite vários questionamentos. Quando Michel Foucault veio ao Brasil, nas conferências reunidas no livro "A Verdade e as Formas Jurídicas", ele observou que a ideologia não é um obstáculo ao conhecimento, mas um pressuposto do conhecimento.[132] É clara sua inspiração em Nietzsche, para quem "conhecer é reconhecer".[133] Pois bem, não é equivocado supor que um jurista que tenha estudado Direito, a partir da compreensão conceitual da matriz europeia, consiga, de algum modo, pensar o Direito sob outra matriz conceitual?

Do ponto de vista dogmático – e possível – mais do que supor a total revisão da própria visão de mundo do jurista, o que parece impossível, não seria o caso de, dentro da visão conceitual já implantada, atentar para as particularidades do outro? No exemplo: no processo penal instaurado para averiguar uma conduta típica de um indígena, realizar uma "escuta étnica processual",[134] como uma "perícia" realizada na instrução do processo, para nela se verificar até que ponto está ou não presente uma causa legal ou até extralegal de excludente de culpabilidade ou de tipicidade (*"atipicidade cruzada* ou *étnica"*)[135]? Vale dizer, em última análise, ainda que se atente para o "direito indígena", ele não será, sempre, analisado por meio do repertório conceitual do "direito oficial"?

---

[128] Idem, p. 119.
[129] Idem, p. 128-129.
[130] Idem, p. 139.
[131] Idem, p. 140 *et seq.*
[132] FOUCAULT, Michel. *A verdade e as formas jurídicas*. Tradução Roberto Cabral de Melo Machado e Eduardo Jardim Morais. Rio de Janeiro: NAU, 2002, p. 26-27.
[133] NIETZCHE, Friedrich. *A Gaia Ciência*. Tradução de Paulo César de Souza. São Paulo: Companhia das Letras, 2012, §355, p. 224.
[134] FERRAZ JR., Tercio Sampaio; BORGES, Guilherme Roman. *A superação do Direito como norma, op. cit.*, p. 149.
[135] Idem, p. 160.

TERCIO SAMPAIO FERRAZ JÚNIOR – Esse capítulo parte basicamente de uma experiência do meu amigo e ex-aluno Guilherme Roman Borges, que é juiz. Ele examinou esse caso, como juiz, e o trouxe para o livro. Nós conversamos; eu tinha escrito no passado um artigo a respeito das demarcações de terras indígenas, de como lidar com o problema do índio no Brasil, que é um problema antigo e peculiar.[136] Estudei um pouco termos que surgiram no Direito brasileiro a partir desse contato com uma experiência outra, por assim dizer; como é o termo "indigenato", que é uma expressão criada no Brasil para lidar com essa forma de posse, que acabou sendo aceita, penso eu, na Constituição brasileira, e que tem a ver com a chamada "posse imemorial", isso é, posse até mesmo sem presença. A posse está muito ligada à presença, nos termos do Direito Civil, sabemos disso. A posse imemorial, o "indigenato", mexe com a noção de posse do Direito oficial, ao mesmo tempo que levanta um problema – "como é possível haver posse sem estar ocupando?" –. O conceito elaborado por João Mendes Junior[137] não deixa de louvar a elaboração conceitual criativa, *indigenato* como um tipo *sui generis* de posse em contexto tipicamente brasileiro.

O caso de aplicação de nosso Código Penal a fatos ocorridos dentro de comunidades indígenas, sem se aperceber das diferenças culturais, é, por outro lado, um problema da práxis judiciária: como lidar com a conduta do cacique, acusado de estupro, aplicando a noção de Direito Penal dentro de uma comunidade marcada por costumes próprios? O tipo é ou não é caracterizável? Obviamente, pelo Direito oficial, o estupro está caracterizado, mas é possível descaracterizá-lo mediante um novo olhar?

Insisto na noção de "indigenato". O conceito de posse é um conceito do Direito oficial, elaborado desde os romanos; posse imemorial, sem presença, sem contato, é um desafio para esse conceito. A noção de indigenato, tal como foi proposta, é uma noção criativa e fecunda, porque dá conta simultaneamente do Direito oficial e tenta fazê-lo conviver com a realidade social e constitucional.

---

[136] FERRAZ JR., Tercio Sampaio. *A demarcação de terras indígenas e seu fundamento constitucional*. Revista Brasileira de Direito Constitucional, n. 3, p. 689-699, jan.-jun. 2004.
[137] *Os indígenas do Brasil, seus direitos individuais e políticos*, Tip. Hennies Irmãos, 1912.

Para dar um exemplo: o fato indígena (posse, indigenato) somente geraria, perante o Direito oficial, para os indígenas, direitos sobre determinada parte de terras se existir, na data da promulgação da Constituição Federal, ou seja, 05.10.1988, presença continuada; além disso, ditos direitos somente abrangeriam uma única e exclusiva etnia, ou seja, aquela mesma que estivesse naquele exato lugar, no referido marco temporal.

Ora, há situações que chamam a atenção, como a dos índios guaranis, que são, de certo modo, nômades. Dentro dos seus mitos, existe algo parecido com o mito judaico da busca da terra prometida, da busca do lugar "Canaã", o lugar, designado pela divindade, para onde se dirigem ao perambular pelo deserto. Os guaranis têm, mal comparando, algo parecido. Então, é terra deles – posse – aquele lugar que se projeta como lugar para onde vão e devem ir?

Convivemos com esse tipo de problema até no litoral do estado de São Paulo. Eu me lembro de consulta de fazendeiros, a dizer: "Estou na minha terra, adquirida há muitos anos, pelo pai do meu avô, e de repente aparece aqui um grupo de índios, guaranis, dizendo que a terra é deles" Aí aparece o problema: o Direito oficial e esse "outro". Pois sucede que, comprovadamente, aqueles índios não estavam lá em 05.10.1988, ano da promulgação da Constituição, só chegaram às mesmas terras em 2000, ou seja, doze anos depois da promulgação e, mais, trata-se de índios guaranis, enquanto os indígenas que estiveram naquele lugar do litoral paulista, até 1803 (duzentos anos atrás) eram comprovadamente tupis, portanto de uma outra etnia.

De repente aparece um grupo de índios guaranis e invoca-se a posse da terra. Esse tipo de problema, não só brasileiro, tem sido resolvido, no Canadá, nos Estados Unidos, mediante o instrumento das "demarcações", os marcos geodésicos e as placas sinalizadoras que devem separar os espaços interétnicos. Mas no caso dos guaranis, não parece dar conta inteiramente do problema, pois, em termos oficiais, posse imemorial é posse tão originária quanto permanentemente possuída e tradicionalmente ocupada. Numa forma analítica rigorosa, parece impossível lidar com os conceitos. Com São Paulo de Piratininga não se fala de posse imemorial. São Paulo, com todos os seus edifícios, não gera problema de demarcação. Mas na *área Terra Indígena Piassaguera*, sim.

A Constituição de 1988 lida com o tema, considerando a ocupação no momento de sua promulgação, "ocupada" no momento da promulgação. No seu contexto histórico, porém, o constituinte reconhece aos índios sua organização social, seus costumes, sua língua, suas crenças, suas tradições e seus direitos sobre terras que *tradicionalmente* ocupam (CF, art. 231). O art. 22, XIV refere-se a *populações indígenas* ou *comunidades indígenas* (art. 232). Trata-se de comunidades culturais, ligadas à raça (fator biológico), mas também a valores (crenças, costumes, língua, tradições). Pode-se falar, nesse sentido, em *etnias* presentes em territórios. *Presentes* fisicamente? Ou conforme sua tradição?

Como tais, os direitos e interesses dos índios dizem respeito à comunidade como um todo e a cada índio em particular enquanto membro do grupo gentílico. A CF (art. 232) fala em *índios, suas comunidades e organizações*, que não constituem uma nação dentro de outra. Essas organizações devem ser entendidas, assim, como *organizações de índios*, o que requer uma concepção de *sujeito jurídico sui generis*, pois a *organização* já implicaria um elemento associativo diferente da mera comunidade: a comunidade existe, a organização se constitui, com finalidades próprias, salvo se, à palavra, se atribua um sentido vulgar de mera articulação comunitária, *organização social*, como se fala no art. 231. São modos oficiais de falar, que exigem absorção inventiva de terminologia trazida de outras culturas e, assim, lidar com o imemorial. Uma absorção completa, como penso, é praticamente inviável, pelo menos do ponto de vista de uma lógica que, de formação estrangeira, preside o nosso raciocínio jurídico. Temos que usar muito da apreciação criativa (equidade?) no uso dos termos oficiais. Isso no olhar para a cultura indígena.

Mas se expandirmos o exemplo, e vocês, na formulação da questão, expandiram, essa forma de absorção, de fato, acaba ocorrendo por certos movimentos de ordem ideológica. Mas a ideologia não como um obstáculo ao conhecimento (distorção), mas como um pressuposto do conhecimento que tem a ver com o modo como se percebe as coisas. Um pouco à Foucault, na linha nietzscheana. Ou, como tenho sustentado em meus escritos, a ideologia, condição do conhecimento, não-deturpação.

Explico-me: uma ação típica do raciocínio humano é valorar, jogar com valores, se é justo ou injusto, se é bom ou ruim, se é bonito ou feio; estamos sempre valorando, faz parte do nosso modo de ver as coisas, a grande herança bíblica, o fruto proibido, saber distinguir o bem e o mal. Ora, a ideologia é um instrumento valorativo que dá unidade à valoração, ela permite criar um *sistema de valores*, de tal maneira que o bom, o justo, o útil consigam uma conexão entre si, permitindo controvérsia e persuasão. Pensar ideologicamente é pensar todos os valores numa forma sistemática, não necessariamente intencional. Esse tipo de percepção, que caracteriza a ideologia, faz dela condição do conhecimento. A língua é, nesse sentido, ideológica. As palavras têm peso e vão mudando. Conhece-se a palavra, que, por exemplo, em português, no Brasil, é chamada de "palavrão". Nós dizemos para a criança: "Não diga palavrão, é feio". O que é "palavrão", uma palavra grande? Não, certamente. É obviamente uma avaliação. A própria língua tem esses temperamentos; e é dentro de uma língua, com todos os seus temperamentos, que nascemos. Ninguém conhece fora da língua. Nesse sentido, pensar é pensar em uma língua, com seu componente ideológico que vamos aprendendo na família, no círculo de amigos, nas relações sociais. As valorações já vêm organizadas e, se ninguém as inventa, todos, a partir dela, aprendemos a usá-las. Mas também a restringi-las e expandi-las, organizá-las e desconstrui-las, ativando e desativando as ideologias que condicionam o conhecimento.

Com isso entendemos o problema mencionado (*ainda que se atente para o "direito indígena", ele não será, sempre, analisado por meio do repertório conceitual do "direito oficial"?*). Expandindo/restringindo, pensando os índios como minoria (a legislação brasileira diz que *aos índios e às comunidades indígenas se estende a proteção das leis do país, nos mesmos termos em que se aplicam aos demais brasileiros*),[138] pensando no que acontece hoje nessa expansão da própria noção de minoria e, por consequência, de direitos de minoria (que não têm, necessariamente, a ver com menor, com pequeno; por exemplo: as mulheres são maioria, mas são vistas como minoria, e, como minoria, têm direitos próprios e gerais), a questão da relação com o Direito no sentido oficial ganha sua repercussão. Se a língua é ideológica, o uso da língua se altera ideologicamente, é preciso

---

[138] Lei nº 6.001/73, art. 1º, parágrafo único, lei recebida pela Constituição.

atenção para expressões da língua aceitas, depois rejeitadas. Como percebemos em relação à homossexualidade, ou às distinções de gênero e cor. Há uma série de expressões que, antes usadas irrefletidamente, são deslocadas de uma posição *por cima* (aceitas) para uma posição *por baixo* (rejeitadas). Viram, por assim dizer, "palavrões" (politicamente incorreto, socialmente inadmissível e até crime). Ou seja, o *repertório oficial* é cognoscível e permite conhecer por comportamentos exteriormente reconhecíveis no mundo social, e não por um 'conhecimento jurídico' que tenha permanecido como mero termo oficial, sem se dar uma objetivação adequada que a torne objetivamente reconhecível. Daí a importância que revelam elementos paratextuais e contextuais. Com isso torna-se possível esclarecer, na pluralidade potencial de sentidos da linguagem empregada pelo Direito oficial, ao examinar o "direito indígena", qual deles deva prevalecer.

Feita essa observação, passo ao tema: que significa um olhar erótico, uma *reflexão erotizada* e um *"discurso de transgressão"*, em relação ao "outro"? Não significa necessariamente absorver inteiramente o Direito oficial dentro do *outro*. Até porque isso, no limite, traz problemas insolúveis, que só se resolvem, pragmaticamente, caso a caso. Afinal, por decreto, é possível alterar a gramática de uma língua, mas não sua semântica, menos ainda sua pragmática.

É nessa linha que se propõe um olhar erótico, como um instrumento importante para a reflexão jurídica. O olhar erótico não significa absorver o outro inteiramente tal como ele é, mas, em alguma medida, conviver com ele. "Conviver" não significa trazer para dentro da vivência individual, mas para uma vivência comum, de algum modo, sem que as barreiras sejam ultrapassadas. Consiste em ouvir e em sentir éticas paralelas, marginais, para-tradicionais, ditas, "subterrâneas", complexas e diversamente organizadas e pautadas em anseios e coexistências sociais dessemelhantes. Na impossibilidade de diálogo do Direito oficial em toda a sua plenitude (desde sua racionalidade até a incidência material de seus institutos) com situações novas, como a questão dos transgêneros, direitos de minorias, direitos laterais (quilombolas, indígenas, caiçaras, imigrantes etc.), significa abrir-se para novos atores sociais, novas práticas familiares (como as uniões plurissubjetivas e de amor livre etc.).

Em relação à mulher, por exemplo, não se pode imaginar que a percepção de direitos implique um *admirável mundo novo*. Veja-se, por exemplo, que a Constituição acabou com os chamados bens reservados da mulher, como era admitido nas constituições anteriores. Bens reservados da mulher, na forma como eram definidos, em termos de Direito Civil, seriam um privilégio, mas que, na leitura atual, diminui o *status* da mulher perante a isonomia? Como lidar com a mulher por sua condição de gênero? Pelo ângulo oficial, vislumbram-se duas possibilidades: partir do princípio constitucional de igualdade e postular um tratamento desigual das diferenças; é a construção de igualdades de fato mediante diferenciações ou desigualações jurídicas (proteção especial da mulher). Essa primeira possibilidade implica a aceitação da seguinte máxima: se há razão suficiente para um tratamento desigual, prevalece o tratamento desigual (supremacia da diferença ou exclusão positiva da isonomia). Ou considerar os direitos a prestações expressas para os diferentes como especificações da igualdade substancial entre todos, o que significa um modo de ver amparo à mulher como formas de "igualá-las" na medida das suas diferenças. Nessa segunda, a aceitação da seguinte máxima: se não há razão para permitir um tratamento diferente, então prevalece o tratamento igual (supremacia da igualdade *a contrario sensu*, isto é, inclusão negativa da diferença).

Com relação às populações indígenas, pelas duas hipóteses mencionadas, parece predominar a primeira: se há razão suficiente para um tratamento desigual, prevalece o tratamento desigual (supremacia da diferença ou exclusão positiva da isonomia).

Enfim, o olhar erótico para o outro, o ouvir e o sentir éticas paralelas é, nesse sentido, não acabar com o outro ao assimilá-lo, mas fazer com que ele consiga entrar no mundo oficial conforme o dele, de modo a fazer disso uma convivência. Que isso traz problemas, traz. Ouvir o outro está não apenas em caminhar junto com os propósitos de descolonizar, mas é antes um exercício radical de pensamento, desapegado de sua concepção oficial, sem ignorá-la.

O "grande princípio" seja talvez: "olhe com amor para o outro". Tente incorporá-lo, mas mantendo o que ele é. É a mensagem que está no livro.

AUGUSTO NEVES DAL POZZO E RICARDO MARCONDES MARTINS – O capítulo 4 traz à baila outra importante questão filosófica: da objetividade/subjetividade da valoração.[139] Kelsen sempre considerou que toda valoração seria subjetiva, vale dizer, dependeria da visão de mundo de cada um, seria um fato do pluralismo.[140] Por isso, foi coerente, não há que se falar em justo ou injusto no Direito, porque tudo dependerá, sempre, da opinião sobre o justo ou injusto do agente competente.[141]

Assentou-se na filosofia que os valores têm por característica básica a relatividade,[142] mas não é incontroversa a impossibilidade de uma *valoração objetiva*, que não dependa apenas da "opinião de cada um". Nesse sentido, a *"Ética"* de Max Scheler[143] ou de Nicolai Hartmann.[144]

A suposição de que toda *valoração* seja *subjetiva* não foi um dos maiores erros de Kelsen? Afinal, a injustiça de matar judeus nos campos de concentração deveria sê-lo não apenas para quem acreditasse nessa injustiça, mas para todos, independentemente das divergências. Vale dizer, não se faz necessária uma valoração passível de objetivação, que independa da opinião de cada um ou do pluralismo?

No livro, V. Sas. parecem defender o *relativismo cultural* e a *absolutização da subjetividade da valoração*. É isso mesmo?

TERCIO SAMPAIO FERRAZ JUNIOR – Primeiro, acho que tenho de retornar ao tema do "valor", recorrer à origem da expressão e, por consequência, de "valoração". Sabidamente, é econômica. A noção de "valor" e de "valoração" é adotada pela Filosofia, no

---

[139] FERRAZ JR., Tercio Sampaio; BORGES, Guilherme Roman. *A superação do Direito como norma*, op. cit., p.130-137.

[140] KELSEN, Hans. *O problema da justiça*. Tradução João Baptista Machado. São Paulo: Martins Fontes, 2003, p. 20.

[141] Idem, p. 70.

[142] Justamente, por isso, Miguel Reale lembra que eles se "implicam reciprocamente": "nenhum deles se realiza sem influir, direta ou indiretamente, na realização dos demais". (*Filosofia do Direito*. 19. ed., 3. tir. São Paulo: Saraiva, 2002, p. 189).

[143] SCHELER, Max. *Ética*. Traducción de Hilario Rodríguez Sanz. Madrid: Caparrós, 2001, p. 369-376.

[144] HARTMANN, Nicolai. *Ética*. Traducción de Javier Palacios. Madrid: Encuentro, 2011, p. 176-181.

século XIX, por conta da Economia e do seu desenvolvimento. Por conta dela, é importante assinalar que, o equivalente grego de *valor* – *axion* – vem de um verbo (*axein*) que significava *movimentar os pratos da balança*. Balança é balança da justiça, mas é antes balança usada nos mercados. Talvez, nessa medida, seja possível ligar a palavra a algumas expressões latinas que se conservaram nos séculos posteriores, como *"pretium"* (preço) e suas derivações (apreciar, depreciar, reapreciar). Ou seja, quando se pensa em valoração, a pergunta *qual o valor?* resvala para *qual é o preço?*, e, portanto, para uma *apreciação*. Pela origem, a questão da valoração está conectada a esse uso. Não estou negando que uma subjetivação da valoração tenha outra dimensão, diferente dessa dimensão econômica e até a preceda. Se formos aos gregos antigos, de alguma forma o tema aparecia não exatamente em termos econômicos. Entre os sofistas, é conhecida a frase de Protágoras: o homem é a medida de todas as coisas. E uma discussão sobre o papel da opinião em face da verdade foi muito comum, donde a discussão de qual a opinião que prevalece. A opinião do mais forte serve para dizer o que é justo? Trasímaco, na República de Platão, vai nessa direção: justo é aquilo que convém ao mais forte.[145] Pode-se argumentar que, nessa disputa, não se trata bem de um problema de valoração, mas de um problema de possibilidade da verdade ou se a opinião prevalece e, em contraposição, se existiria uma verdade capaz de enfrentar, objetivamente, uma opinião prevalecente. É a contraposição entre opinião e verdade – *doxa* e *aletheia*.

Enfim, essa é uma discussão em paralelo, uma outra perspectiva filosófica que, guarda, no entanto, relação com o tema da valoração.

É preciso, então, entender que, embora tenha a ver com *opinião*, o tema filosófico da valoração é questão que tomou corpo no século XIX, que o tema do valor e da validade tem uma origem ostensivamente econômica. E que outra é a contraposição, diferente da que ocorre entre opinião e verdade – *doxa* e *aletheia* –, doxa, *dokein moi* (parece-me que) em oposição àquilo que, encoberto (*lethos*), se descobre.

---

[145] PLATÃO. *A República*. Tradução Anna Lia Amaral de Almeida Prado. São Paulo: Martins Fontes, 2014, p. 27-28.

No valor, o tema da subjetividade, por assim dizer, se se pensa economicamente, traz outras nuances. Como determinar preço? Essa discussão econômica foi enfrentada, por Marx, por exemplo, quando analisa a estrutura de produção capitalista. Posso dar um exemplo. Se alguém constrói, em sua garagem, um automóvel, ainda que o montando com peças adquiridas, o valor do produto não é determinado pelo trabalho individual. Quanto vale? A resposta de Marx é: seguramente o valor não é dado subjetivamente, pois isso é um dado estrutural, depende de um *modo de produção*. E aqui entra a análise da mais-valia, dependente da estrutura econômica de produção. Essa estrutura, que Marx chamou de capitalista e que vai determinar o preço e o valor, constitui uma infraestrutura para uma superestrutura, na qual surgirá o tema de uma "valoração" ideológica. Esse é um exemplo de como o tema da valoração entra na cogitação filosófica.

Desse ponto de vista econômico, talvez seja até mais fácil nós entendermos que o valor tem uma expressão subjetiva, mas essa expressão subjetiva ganha sentido dentro de uma estrutura, que tem alguns caracteres objetivos. O jogo entre a subjetividade e a objetividade aparece aí dentro. A "análise de mercado", por que as pessoas preferem este automóvel e não aquele automóvel? Por que se compra mais este e não mais aquele? É o que faz o economista, e com essas variáveis objetivas, você vai chegar até o preço e o valor. É por aí que se vai. Eu tenho um automóvel do ano 2000 até hoje, está lá comigo. De vez em quando, sempre que levo ao conserto para arrumar o carro e deixá-lo em ordem, vem alguém e diz: "Você não quer vender; eu pago, me dá o preço"? Eu respondo: "Não tem preço, esse carro já está comigo há vinte e dois anos e vai continuar, não tem quarenta mil quilômetros rodados". É um valor muito subjetivo, pelo fato de estar comigo e eu ter um carinho pelo carro, a subjetividade aparece aí dentro. Mas quanto vale esse carro? A não ser que você o introduza em outro mercado e diga: "Se quiser falar em valor, a essa altura já é preço de colecionador", o preço é do mercado. É essa estrutura que determina o preço. Em outro, o preço sobe, embora como carro, comparado com outros usados mais novos, nem tenha mais o mesmo conforto, menos ainda com um carro que está saindo agora. É claro, no entanto, que, como avaliação subjetiva, a apreciação só pode ser "qualitativa". Não pode ser "quantitativa", pois não existem relações constantes entre os fatores e efeitos em tela capazes de generalizar a subjetividade, salvo por aproximações estatísticas que, entretanto, nunca determinam *aquela minha escolha*. Ora, o valor prático da economia deve ser visto, então, no seu poder circunscrito de prever o resultado de determinadas medidas. Isso significa: proceder de modo tal que nenhum dos fins desejados com menos urgência devessem ser satisfeitos, caso essa satisfação impedisse a consecução de um fim mais urgentemente desejado. Nos processos de produção dirigidos à economia de mercado por negócios que visam ao lucro esse é, dentro do possível, realizado com a ajuda intelectual *do cálculo econômico*. A estimativa certa é buscada na certificação, na certificação metódica do pensar: verdade como certeza e certeza como método. Enfim, do ponto de vista econômico – eu não sou economista – nós temos uma aproximação. Uma pista para o problema: a subjetividade *versus* a objetividade.

Quando você traz isso para o terreno filosófico e daí generaliza – não se fala em "preço", mas de outra forma de "apreciação": *valoração* –, então, "valorar", no sentido que a palavra filosoficamente adquiriu, uma redução pura e simples à subjetividade não faz sentido. A meu ver, nem Kelsen fez isso. Acho que não é bem isso que ele diz. O que Kelsen faz é deslocar o problema daquilo que, intuitivamente, no seu tempo, se chama de valor, para outro plano. O que Kelsen nos diz é o seguinte, pelo menos é a leitura que eu faço dele: valor é produto de um ato, de um ato chamado "valoração". Kelsen traz a questão do valor para o plano da valoração. Valoração é um ato subjetivo? Admitamos que seja. Mas Kelsen acrescenta mais alguma coisa. O que significa valorar? Significa estabelecer, com relação a um objeto, alguma forma de dever-ser, nem que seja para dizer: "isso é bom e aquilo é ruim, esse é melhor e aquele é pior, esse é justo e aquele é injusto". Valorar significa valer-se de critério, critério significa norma. Desse modo enfrenta ele o tema de como lidar com o problema da subjetividade e da objetividade. Se valor é deslocado para a valoração (valor é o resultado de uma valoração), valoração não inteiramente reduzida a um subjetivo. Diz Kelsen: "Toda valoração exige critério", ou seja, "o valor é resultado de um critério normatizado". Portanto, a questão da subjetividade/objetividade se desloca para a questão: qual é a norma que prevalece. É *qualquer norma*? Não, aí entra o problema da percepção que ele tem do Direito como sistema normativo e do sistema regulado por uma norma fundamental. E nesse ponto ganha a valoração/o valor uma objetividade. Se é preciso a norma para dizer o que é justo e o que é injusto, a questão, agora, está no plano normativo, subtraída de uma mera subjetividade. E o raciocínio metódico, a construção de um sistema hierárquico, não impede o próprio Kelsen, em outros trabalhos, em seu livro sobre a democracia, de tomar posições:[146] o nazismo não é democrático e nem deve ser. Com base em que sistema normativo? Conquanto metodicamente Direito seja norma e norma se torne reconhecível num sistema hierárquico, a "norma" *vale a vontade do Führer* corrompe o sistema, pois elide o método: a *vontade do Führer* não é invocada porque é fundamento (regressão hierárquica), mas é fundamento porque é invocada (arbítrio). Esses são os problemas que, a meu ver, a teoria de Kelsen levanta.

Levando essa reflexão adiante, de minha parte, retomando um tema de resposta anterior, creio possível entender que valores são "lugares comuns", expressões linguísticas, formas expressivas que permitem valoração: justiça, bondade, beleza, feiura. Como tal, aquilo que se chama de valor são condensações no interior de uma língua, que permitem fazer apreciações. Se na língua portuguesa não existisse a palavra "justiça", não se conseguiria fazer uma apreciação de justo ou injusto, mas a palavra existe. A riqueza expressiva dessa palavra dentro da língua vai permitir a diversidade de uso. Para esclarecer mediante uma comparação: em português temos a palavra *branco*, que se contrapõe a outras cores. O que é *branco*? É o sem cor? O que significa dizer, por exemplo, que a neve é branca? Sabe-se que na língua dos esquimós a neve não é branca, pois admite várias cores. Para nós, a neve é branca e ponto, para o esquimó não é. Depende de uma vivência. O meu contato com a neve é, como brasileiro, ocasional. Não convivemos com ela. Para nós, a neve é branca e ponto, e o uso corrente não causa nenhum problema. Mas não se desconhece nem se pode impedir que a fala crie expressões como: "branco neve", "branco puro", "votar em branco". Esse jogo faz parte do uso da língua.

---

[146] KELSEN, Hans. *A democracia*. Tradução Ivone Castilho Benedetti *et al*. São Paulo: Martins Fontes, 2000.

Mas como falar de uso comum? Há algum limite? Posso designar um objeto qualquer como branco? Posso olhar e dizer: "Seu paletó é branco [sendo cinza] e seu colarinho é cinza [sendo branco]"? Ora, qualquer um que estivesse olhando para alguém e falasse a mesma língua diria: "Não, há um equívoco, o colarinho dele é branco, o paletó cinza". Uma língua tem uniformidades que se expandem e retraem mediante a fala: a fala expande e retrai a língua.

Definir uma palavra só pode ser feito dentro de uma língua. Estamos presos a ela. Nesse sentido, podemos dizer que justo, injusto e justiça têm uma objetividade, que é a objetividade da língua.

Mas não há língua sem fala. Na fala, a subjetividade reaparece. Ninguém fala a língua fora da sua própria subjetividade. Como se controla essa subjetividade da fala?

A língua, como código, é autorreferente; ou seja, o significado do signo (significante/significado) reduz-se a uma diferença dentro da língua (por exemplo, a relação entre pão e alimento é determinada pela língua que, nesses termos, é código). É o que nos permite responder à pergunta: que é pão? dizendo: um tipo de alimento feito de trigo ou outros farináceos. Mas a pergunta: pão, bread, Brot, pain, pane, pan são a mesma coisa? exige uma fala: por favor, o sr. pode nos trazer pão? Could you bring us some bread?

Por ter uma dimensão semântica (se você pedir pão em francês, em inglês, em alemão em italiano, você receberá a mesma coisa?), a fala leva à dimensão pragmática (um francês olhará com desprezo e desconfiança o *pain* que o alemão lhe trará: *brot*), donde o tema da fala e os limites de sua generalização objetiva. Ou seja, ainda que o código seja comum (todos falamos português), a comunidade do código é insuficiente para "vencer" a opacidade subjetiva (comunicar-se com alguém).

Por exemplo, se você pedir *some bread* e receber um guardanapo, você protestará. Como protestará se você perceber que na nota fiscal da refeição consta *some bread* que afinal não veio. A intuição nos faz perceber que esse protesto é diferente num e noutro caso. O que nos faz pensar que a língua, como código matricial, é constituída de vários códigos, cujas respectivas falas geram, de novo, problemas de comunicação. Por isso, a comunicação é um paradoxo: para comunicar é preciso "postular" a comunicabilidade, o que desloca o tema dos códigos comuns para "depois" da incomunicabilidade, como ocorre, analogamente, a meu ver, com a noção arendtiana do poder como um agir conjunto a partir do agir na sua fugacidade e futilidade (refiro-me à distinção de Hannah Arendt entre ação, fabricação e labuta). A opacidade subjetiva faz da comunicação uma invenção paradoxal: a opacidade é revelada como tal, isto é, como opacidade mediante a constituição de códigos. O cheiro bom da carne assada (que eu sinto) toma sentido de cheiro bom (para o outro) não porque deixamos de ser opacos, mas porque nossa opacidade é codificada: diferentes, iguais, desiguais.

Ora, nesses termos, o que chamamos de direito e de moral é um desses códigos. Trata-se de códigos que regulam o agir (*pragma*) como conduta (*ethos*). Daí o significado que o código ganha para as relações chamadas éticas, em que estamos, na nossa opacidade, uns perante os outros.

Para esclarecer esse ponto, o mesmo Paul Ricoeur[147] nos fornece uma fecunda discussão sobre a figura do outro, quando encontra ao menos duas acepções distintas de outro ou de outros. Valho-me, livremente, da distinção para refletir sobre a relação entre direito e moral em termos de códigos que mediatizam a incomunicabilidade das condutas subjetivamente opacas (em termos arendtianos, a fugacidade e a futilidade do agir exigem um controle mediante virtude: agir virtuosamente).

Falamos primeiro de um outro que se apresenta diante de mim, designando-me como tu, isto é, na segunda pessoa do singular. Esse é o outro com quem me relaciono na primeira pessoa (eu).

O outro, nessa primeira acepção, parece designar qualquer um que não seja eu. Mas para quem também eu sou um outro. Nesse sentido, mesmo "de tu para tu" somos outros. Mas, enquanto permanecemos outros, um é para o outro um terceiro. Desse terceiro, porém, enquanto um outro, falamos na terceira pessoa quando está ausente: ele. Em vários graus de reconhecimento, esse outro é e permanece um terceiro que se identifica perante mim como o outro das relações interpessoais. Vou chamar esse outro de outrem.

Há, no entanto, uma segunda acepção, que na gramática portuguesa designamos como sujeito impessoal, muitas vezes

---

[147] RICOEUR, Paul. *O justo ou a essência da justiça*. Lisboa: Instituto Piaget, 1995, p. 12 *et seq.*

indicado pelo se: fala-se muito e se faz pouco. Esse é o outro que na velha tradição jurídica dos romanos aparecia no conhecido adágio latino *suum cuique tribuere*. Aí o outro é cada qual (*cuique*), indistinta e indiferentemente qualquer um. Esse outro é também um terceiro, que não se identifica perante mim, mas do qual presumo expectativas sobre aquilo que se passa entre mim e os outros na primeira acepção. É o que exprimo, ao relacionar-me com um outro (na primeira acepção: vamos celebrar um contrato?), quando conjecturo: que vão pensar os outros? (na segunda acepção: isso pode gerar embargos de terceiro?). E aí aparece o senso comum.

Senso comum não como faculdade que têm todos os homens – uma espécie de capacidade interna que permite a todos pensar, conhecer, julgar –, mas como um mundo decodificado de cada um em sua opacidade (*cuique*). Senso comum, portanto, não é, pois, o resultado de uma capacidade comunicativa que põe cada qual um perante o outro numa mesma situação, mas uma espécie de codificação ética da opacidade subjetiva enquanto opacidade, isto é, um exercício de atribuição de significância ao outro em sua condição de outro. É, pois, o resultado da codificação da presença de um outro como um terceiro, que não se identifica perante mim, mas do qual presumo expectativas sobre aquilo que se passa entre mim e os outros.

Mas que significa, então, que valores, por exemplo, valor justiça, são um problema e que as valorações os manifestam enquanto um problema? Significa que, como um problema, a justiça é apenas um conjunto aberto de alternativas. Nesse sentido se pode dizer que ela é, conceitualmente, vazia. É vazia porque é um problema que, por se ter que resolver, não indica, de antemão, nenhum paradigma, embora se resolva enquanto se estabelecem posições conceituais. Então, tomar decisão é colocar-se numa posição perante a justiça como um problema de valoração a resolver. Aquilo que é considerado justo é função da decisão, e não o contrário.

A justiça, o valor, é, em um primeiro momento, um problema, problema que ganha articulação paradigmática a partir das valorações/decisões que o encaram como conjunto de alternativas abertas (em termos gerais? para o caso concreto? tendo em vista o bem comum? como um paradigma invariável? variável historicamente?).

Relações de comunicação são problemáticas. Por exemplo: devo continuar essa explanação ou o dito já é suficiente, o que constitui um problema. De plano, um problema propriamente não dá a ninguém nenhuma resposta, o problema é um conjunto de alternativas em aberto que vão ganhar um estatuto, uma densidade a partir da decisão que tomarmos (o que não exclui a hipótese de pré-decisões, a orientar decisões subsequentes; mas sempre, de plano, decisões problemáticas).

Nesse sentido, o problema tem alguma coisa de vazio no que se refere ao seu conteúdo paradigmático. O conteúdo está totalmente aberto, depende da decisão que vai ser tomada. Pois só então vamos conseguir dizer: "Não, é preciso uma exposição mais longa, a demandar mais reflexões, quando se elimina uma outra possibilidade".

Enfim, o problema adquire consistência paradigmática a partir das decisões que se tomam. Que podem ser paradigmas hipotéticos: se fizermos isso, como é que fica então aquilo? Enfim, o problema vai se preenchendo, ganhando conteúdo, a partir da decisão. Nesse sentido é que a justiça, enquanto um problema, é vazia e ganha consistência paradigmática a partir das decisões. Esse é um aspecto da justiça, mas existe o outro.

Por toda a tradição ocidental, e, também, em outras tradições além da ocidental, o que percebemos, olhando historicamente, é que a justiça vai, enquanto um problema, tomando conformações. A partir das tomadas de decisão, ela vai adquirindo consistências, ou seja, a noção de justiça se configura, por assim dizer. O que nos permite, então, por exemplo, até fazer uma espécie de retrospecto histórico de como a justiça foi vista em uma época, em outra época e assim por diante. Ou seja, num segundo aspecto, num segundo momento, a justiça é paradigma e, enquanto tal, código, na verdade, um código para outros códigos, que funciona como uma espécie de metacódigo, pois permite lidar com alguns problemas que as decisões, ao visar a justiça como problema, visam a enfrentar.

Acho, enfim, que a questão da subjetividade/objetividade do valor tem esse paralelo com língua, com a diversidade das línguas, com a fala, com a diversidade das falas. Assim, não absolutizaria a subjetividade nem a objetividade. A dificuldade, filosófica, de enfrentar o tema está na dualidade dos aspectos: valor se preenche por valorações e ao mesmo tempo é código que orienta as valorações de modo problemático.

AUGUSTO NEVES DAL POZZO E RICARDO MARCONDES MARTINS – O livro propõe que após a ponderação seja realizada outra ponderação, de segunda ordem, chamada de *ponderação étnica*, por meio da qual se realiza o filtro descolonizador.[148] Nela se deve verificar se o valor preponderante, indicado pela primeira ponderação, ainda será preponderante, na segunda, diante da "cultura marginal eventualmente discutida".[149] Em relação a esse tema, de certa forma, retoma-se o item anterior. Suponha-se a teoria de Radbruch[150] e de Alexy,[151] segundo a qual a injustiça intolerável não é direito. Assim, mais do que inválida, propriamente, a norma intoleravelmente injusta é juridicamente inexistente.

RICARDO MARCONDES MARTINS – Afirmo que, em geral, existe uma "consciência coletiva" sobre o que significa uma intolerável injustiça.[152] Por isso, na maioria das vezes não se configura em relação a ela o mínimo de eficácia social exigido por Kelsen para que a norma exista como norma.[153] Porém, "quanto mais fraca a consciência coletiva quando da edição da norma sobre sua intolerável injustiça, maiores as razões jurídicas contrárias à sua caracterização".[154] Parece-me, contudo, necessário distinguir: existe a "cultura local" e a "cultura global". Quanto mais acesso a esta, mais fraca é aquela. Pode-se afirmar que essa diferenciação deve presidir a ponderação de segundo grau? Quanto mais acesso o indígena tiver à cultura europeia, for uma tribo culturalizada, menos força terá sua própria cultura e vice-versa?

---

[148] FERRAZ JR., Tercio Sampaio; BORGES, Guilherme Roman. *A superação do Direito como norma, op. cit.*, p. 152-158.
[149] Idem, p. 158.
[150] RADBRUCH, Gustav. *Relativismo y derecho*. Tradução de Luis Villar Borda. Bogotá: Temis, 1999, p. 34 e 72-73.
[151] ALEXY, Robert. *La institucionalización de la justicia*. Traducción de José Antonio Seoane. Granada: Comares, 2005, p. 24-25.
[152] MARTINS, Ricardo Marcondes. *Justiça deôntica*. In: PIRES, Luis Manuel Fonseca; MARTINS, Ricardo Marcondes. *Um diálogo sobre a justiça*. Belo Horizonte: Fórum, 2012, p. 183-185.
[153] Idem, p. 185-188.
[154] Idem, p. 188-189.

AUGUSTO NEVES DAL POZZO E RICARDO MARCONDES MARTINS – No livro "A Superação do Direito como Norma", a ponderação de segunda ordem é invocada para proteção do oprimido.[155] Mas, considerando a realidade brasileira – altos índices de corrupção, clientelismo, patrimonialismo –, podemos invocar uma ponderação de segunda ordem nas questões que envolvem a Administração brasileira para proteção da coisa pública no Brasil? Feita a ponderação, sob a lógica do Direito oficial, faz-se necessário rever essa lógica para ver se, diante das peculiaridades da realidade brasileira, a coisa pública está bem protegida?

TERCIO SAMPAIO FERRAZ JUNIOR – Deixe-me começar com uma preliminar. Tenho escrito artigos sobre a palavra "ponderação".[156] Nós sabemos que a expressão "ponderação" tem uma origem latina. A palavra latina que levou à palavra ponderação é a palavra *"pondus"*, que originalmente se refere a um tipo de balança. Na Roma Antiga, era uma balança com um prato só, não é a balança com dois pratos. De um lado, um prato, do outro, um peso, que se chamava *pondus*. Esse tipo de balança foi muito comum durante o desenvolvimento dos mercados e levou até, do ponto de vista jurídico, à criação de fiscais para averiguar se a balança não estava deturpada ou desarranjada por conta do *pondus* (verificar se o *pondus* realmente o correspondia a uma medida ou algo parecido). Esse problema repercute na expressão "ponderação", chama a atenção para o que significa "ponderação".

"Ponderar" implica você ter previamente o peso, que tem de estar definido. Isto é, ao contrário da balança de dois pratos, em que você aposta mais em um mecanismo de variação, na ponderação, na balança do *pondus*, a variação está de um lado só. O *pondus* não muda, o "critério" é aquele sempre, o que pode variar é a quantidade que se coloca no prato, propriamente dito, até conseguir o equilíbrio. Isso é interessante quando nós pensamos no verbo "ponderar". Quando se

---

[155] FERRAZ JR., Tercio Sampaio; BORGES, Guilherme Roman. *A superação do Direito como norma, op. cit.*, p. 158.
[156] FERRAZ JR., Tercio Sampaio. *Do topos do sistema ao topos da ponderação na interpretação constitucional. In*: Isaac Reis. (Org.). Diálogos sobre retórica e argumentação. 1. ed. Curitiba: Alteridade, 2018, v. 4, p. 17-29.

pensa em ponderar, a primeira intuição é pensar na balança de dois pratos, a ideia é colocar, por exemplo, na ponderação de princípios, um em cada prato, e tentar equilibrá-los. O princípio da isonomia de um lado e, de outro lado, o princípio da dignidade da pessoa humana, por exemplo. Essa ideia da ponderação – dois pratos e buscar um equilíbrio –, é algo complicado sobretudo quando se lida com abstrações do tipo isonomia e dignidade. Mas se recuarmos à origem da balança *pondus*, talvez se possa entender o que é que possa significar, então, uma ponderação de primeiro e de segundo grau. Ponderar, na verdade, significa, a partir de um critério, o peso, o *pondus* eleito, conseguir avaliar alguma outra coisa. Portanto, quando se pondera, na verdade não se trata de uma questão de confrontar um princípio com outro princípio – ponderação de princípios –, mas, propriamente, a partir de um critério, olhar o princípio que está sendo estimado (aquilo que está sendo pesado).

Nesse sentido, uma possível distinção entre uma ponderação de primeiro e de segundo grau. Ponderada uma situação com um determinado *pondus*, obtido um resultado, para ver se aquela medição é ou não é adequada, em um segundo momento examina-se o *pondus* utilizado. É o movimento de uma ponderação para outra ponderação: saber lidar com *pondus*, com pesos ou, mais genericamente, com critérios, e ir avaliando/substituindo critérios, eis o jogo da ponderação. Assim, na "ponderação de princípios": olha-se um dispositivo legal, "joga-se" sobre ele um critério, um *pondus*, obtém-se um resultado, vale dizer, a balança se move para uma situação de equilíbrio; em um segundo momento, questiona-se o *pondus*, "aperfeiçoa-se" o critério, que vai se transformando, até uma decisão. Se é isso o que acontece na ponderação de princípios, percebe-se que ponderar significa assumir um ponto de partida e testá-lo até o fim.

Do ponto de vista do "interesse público", o *pondus*, segue uma avaliação; num segundo momento, esse *pondus* é testado, distingue-se interesse público de interesse do Estado, aparece o *pondus* do papel do digno interesse do administrado, o *pondus* do interesse público é modificado. É esse jogo que é o jogo da ponderação. Nesse processo, tem-se uma ponderação de primeiro e de segundo grau, e, também, uma ponderação de terceiro etc. É nesse jogo que os princípios vão aparecendo, modificando-se, desaparecendo. É um jogo de *pondus*. E assim respondo sua pergunta: feita a ponderação, sob a lógica do Direito oficial, faz-se necessário rever para ver se, diante das peculiaridades da realidade brasileira, a coisa pública está bem protegida.

Juridicamente, nesse jogo de *pondus*, olhando o Direito oficial, vão aparecer pesos que, oficialmente aceitos, permitem uma resposta, tomar uma decisão. Mas aí surge o problema do sistema: a hipótese de um *pondus* último, único e inabalável, que nos leva ao começo de toda nossa conversa. Para entender sua segunda pergunta, se é necessário distinguir a "cultura local" e a "cultura global" quanto mais acesso a esta, mais fraca é aquela, pode-se afirmar que essa diferenciação deve presidir a ponderação de segundo grau e, por fim, quanto mais acesso o indígena tiver à cultura europeia, for uma tribo culturalizada, menos força terá sua própria cultura e vice-versa, entro com a observação do "rizoma".

Nessa visão de vários pesos, de vários *pondus*, o sistema depende de "regras de calibração,[157] que, na verdade, são pesos. Pensar juridicamente é lidar com esses pesos, com esses *pondus*. Assim, considerar os direitos, do ângulo oficial em face dos indígenas, expressos para os diferentes como especificações da igualdade substancial entre todos, isso significa um modo de ver como formas de "igualá-los" na medida das suas diferenças. Nessa hipótese, a aceitação do seguinte *pondus*: se há razão suficiente para um tratamento desigual, prevalece o tratamento desigual (supremacia da diferença ou exclusão positiva da isonomia).

Vale dizer, entre *aculturar* e *preservar cultura própria*, o olhar erótico não será absorver o indígena inteiramente, mas, em alguma medida, conviver com ele. "Conviver" consiste em ouvir e em sentir éticas paralelas, marginais, para-tradicionais, ditas, "subterrâneas", complexas e diversamente organizadas e pautadas em anseios e coexistências sociais dessemelhantes. A impossibilidade de diálogo do Direito oficial em toda a sua plenitude (desde sua racionalidade até a incidência material de seus institutos) com situações como a questão dos direitos laterais (quilombolas, indígenas, caiçaras etc.) significa abrir-se para esses atores sociais.

---

[157] FERRAZ JUNIOR, Tercio Sampaio. *Teoria da norma jurídica*. 5. ed. São Paulo: Atlas, 2016, p. 119 *et seq.*

AUGUSTO NEVES DAL POZZO E RICARDO MARCONDES MARTINS – Nesse tema ainda, o livro "A Superação do Direito como Norma" traz um importante debate sobre a proteção da minoria. Debate-se: o que fazer se o direito indígena é opressor com a mulher? Esta opressão deve ser internalizada pelo giro colonialista? O livro conclui que a aplicação do "Direito oficial" parece ser mais violenta em relação à cultura do que propriamente um vetor de mudança para a defesa das mulheres e meninas.[158]

O tema lembra a diferenciação "perspectiva interna" e "perspectiva externa" proposta por Hart.[159] A última é própria da visão de um sociólogo: verificar como as pessoas em certa localidade e em certo tempo histórico compreendem sua disciplina de conduta. A primeira é própria da visão de um jurista: como essas pessoas "devem compreender" a disciplina de sua conduta. A perspectiva interna exige que não apenas o examinador olhe para o jogo que está ocorrendo, mas que se insira no jogo como jogador. Ao solicitar de um jurista europeu que dê um parecer sobre o Direito brasileiro, ele terá que se inserir no Direito brasileiro, por dentro, para verificar se a solução é ou não compatível (válida) nesse direito com a Constituição, por exemplo.

Nessa abordagem, é perfeitamente possível indagar se a escravidão era válida no Brasil Império. Ela era aceita, numa perspectiva externa, mas poderia ser considerada inválida, numa perspectiva interna. Pois bem, a proposta do livro, de sempre examinar o direito do oprimido em uma perspectiva interna, e não apenas externa, introjetando-o para dentro do Direito, não pode, muitas vezes, levar a respostas inconcebíveis: desrespeito a direitos básicos das mulheres e das crianças, ou a admissibilidade da escravidão?

Retomando o tema da pergunta anterior: pode-se estabelecer o texto constitucional – dignidade, igualdade etc. – como o verdadeiro limite da introjeção do direito do outro?

---

[158] FERRAZ JR., Tercio Sampaio; BORGES, Guilherme Roman. *A superação do Direito como norma, op. cit.*, p. 166-167.

[159] HART, Herbert L. A. *O conceito de Direito*. 3. ed. Tradução de A. Ribeiro Mendes. Lisboa: Calouste Gulbenkian, 2001, p. 99-101.

TERCIO SAMPAIO FERRAZ JÚNIOR – A pergunta vai bem mais além do exemplo dos povos indígenas, porque esse tipo de problema se coloca quando se pensa na universalidade dos chamados direitos fundamentais, na própria ideia das Nações Unidas com a sua Declaração de Direitos Fundamentais. Há povos muçulmanos para os quais a mulher não tem o mesmo tratamento que tem no Ocidente, e que subscreveram a Carta. Esse tipo de problema existe, pois, até planetariamente. Até que ponto se pode intervir na Arábia Saudita e determinar que lá parem de proibir que as mulheres dirijam automóveis. Ou, para dar um exemplo mais complexo, com dificuldades maiores, veja o caso de mulheres muçulmanas que têm o clitóris cortado quando crianças, o que, do ponto de vista ocidental, constitui uma violação da dignidade da pessoa humana. Mas lembro de ter lido reações de mulheres muçulmanas dizendo que é assim, que assim deve ser. Esse tipo de problema é, portanto, um problema que ganha uma dimensão planetária muito maior do que a questão indígena.

O que se pode perceber é a dificuldade de realizarmos ou concebermos a relação entre o Direito, tomado como um objeto, e a realidade. No fundo, está se lidando com isso. Como se dá essa relação? Vocês mencionam Hart, o modo como se organiza o sistema jurídico: o ponto de vista interno e o ponto de vista externo. A questão está, no entanto, na forma como o ponto de vista interno e externo se relacionam. Como se dá essa relação? Do ponto de vista teórico, Hart, no que toca à *regra de reconhecimento*, diz que essa, do ponto de vista interno, *obriga*; do pondo de vista externo, é *descrita*.

Kelsen enfrentou esse problema na forma de uma absorção, no sentido de que essa relação entre o externo e o interno se dá apenas na própria norma fundamental, aliás, de uma forma não muito clara: a primeira norma tomada como tal – sistema estático de proposições normativas – e primeira norma que é assumida como tal – sistema dinâmico de subordinações normativas. Como se estabelece a primeira norma? É uma norma pressuposta, pensada? Ou é uma primeira imposição: obedeça-se? Hart foi, talvez, até um pouco mais sutil quando trouxe as suas normas secundárias para dentro do sistema: as regras de interpretação, as regras de aplicação e a regra de reconhecimento. É seu modo de lidar com o ponto de vista interno e externo. Assim, dir-se-ia: existe, por presunção, uma espécie de consolidação interna, que dá uma consistência ao ordenamento, mas esse ordenamento se abre "para fora", tem que ser interpretado e aplicado.

Aí aparece esse tipo de problema que vocês estão mencionando. O problema é, antes, formular uma hipótese capaz de explicar as implicações para uma representação positiva da ordem. Essa tarefa também permite diferentes propostas teorizadoras. Deve ser pensado como integrado numa representação em relação às formas. O Direito, enquanto sistema, é um sistema aberto, ou talvez devêssemos dizer meio aberto. As teorias do Direito têm sido valiosas na tentativa de traçar a linha de demarcação entre vários fatores, como legalidade e discricionariedade. No entanto, contribuíram menos para explicar a sua interação, para a forma como se misturam e combinam entre si, determinando as regras e condições pelas quais se decide que as questões lhes estão sujeitas. Possivelmente, esse desafio já foi enfrentado de diferentes maneiras em diferentes contextos.

Hart entrou com suas regras secundárias. Mas quando se olha esse tipo de solução, ela não chega a ser inteiramente satisfatória. Surge o problema de uma espécie de *reflexividade*: o que é uma regra de interpretação, o que é uma regra de reconhecimento ou de aplicação? Para defini-las, seria necessário recorrer a regras de regras de regras? É isso de certo modo que me levou a pensar nas regras de calibração.

Tentando, então, em parte responder à sua pergunta – eu disse "em parte" porque acho que eu não tenho uma resposta inteiramente satisfatória para isso –, acho que uma resposta depende desse "jogo", vamos chamá-lo de *jogo*, que se faz com a calibração do Direito. Trazer o índio para dentro, ou trazer a mulher muçulmana para dentro de um direito ocidental-cristão, qual seria a melhor solução? No fundo, foi a pergunta que vocês fizeram. Acho que a resposta, que aventei na questão anterior, depende dessa capacidade de lidar, não apenas lidar, mas de utilizar as regras de calibração. Penso que, de certa forma, precisamos de algo como regras de calibração. A continuidade e o alcance de um sistema jurídico não podem ser determinados pelas relações internas entre as regras. Depende também de práticas e atitudes sociais. Por outro lado, também precisamos de algo como regras de origem para explicar a normatividade coesa do discurso jurídico.

Os sistemas jurídicos conhecem inúmeras regras de calibração, que não formam um todo lógico. Entre outras coisas, porque alguns constituem valores de dever-ser (regra de supremacia constitucional), outros, valores de ser (*ad imposibilia nemo tenetur*). Portanto, lado a lado, mostram oposições de incompatibilidade. As regras jurídicas de calibração não apenas estabelecem relações dinâmicas de imperatividade, mas também surgem e desaparecem na história, e têm como fonte a jurisprudência dos tribunais (regras jurisprudenciais: a prova pertence a quem alega), doutrina (regras doutrinárias: as normas jurídicas constituem uma ordem escalonada), política (regras políticas: o princípio da maioria), moralidade (regras morais: o princípio da boa-fé), religião (regras religiosas: o princípio cristão da dignidade da pessoa humana), etc. Alguns desaparecem com o tempo ou, pelo menos, perdem expressividade e força, como a regra hermenêutica in *claris cessat interpretatio*, outros surgem, ganham força e até superam outros mais conhecidos, como é o caso do princípio do *disregard*.

No que se refere ao tema: *o verdadeiro limite da introjeção do Direito do outro*, lembro, então, um livro de Primo Levi, em que discute o tema da intolerância, num artigo dentro do livro.[160] O tema é: o que é a intolerância? No caso, a intolerância racista. Ele, que era químico, traz algo parecido com aquilo que chamei de "regra de calibração", quando afirma que a natureza não é inteiramente paralela, totalmente equilibrada simetricamente. A face direita não é igual à face esquerda, o pé direito não é igual ao pé esquerdo; uma mão é diferente da outra, ainda que pareça igual, é diferente. Segundo ele, o tema de como lidar com a intolerância é, na verdade, análogo à observação de natureza biológica, trazida para o comportamento humano. A observação dele é, em termos de intolerância: nós somos diferentes, é impossível não partir dessa premissa. Esse é o problema, por exemplo, diz ele, do imigrante, a começar pela língua: ele não fala direito a outra língua, fala com sotaque, ou com um jeito diferente. Daí outras coisas: tem um nariz maior, um nariz menor, os outros têm um nariz achatado, têm os olhos puxados, outros têm um olho não puxado etc. Isso é

---

[160] LEVI, Primo. *A assimetria e a vida*: artigos e ensaios 1955-1987. Tradução de Ivone C. Benedetti. São Paulo: Unesp, 2016.

impossível de não perceber, a natureza é assim, e não só a humana, também a natureza física é assim, diz ele. O tema da intolerância ou tolerância está em como que se lida com isso.

Então, diz ele, é assim que sua cabeça de químico pensa, é assim que a se vai lidando com as diferenças: quando se entra em uma natureza física e se descobrem as suas qualidades químicas, cria-se um universo em que as comparações são mais factíveis, até o encontro das semelhanças evidentes. Do mesmo modo, diz Primo Levi, assim como trabalha sua cabeça de químico, talvez esse fosse necessário pedir que se olhasse para os seres humanos, com as suas diferenças no modo de ser. Isto é, fosse capaz de lidar com as diferenças. O título do livro dele é significativo nesse sentido: se chama "A Assimetria e a Vida".

A resposta dele ao problema é, pois: tudo é assimétrico, na natureza e na vida humana. A intolerância surge por conta disso; e a tolerância tem que ser localizada na capacidade de encontrar e de dar prevalência a similitudes nas diferenças e, aí, de apaziguar. Isso não quer dizer acabar com a diferença, porque a vida vai continuar assimétrica, mas criar condições para conviver com ela.

Então, olhando para o índio, ou para a mulher em um país muçulmano, onde/como ela está mais protegida? Onde/como a criança vai estar mais protegida? Aqui ou ali? Acho que o olhar tem que se abrir para a assimetria da vida, e não a eliminar. Porque eliminar é forçar a natureza. Aí se cria um problema complicadíssimo, que é o das grandes intolerâncias políticas, como o nazismo, por exemplo. O nazismo não foi o único, houve movimentos semelhantes contra os judeus no Renascimento e, antes, na Idade Média, também formas de intolerância fortes. Aliás, é interessante, no livro, quando Primo Levi chama a atenção para a pergunta: existe o judeu? O que é o judeu? Ele tece uma série de referências históricas muito curiosas, dizendo que é uma pretensão infundada falar no judeu como uma raça única, pois não é assim, também o judeu é assimétrico. Aquele povo que saiu da Babilônia, aqueles seriam os judeus? Mas eles trouxeram muito da cultura babilônica; os judeus do Egito trouxeram consigo muito da cultura egípcia. Isso vai se acrescentando, e depois, quando eles se esparramam pelo mundo, o judeu etíope, o judeu que está em Israel, o judeu que veio da Alemanha, que veio da Rússia. Será que existe "o" judeu? O problema da assimetria. Cria-se a expressão "o judeu", "o árabe", "o brasileiro". Você vai a um restaurante "sírio" para comer quibe, mas o quibe é sírio ou é libanês? O pão sírio é sírio-libanês, mas o sírio tem uma raiz árabe, o libanês não tem, o libanês não é árabe. Quando vieram para o Brasil, eram chamados de turcos, porque havia o Império Otomano. O que se percebe é que o fato da assimetria da vida, dependendo do modo como você puxa o seu *pondus*, pode criar a intolerância.

Respondendo, então, um tanto abstratamente à pergunta, creio que a resposta está em abrir os olhos para a assimetria. Às vezes é mais fácil, e ao mesmo tempo difícil. Como é que se protege a criança? Deixando-a em casa, na escola, em lugares fechados ou soltando-a na rua, deixando-a brincar na rua. Eu, quando criança, brincava na rua, classe média podia fazer isso; hoje tem medo, a começar por causa do trânsito intenso, mas, de algum modo, criando isolamentos. É o problema das assimetrias: uma criança não é igual a um adulto, ainda que a criança não perceba isso, mas o adulto pode perceber. Assim como percebe o índio, a mulher, ocidental e muçulmana. Muito está nesse jogo, voltando ao Primo Levi, de como lidar com as assimetrias da vida, e nesse sentido criar terreno para a tolerância. A resposta é abstrata, mas é a que eu tenho nesse momento.

AUGUSTO NEVES DAL POZZO E RICARDO MARCONDESMARTINS – Ao final, o livro "A Superação do Direito como Norma" retoma a "lógica do hipertexto", própria do atual momento histórico.[161] Na nova estrutura, não há mais rede, mas sim um modelo nômade, formado de nós em expansão, não notas de rodapé, mas hipertextos.[162] A decisão jurídica se liberta do "poder de decidir" para incidir em uma "decisão de poder".[163] Nesse contexto, verifica-se a substituição do "Direito como norma" pelo "Direito como instrução". Nesse contexto, são comuns "decisões solipsistas".[164] O Direito passa a ser um "manual de instruções".[165]

---

[161] FERRAZ JR., Tercio Sampaio; BORGES, Guilherme Roman. *A superação do Direito como norma, op. cit.*, p. 178.
[162] Idem, ibidem.
[163] Idem, p. 178-179.
[164] Idem, p. 179.
[165] Idem, p. 181.

Considerando essas conclusões fazemos algumas questões. Primeira: Hannah Arendt, na obra "Sobre a Revolução", faz um paralelo entre a autoridade dos romanos, associada à tradição e, pois, à fundação da cidade, com a autoridade contemporânea, própria das Revoluções Constitucionalistas, associada à promulgação da Constituição.[166] Perder a Constituição como um texto, supremo, não acaba por fazer desaparecer a "autoridade", e isso não é trágico para a vida social? Ao jurista não cabe o papel de lutar pela autoridade própria do momento da promulgação da Constituição?

TERCIO SAMPAIO FERRAZ JÚNIOR – Começando pela preliminar, o título do livro, "A Superação do Direito como Norma", é uma palavra de observação. Não se está nem disciplinando, nem recomendando que o Direito seja aplicado e interpretado como *instrução*. O que se está apenas tentando fazer é uma descrição daquilo que acontece nesse nosso mundo, que é o mundo da Internet, dos celulares, em que nós, para realizarmos atos, que tradicionalmente eram realizados na forma presencial, pelo ser humano físico (mundo atômico), hoje, em uma grande margem, acabou se reduzindo a ações virtuais do "homem-aparelho", para usar a expressão de Vilém Flusser.[167] Nós somos hoje "homens-aparelho", que carregam um celular, incapazes de abandoná-lo, passam o tempo inteiro digitando. E digitar não é outra coisa senão seguir instruções. Tudo o que você faz, na verdade, é seguir instruções como condição quase *sine qua non* de conviver, automatizadamente, que seja.

A minha geração olha aquelas letras do computador, do celular, como se aquilo fosse uma pequenina máquina de escrever, mas não é. Digitar é diferente de datilografar. A datilografia é atividade física: na antiga máquina de escrever, aperta-se a letra e ela aparece no papel e as palavras vão surgindo. Na digitalização não é assim; como se sabe, começa-se a tocar nas letras e as palavras vão surgindo mas vão se substituindo ou completando por conta da máquina, do *softer*, sem que nos demos conta de como é que

---

[166] ARENDT, Hannah. *Sobre a revolução*. Tradução de I. Morais. Lisboa: Antropos, 2001, p. 23 et seq.
[167] FLUSSER, Vilém. *O mundo codificado*. Tradução de Raquel Abi-Sâmara. São Paulo: Cosac Naify, 2007, p. 42.

acontece (mundo dos bits). Assim, se você quer escrever "humano", coloca "hu" e, de repente, aparece "humilde"; você pode até mudar, mas dentro do mesmo jogo. É um "jogo", entre aspas, porém, no qual aquilo que "obriga" não é inteiramente uma *regra* no sentido de uma *voluntas* normativa, mas uma *instrução* algorítmica, de inteligência artificial. Nesse sentido, afastamo-nos, quando assim agimos, daquele mundo em que *norma* fazia o significado das coisas.

Eu não estou dizendo que as normas desaparecem, mas que vão aos poucos sendo, por assim dizer, matizadas em força por instruções, em que, para você realizar um contrato, digita-se "contrato" e lá vêm "alternativas" (modelos, explicações, conveniências). Ainda que se imprima e depois se assine, até mesmo isso muda: nem um nem outro; temos a assinatura eletrônica num documento virtual, algo que é absolutamente algorítmico, dirigido por *instruções*. Foi nessa direção que veio a reflexão sobre o que está acontecendo no mundo normativo tradicional, por conta do advento do mundo virtual. Essa é uma observação preliminar para que possamos enfrentar propriamente a questão que vocês propõem.

Gostaria de começar com a referência a um livro de vários autores, lançado na Inglaterra, em Oxford, em 2012, intitulado "The Twilight of Constitutionalism?",[168] no qual se pergunta se nós estamos num momento em que o constitucionalismo está entrando no seu crepúsculo. É um livro curioso, escrito por vários autores. Eles começam a chamar a atenção, um deles, um antigo membro da corte constitucional alemã, Dieter Grimm, que é também professor de Direito Constitucional, para uma distinção entre Constituição e constitucionalismo. Ele observa que, obviamente, as constituições existem, estão todas aí; não dá para dizer hoje em dia que nós possamos reconhecer Estados sem Constituição, praticamente todos têm Constituição. O problema de um enfraquecimento, do crepúsculo, *twilight*, não é propriamente *das* Constituições, mas do *constitucionalismo*, que é uma percepção do Direito a partir de uma ordem hierárquica, o que não é uma coisa muito antiga, diz ele, devendo, no mundo ocidental, ter uns duzentos e cinquenta

---

[168] DOBNER, Petra; LOUGHLIN, Martin (ed). *The Twilight of Constitutionalism?* New York: Oxford University Press, 2012.

anos no máximo ou nem isso. É verdade que é uma percepção que se espalhou a partir do século XIX para o mundo inteiro, foi se espalhando, e, até hoje, no século XXI, tem força ainda capaz de ser um modo preponderante do pensar juridicamente. O que se observa, diz ele e os outros também que tratam desse tema, é que essa tendência forte, que dura até o final do século XX, de interpretar a imperatividade de todos os atos dentro de um espaço geográfico chamado Estado, tudo dentro de forma respaldada na Constituição – o constitucionalismo – está começando a fenecer, está perdendo força. Ou seja, a velha concepção rousseauniana de que seria contra a natureza de um corpo político que o soberano pudesse estabelecer, acima dele mesmo, uma lei que ele não pudesse infringir, não faz mais sentido.

Esse é o fundamento do constitucionalismo há duzentos e cinquenta anos. Essa percepção tradicional se desdobra em algumas premissas, se quiserem, princípios: a Constituição é um conjunto de normas; o objetivo dessas normas é regular o estabelecimento e o exercício do poder público, que se instaura com ela; essa regulação é onicompreensiva, não existe um fundamento extraconstitucional, a Constituição contém todos os fundamentos, inclusive o direito natural está ali absorvido: direito natural/direitos fundamentais; emanados de uma decisão política, poder constituinte, manifestam a vontade popular.

Nos países *demo*cráticos, entra a questão da sua origem, a origem da vontade popular. Democracia, nesse sentido, contém em seu étimo a noção de povo, *demos, populus, plebs*. Um pouco herança da Revolução Francesa, em 1789, a declaração de 26 de agosto foi assinada (conforme proposta de Mirabeau), "pelos representantes do povo francês", embora em seu art. 3º estivesse dito: "O princípio da soberania reside essencialmente na nação". À moda da Revolução Americana, o *povo* enquanto povo real, supunha-se constituído de seus cidadãos ativos, que agem em grupos. Em 1787, Charles Pickney diria: o povo norte-americano divide-se em três classes, os profissionais liberais, os comerciantes e os proprietários rurais e, "embora distintas quanto às suas atividades, são individualmente iguais na escala política, podendo ser facilmente provado que elas têm um só interesse".

Isso também faz parte dessa visão de um poder constituinte. Na essência, é a ideia final de que a lei constitucional goza de uma primazia. Assim estabelecida, ela é uma espécie de "momento fundante" ou "movimento fundamental".

Hannah Arendt chama a atenção para o fato dessa *fundação*. Lembra aquela fundação romana, que tinha uma origem mítica, em um ato fundador nas figuras de Rômulo e Remo, aliás, um episódio muito curioso, o episódio de distinção de espaços. Rômulo traçou uma linha e falou: "Aqui eu, aí você". Quando Remo invade o espaço dele, ele mata Remo. Assim surge a comunidade romana. A fundação de Roma surge de uma briga de irmãos, em que um mata o outro: alguma semelhança com Caim e Abel? Enfim, mito à parte, é a fundação que dá significado a todo o direito romano. Diz Arendt: na modernidade, a fundação é também ato que tem um quê de aleatório, que é essa forma de subverter toda uma ordem e criar uma ordem nova. Aleatório porque isso pode acontecer outra vez e outra vez e outra vez.

Então, quando se olha o *constitucionalismo*, que surge e se desenvolve em torno dessas ideias, vem a pergunta: o que está acontecendo com *esse* constitucionalismo?

Para voltar a uma perspectiva de Hart, do ângulo EXTERNO, hoje se observa, entre a proclamação formal dos direitos e o real estatuto político dos indivíduos e dos grupos, com suas diferenças, a extensão de um vasto espaço ocupado por formas antigas e novas de tensão política. A distinção entre público e privado se torna porosa, donde a perda de nitidez do papel da Constituição. Questões de ordem política continuam abertas à decisão política. A ideia de imposição de limites ao exercício político continua um conceito básico. Mas a vinculação do privado ao público parece sofrer uma espécie de erosão.

Uma das características do constitucionalismo que se altera está em que a Constituição seja composta de normas programantes para todas as outras, as normas programadas. Essa distinção é fundamental. O que está acontecendo hoje? Uma primeira observação é que essa distinção não está mais mantida na sua pureza. Não se sabe hoje mais, propriamente, o que é programante e o que é programado. Isso é algo que acaba atingindo a higidez do constitucionalismo. Porque *interpretação* é algo difuso no *ser* humano, quer dizer, estamos sempre interpretando (é o fenômeno da *interpretância*: tudo se interpreta, até a interpretação), dentro do constitucionalismo democrático há de haver um poder que interprete a Constituição e, portanto, confira uma interpretação última – é preciso conter o regime trágico da dúvida infinita: a sentença remete ao regulamento, o regulamento remete à lei, a lei remete à constituição, a constituição remete a si mesma. Mas na hora em que essa interpretação última adquire características programantes e não programadas, percebe-se um abalo na higidez do constitucionalismo. É a desneutralização política do juiz, que é chamado a exercer uma função socioterapêutica, liberando-se do apertado condicionamento da estrita legalidade e da responsabilidade exclusivamente retrospectiva que ela impõe (julgar fatos, julgar o passado em nome da lei dada), obrigando-se a uma responsabilidade prospectiva, preocupada com a consecução de finalidades políticas (julgar no sentido de prover o futuro).

Isso traz consequências. Dentro de um constitucionalismo, Kelsen falava do legislador negativo: o poder interpretante pode dizer o que é inconstitucional, mas não o que é constitucional.[169] No sentido tradicional, a distinção entre programante e programada é uma premissa básica. Mas hoje, isso mudou, pois se temos ação direta de inconstitucionalidade, temos também ação direta de constitucionalidade, que é uma coisa curiosa. Se você for às obras dos nossos constitucionalistas, Barroso discute isto,[170] Jorge Miranda em Portugal discute também:[171] o que é uma ação direta de constitucionalidade? Como fica a figura do legislador negativo se a ação é de constitucionalidade? A de inconstitucionalidade é própria do legislador negativo, pois você descarta uma norma. Mas na outra? No caso de uma declaração direta de inconstitucionalidade, determinados artigos da lei são declarados inconstitucionais e os demais, constitucionais, esse último termo podendo significar que o restante é não inconstitucional. Já numa declaração direta de constitucionalidade, declarada a lei, em parte de seus artigos,

---

[169] KELSEN, Hans. *Jurisdição constitucional*. Tradução de Alexandre Krug. São Paulo: Martins Fontes, 2013, p. 153.
[170] BARROSO, Luís Roberto. *O controle de constitucionalidade no Direito brasileiro*. 8. ed. São Paulo: Saraiva, 2019, p. 307, rodapé 271.
[171] MIRANDA, Jorge. *Manual de Direito Constitucional* – v. 6. Coimbra: Coimbra Editora, 2001, §19, p. 71-73.

constitucionais, o restante será não constitucional, donde certa imprecisão na qualificação de inconstitucionalidade.

Ademais, começamos a perceber uma irredutibilidade de todos os atos de normatização e, portanto, atos com caracteres de imperatividade, produzindo obrigações, a um ordenamento unitário, a Constituição. É a existência de outras formas de produção normativa, normas gerais, que não se conectam diretamente a base, apenas muito indiretamente. Por exemplo, temos regulação de como lidar com a gênese de bebês em uma forma artificial (*in vitro*), regulação essa estabelecida por entidades médicas, uma regulação *técnica* que "obriga", que não é apenas *técnica*, pois tem um sentido de instrução inescapável para que o procedimento se realize. Um outro exemplo: o CONAR [Conselho Nacional de Autorregulamentação Publicitária] que regula a propaganda, em que temos regras que obrigam e são respeitadas, sem uma origem estatal, remotamente referidas abstratamente a uma cláusula geral negativa: se não está proibido, está permitido. Nessa medida, é norma geral, para o país inteiro e, ao mesmo tempo, do ponto de vista administrativo – para o Estado de Direito –, em um esforço de abstração teórica, diz-se: "não é inconstitucional". E veja-se, nessa mesma linha, o esforço e a pirueta que o Supremo Tribunal Federal, no Brasil, teve que fazer para encontrar um jeito de absorver a ideia de arbitragem, como foi difícil isso.[172] Não foi simples, deram jeitos, por assim dizer. A arbitragem tem uma força que escapa dessa visão constitucionalista tradicional; teve que ser feito um esforço nesse sentido.

Em suma, vive-se um questionamento que atinge o Estado constitucional em suas principais configurações, seja o Estado percebido como fonte de organização política (fenômeno da descentralização das fontes), seja o Estado como esfera pública (fenômeno da diferenciação orgânica e a privatização da administração), seja o Estado como monopólio do império (fenômeno da redistribuição das prerrogativas de julgamento), seja o Estado-nação (fenômeno da internacionalização).

---

[172] O STF considerou constitucional, por sete votos a quatro, a Lei de Arbitragem (Lei Federal 9.307/96), ao homologar a Sentença estrangeira: SE 5206 AgR, Rel. Sepúlveda Pertence, Tribunal Pleno, j. em 12.12.2001, DJ 30.04.2004, p. 00059, Ement. v. 02149-06, p. 95).

Não preciso dizer, nessa linha, que a concepção formal de hierarquia está abalada. Essa concepção vivia da hipótese de um sistema de valores fundamentais, *inalienáveis*. Isso está vivendo um momento de *twilight*. Está difícil manter isso inteiramente. O que se observa, nessa nova situação, é que os direitos passam a obedecer à mesma lógica da sociedade de consumistas. Direitos fundamentais permanecem fundamentais, mas sua essencialidade é submetida a uma espécie de gradação: direitos fundamentais quase inegociáveis (absolutos), porque sujeitos a relatividades marginais: *direito à vida*, mas, em certas circunstâncias, direito de matar: eutanásia, aborto, célula-tronco; *direito à liberdade*, mas em certas circunstâncias, direito de negociar a liberdade: delação premiada, acordo de leniência etc. Ou seja, direitos fundamentais fortes em face de uma relativização fraca, que, não obstante, exige uma espécie da negociação (por exemplo, presunção de inocência, mas interesse público na investigação a forçar a delação, donde: liberdade *versus* segurança).

A pergunta que não quer calar é, então, como e se é possível ainda, nesse novo jogo do tudo negociável, um inegociável, direitos fundamentais absolutamente inegociáveis?

Percebemos que o velho constitucionalismo, com sua estrutura hierárquica do Direito, pelo menos do ordenamento, sofre um choque. Dito isso, respondendo à pergunta, especificamente: em que se transformou o papel de "guarda da Constituição"? Talvez se perceba hoje um movimento de mudança no espírito desse "guardar". Digamos assim: a Constituição é guardada não propriamente como um objeto, perante todos os outros sujeitos, mas subjetivamente, isto é, ela é no ato de guardar: não é o que se guarda, mas resulta de guardar. Perde essa qualidade objetiva, para virar, no trabalho do jurista e do julgador, um argumento, vira argumento.

Ainda que se continue dizendo: "a Constituição tem que ser respeitada, está acima de tudo", o espírito mudou, esse "respeito" mudou, ao tornar-se argumento. Se é argumento, admite um contra-argumento. Por exemplo, sendo argumento, podemos contrapor outros argumentos, de religião, da natureza, de direito natural, de eficiência. Na hora em que ela vira argumento, isso se torna possível.

Então, respondendo à sua pergunta, eu diria: o jurista não deixa de fazer esse esforço de manter a autoridade, manter essa fundação básica representada pela Constituição. Ele continua fazendo isso, mas um pouco à deriva do constitucionalismo tradicional. Se isso é bom ou ruim, a interrogação fica! Mas que está acontecendo, acho que é inegável.

AUGUSTO NEVES DAL POZZO E RICARDO MARCONDES MARTINS – Se fizermos uma análise histórica e sociológica do exercício da função jurisdicional no Brasil, talvez cheguemos a conclusão de que em geral decisões arbitrárias sempre existiram, de modo que a compreensão do Direito formado por um conjunto de normas coerentes, dispostas em uma estrutura hierarquizada, em que umas são inválidas tendo em vista a contrariedade com outras, nunca funcionou perfeitamente no mundo do ser. Dworkin lembra que o juiz que acerta sempre na compreensão do Direito é um Hércules;[173] noutras palavras, o ser humano erra e isso é perfeitamente natural.

Dito isso, perguntamos: será que, no mundo real – se formos levar em consideração o comportamento real dos aplicadores do Direito – de fato, o cenário das "microdiretivas",[174] a "diluição do exercício do poder"[175] e as "decisões solipsistas"[176] sempre existiram, mas apenas delas não tomávamos facilmente conhecimento? O que mudou foi que o "mundo virtual" permitiu a "ciência do caos", e não a substituição da ordem pelo caos? A superação do Direito como norma não decorre de um olhar unilateralmente sociológico para o mundo deôntico?

TERCIO SAMPAIO FERRAZ JUNIOR – Pela resposta à pergunta anterior, a mudança é óbvia. Da minha parte, tenho que reconhecer que está mudando. O velho constitucionalismo não é mais hígido. Isso para mim é inegável. Que decisões são humanamente variáveis, que o juiz não é um juiz Hércules, essas observações, inclusive de Dworkin, pressupõem uma questão prévia, que é a de saber se o ordenamento ainda constitui um sistema e qual é a

---

[173] DWORKIN, Ronald. *O império do Direito*. Tradução Jefferson Luiz Camargo. São Paulo: Martins Fontes, 2003, p 287.
[174] FERRAZ JR., Tercio Sampaio; BORGES, Guilherme Roman. *A superação do Direito como norma, op. cit.*, p. 183.
[175] Idem, p. 183-184.
[176] Idem, p. 179.

estrutura desse sistema. Claro, porque quando Dworkin diz que o juiz erra, o que quer dizer "erro"? Onde está o erro? Nesse ponto, Kelsen foi até mais coerente nos termos do direito continental: o juiz não erra, ele produz decisões válidas ou inválidas. Ou vale ou não vale, até a primeira norma em que se tem uma resposta definitiva se vale ou se não vale, mas não é um problema de erro.

A questão que se proporia com a visão de Kelsen, que nesse ponto me parece mais realista, ou pelo menos mais adequada à realidade do funcionamento do Direito, não é entre certo ou errado, mas entre válido e inválido. O Direito, do ponto de vista do velho constitucionalismo, tem fórmulas pelas quais se convive com esse válido e esse inválido. Existem até fórmulas pelas quais o inválido é absorvido no válido. Sabe-se disso, isso é possível. Se houver uma decisão inválida (inconstitucional), que transitou em julgado, e passou o prazo de uma ação rescisória, ela permanece. Pode ser até um motivo para pôr em discussão a coisa julgada, flexibilizá-la, mas, do ponto de vista tradicional, fica. Enfim, passou o prazo, ninguém pode mais recorrer. Ou seja, o próprio Direito lida com a validade e a invalidade. Só que, por detrás dessa linha, o próprio Kelsen foi levado a fazer a pergunta mais radical ainda: como se mantém o conjunto? Mantém-se? A primeira posição seria da hierarquia, sendo a relação entre as normas de *subordinação*, normas nunca se contradizem, não há contradição. O sistema não é lógico, é apenas hierárquico, as normas se subordinam. E subordinação não se reduz a uma relação lógica (princípio de não-contradição). Aí entra o que ele chama de "vontade", poderíamos também chamar de "poder". Na obra póstuma, Kelsen radicaliza: se é assim, então *vale tudo*? Mas na obra tradicional, o sistema se controla com a díade validade-invalidade. Isso como pano de fundo para enfrentar a questão que propõem.

No mundo atual, começaria por dizer, as condições são outras.

É inegável que se experimenta atualmente uma transformação no modo de encarar a Constituição, com um perceptível deslizamento do Poder Constituinte para o Poder Constituído. Donde o crescimento de um sistema que funciona em sucessões, no qual decisões tomadas se alastram até certo ponto e se interrompem, podendo ser retomadas novamente. O caso da prisão após uma condenação em segunda instância é, no Brasil, um bom exemplo.

Tudo isso acaba por se refletir nos julgamentos, cujas decisões parecem girar em torno delas mesmas. Ao invés de juízos fundados em uma base centrípeta de validade (topos da hierarquia, donde a primazia da Constituição, da Lei), esses parecem antes jogadas políticas, que se estabilizam por mútuas e ocasionais vinculações, donde essa sensação de desfalecimento da Constituição diante do poder para interpretá-la.

É como se estivéssemos expostos a um processo de decisão cuja racionalidade parece não impedir o *non liquet*. Daí uma sensação de subjetivismo quase no limite do arbitrário. Como lidar com essa situação?

No tradicional modelo da ordem escalonada, da pirâmide, somos sempre levados à busca de uma constante, a um ponto inicial (centrípeto), a um movimento centrífugo. Hoje percebemos que uma "variável" pode ser contínua em uma parte de seu trajeto, depois saltar ou pular sem que sua variação contínua seja por isso afetada. Essa percepção tradicional de uma pluralidade, inclusive que absorve normas inválidas, teoricamente era garantida por um universo de informação mais no plano atômico. Aí entra a questão desse mundo informatizado, como vemos atualmente. Nesse mundo informatizado, a possibilidade de confrontarmos normas – sejam decisões ou decisões de decisões – e fazer as regressões, foi alterada. E aqui entra aquilo que chego a mencionar no livro como "hipertexto": o hipertexto parece não funcionar centripetamente. A sensação, portanto, é de que o jogo de validade-invalidade se altera.

Acho, assim, que a sua pergunta parte de uma premissa correta. Nesse mundo informático, o nível da informação chega a ponto tal em que é criada a sensação de que no "limite", entre aspas, qualquer coisa vale. É um pouco a sensação que o modelo *hipertexto* provoca. Tudo é opinável. E não no sentido abstrato, de profusão de opiniões. Não, tudo é opinável em si mesmo, na agilidade virtual do possível.

O texto é continuamente ultrapassado pelo hipertexto, nele a dicotomia válido-inválido e a absorção da invalidade, implodem. Pois parte-se de conhecimentos fragmentários ou de conjuntos preceptivos regionalizados, entendidos como alternativas para problemas para os quais se buscam soluções, sem compromissos holísticos. O hipertexto desconstrói a escrita linear e a sugestão dessa de que as ideias são organizadas de modo homogêneo, pois torna explícita coexistência de diversas estruturas.

Exige-se uma forma mais complexa de organização, um modelo acêntrico, não hierárquico, capaz de conjugar decisões a partir de *standards* que ele mesmo produz. Com isso, como já disse, a decisão jurídica ganha um destaque especial, pois se libera efetivamente de um todo pré-constituído. Em lugar do poder de decidir, ela aparece como uma decisão de poder (não um decido porque posso, mas um posso porque decido), que está registrada numa ordem acêntrica e heterárquica, de possibilitar a abertura para o novo, para o desconhecido.

Toda sociedade, como disse Charles Taylor,[177] precisa de *cognitive commons*, de um estoque de padrões práticos, regras sociais, suposições, mas, nesses tempos de mudança, é como se eles perdessem parte de sua capacidade de gerar integração.

Segue daí o aparecimento de formas (alternativas) de resolução de problemas, orientadas mais fortemente pela mudança do que pela manutenção, que permitem uma espécie de *learning by monitoring*, uma práxis que se deixa observar, por exemplo, na concessão de liminares pelo Supremo, cujos conflitos permanecem em suspenso mediante juízos *ad hoc* e que implicam formas procedurais modulares de viabilização que, ao longo do tempo, precisam ser encontradas em um contexto liquefeito que se encontra para além dos lugares comuns tradicionais.

Mas regras a tal ponto flexíveis fazem o Direito tradicional retroagir. Fica difícil conceber, aqui, o dever de prova, o *onus probandi* no sentido tradicional. O fazer, o provar sem meta preestabelecida, além da capacidade de julgar por meio de um processo de ajuste de argumentos e de coordenações de decisões com os argumentos, não vai muito além de uma forma liquefeita de pontos de vista comuns.

O fato é que essa construção liquefeita de lugares comuns acaba por ficar evidente no fosso, que se tornou cada vez mais profundo nos últimos anos, entre, por um lado, a imagem da formação de opinião concêntrica que corre atrás das decisões de tribunais superiores e, por outro, a realidade fragmentária dos

---

[177] Charles Taylor, Modern Social Imaginaries, Durham, NC 2004.

múltiplos fóruns públicos sem direção clara que se espalham na mídia e nas redes sociais. Ao mesmo tempo, esse fosso manifesta-se, ao menos parcialmente, como insuperável quando se leva em consideração as consequências de uma continuada e progressiva fragmentação da esfera do público. Essa experiência já vivida anteriormente pela radiodifusão (rádio e TV), que deveria permitir uma comunicação direta e livre de dominação (imprensa livre), tem um efeito multiplicador inusitado.

Ainda que os tribunais guardem uma prerrogativa concêntrica de emanação de lugares comuns e tenham perdido apenas parcialmente sua capacidade de orientação, no âmbito, por exemplo, da Internet, o sentido liquefeito de senso comum e de seus *topoi* ainda não conhece instituições que possam prescrever estruturas e regras (limitações) para o processo de formação de opinião que separem os fóruns do "público" de círculos privados autorreferenciados.

Explico.

Na Internet, as fronteiras entre público e privado tornaram-se porosas. Isso pode ser percebido no fato da formação desses novos fóruns de comunicação "público-privada", nos quais, tal qual ocorria no âmbito do até agora chamado privado, pessoas (sobretudo aquelas que compartilham da mesma opinião) se reúnem e dão livre vazão aos seus sentimentos e ressentimentos mediante lugares comuns conhecidos. Mas, ao mesmo tempo, essa variante da comunicação parece fugir do controle próprio de instâncias superiores, revelando-se alheia às fronteiras do dizível nos meios públicos.

O autocontrole dos meios clássicos de formação da opinião pressupunha, no passado, sempre a formação de repertórios tópicos, estáveis ou móveis, capazes de orientar o que deveria ser dito como um tema válido. Esses repertórios eram também um requisito para o controle das fronteiras da esfera do que se dizia em público e que, no passado permaneceu, quase sem exceção, relegado a uma tópica bem-comportada no âmbito do direito privado. Formavam-se redes completas de decisões judiciais que garantiam para as diversas constelações (esfera pública política, entretenimento, arte, ciência) uma "proteção de fronteiras" móvel entre a liberdade de opinião e direitos de personalidade que, apesar da vagueza de seus lugares comuns gerais e da multiplicidade de possibilidades de comparação e ligações, permitiam uma certa previsibilidade das fronteiras do dizível – isto é, daquilo que pode ser dito e que deve ser provado.

Por conseguinte, percebe-se que a noção clássica da "cultura de sentido" de fato se transformou, agora desafiada, na Internet, por uma nova cultura de superfície, na qual "momentos de intensidade" agrupam-se e enfileiram-se, reforçando uma "maior proximidade com as coisas desse mundo", uma nova imediaticidade dos discursos.

Em face disso, não é de se esperar uma racionalidade orientada por aqueles lugares comuns até agora tornados relevantes para e por meio de tribunais estatais, no que o desafio é entender a forma como os raciocínios jurídicos estão se formando, sem apelo a padrões estabilizadores, fórmulas que se mostram não como uma exceção a paradigmas superiores, mas como algo que tem características internas próprias, desenvolvidas na própria fragmentação com que se desenvolvem.

Como captar o raciocínio jurídico nesse contexto?

Kelsen fala em escada, em estrutura "escalonada". Bobbio já fala em pirâmide, uma metáfora. Losano fala em rede.

Na situação atual, parece fecunda a metáfora do rizoma. O rizoma é uma expressão de Gilles Deleuze e Félix Guattari, "Mil Platôs".[178] São cinco livros, com base em antropologia, semiótica, psicanálise e sociologia. O caminho para chegar à ideia de rizoma é a distinção, em termos de superfície, entre *o extenso e o riscado*. Temos superfícies percebidas mediante o riscado, onde há traços, uma forma de organizar e de ver a superfície. Por exemplo, uma estrada, que condiciona o modo de locomoção: a pé, de bicicleta, de carro, de carro de boi, a cavalo. E isso tem reflexo no modo como se exerce o poder. Mas temos a outra forma, a do liso, organizado sem traços, em que a locomoção não tem, por assim dizer, linhas. Esclarecem os autores: na guerra antiga, o terreno era riscado, havia o *front*, a retaguarda, ataques laterais, enfim, o todo organizado num riscado. Na guerra moderna, isso foi se transformando em superfície lisa. Um exemplo, dizem eles, de superfície lisa é o tanque

---

[178] DELEUZE, Gilles; GUATTARI, Félix. *Mil platôs* – v. 1. Tradução de Ana Lúcia de Oliveira *et al.* São Paulo: Editora 34, 2011, p. 17 *et seq.*

de guerra, que não respeita um traçado, passa por cima de tudo. Para o tanque, o caminho se cria ao caminhar. Nesse confronto entre o riscado e o liso, dizem eles, o poder se exerce. Aí surge a ideia do rizoma. Falam: nós, povos sedentários, estamos tão habituados a ver os espaços como riscados que qualquer risco fora do traçado parece uma anomalia: é a imagem dos povos sedentários que dominaram o mundo, é a imagem da árvore, com raízes, tronco e florescimento em base firme. Esse modo do espaço riscado produz a ideia da ordem jurídica piramidal, do poder estatal, da administração burocrática.

No espaço liso, isso não é possível, não é assim que se forma o poder, o direito, a organização. Há de se pensar nos que foram derrotados, nos nômades. O nômade não é um sedentário que não se realizou, um sedentário em potencial, pois está sempre se movendo realmente. Como o terreno se organiza no mundo do nômade? Dizem eles: para usar uma metáfora, como o rizoma, que é um tubérculo. O tubérculo vai até um certo ponto e, de repente, aparece em outro lugar. O mundo organizado pelo nômade, pela vitória dos sedentários, parece como exceção, e deve ser absorvido. Ciganos, por exemplo, são absorvidos. Indígenas também. Para entender o mundo em que vivemos, internet, redes sociais, seria necessário, no entanto, que se começasse a ter olhos para o nômade, e para o modo como ele organiza o mundo.

O que eu tento fazer é trazer isso para o campo jurídico. O nosso espaço jurídico tradicional é riscado – o ordenamento jurídico, hierárquico, constitucional, "norma fundamental", relações de subordinação, portanto, todo riscado. Mas atualmente está se desmembrando e tomando características de um espaço nômade. Como olhar o Direito hoje? Ainda com a imagem da árvore? Da pirâmide? Será que a metáfora do rizoma não seria mais eficiente? Por enquanto, isso é apenas um projeto teórico, ainda está longe. Talvez o que se chama de neoconstitucionalismo seja um caminho nessa direção. O exercício da fala e da argumentação sem centro, donde uma falência dos lugares comuns como centros organizadores. Há de se pensar em uma racionalidade sem centro, uma abertura nova para a pesquisa. Um campo novo a ser explorado e que tem que ser explorado sob pena de perda de inserção no mundo real, no qual o desafio é investigar a forma como os raciocínios jurídicos estão se formando hodiernamente, sem apelo a padrões estabilizadores, fórmulas que se mostram não como uma exceção a paradigmas superiores, mas como algo que tem características internas próprias, desenvolvidas na própria fragmentação com que se desenvolvem. Não sei, mas não é nada consolidado ainda.

AUGUSTO NEVES DAL POZZO E RICARDO MARCONDES MARTINS – Na aplicação do Direito, sempre foi possível dissociar duas situações: a aplicação pura e simples do comando abstrato, tal qual estabelecido – multar quem passa pelo semáforo vermelho –, e a elucidação da resposta jurídica a partir uma análise mais complexa, tópica, levando em conta peculiaridades dos casos concretos – não multar quem levava alguém para o hospital. Em grande medida, o primeiro tipo de aplicação sempre foi e sempre será necessário para o funcionamento da sociedade: muitos aplicadores não fizeram Direito, não o estudaram etc. Talvez na sociedade de massa, isso apenas se evidencie mais: a inteligência artificial e a utilização amplificada do computador tornam esse tipo de aplicação mais difundida. Contudo, o exame acurado das circunstâncias, numa análise holística, continua a ser necessário em muitas situações.

Podemos dizer, então, que no mundo contemporâneo, em que a virtualidade,[179] a transubjetividade[180] e a informática dominam, essa dicotomia continuará existindo, com a única diferença de que a aplicação mecânica, robótica, torna-se apenas mais intensa?

TERCIO SAMPAIO FERRAZ JÚNIOR – Primeiro, uma observação preliminar. A inteligência artificial, se, de um lado, no mundo em que estamos vivendo, é trazida para o mundo jurídico, primeiro, para facilitar as decisões jurídicas, mas, no limite, substituir aqueles que decidem, por mecanismos – a inteligência artificial, de fato, traz uma questão nesse sentido –, por outro lado, o desenvolvimento da inteligência artificial, dessas máquinas, traz para aquele que decide novos problemas. Ela é, de um lado, pretensão de substituição, e de transformação, de todas as decisões

---

[179] FERRAZ JR., Tercio Sampaio; BORGES, Guilherme Roman. *A superação do Direito como norma*, op. cit., p. 45 et seq.
[180] Idem, p. 191.

possíveis em algo controlado nessa forma mecânica. Mas, de outro lado, toda vez em que ela é aplicada a algum terreno da atividade humana, ela começa a engendrar problemas novos. Nós temos dois lados: ela é solução e é problema. Ela é pretensão de solução, mas é, também, criadora de problemas.

O exemplo que me ocorre é uma pergunta que me foi feita a respeito do desenvolvimento dentro do campo das máquinas artificiais, dentro da inteligência artificial, de programas de computador que são capazes de responder negativamente à pergunta "você é um computador"? Quer dizer: é um programa de computador que é capaz de responder à pergunta programada do computador, se ele é um computador, "não, eu não sou um computador". O que gera para a inteligência humana a questão: "o computador está mentindo"? Mentir é tipicamente alguma coisa que nós costumamos atribuir a seres humanos. A máquina mente? Essa é uma questão filosófica, de ética, que se põe nesse terreno. Outros problemas podem aparecer. Podemos imaginar um sistema de seleção de candidatos a um emprego em que se estabeleça alguma característica que o candidato deva ter, que, no resultado, acabe provocando a sua exclusão, por exemplo, por ser mulher. Pode acontecer. Dependendo de como se programa, o próprio sistema faz a exclusão. Essa exclusão é discriminação? São problemas que estão aparecendo com o uso da inteligência artificial no Direito.

Mas a sua pergunta, na verdade, vai para o outro lado. Será, então, que se pode pensar nessa superinteligência artificial, que vai conseguir responder a todas essas perguntas, inclusive aquelas que ela própria provoca, e eliminar o ser humano?

De algum modo, quando nos vemos no vídeo de um computador e conversamos, não somos moleculares. A virtualidade das imagens num computador são realidades digitais irredutíveis a moléculas. Mais do que isso, a tecnologia altera o antigo mundo visível, interpondo-se a ele de maneira avassaladora. A natureza revelada pela técnica é ainda a mesma natureza que sempre conhecemos? Antigamente, o exercício virtuoso da amizade nos fazia melhores amigos. Hoje, será que uma conversa pela Internet altera, de algum modo, a virtude da amizade?

Hoje, a técnica que se interpôs entre a realidade que vemos e observamos e a realidade de uma era em que interagimos frequentemente com máquinas como se fossem seres humanos ganhou tal dimensão que mal podemos nos reconhecer no mundo como fazíamos por séculos a fio.

Como se sabe, robôs inteligentes de computador são cada vez mais capazes de modelar conversas e relacionamentos humanos. Em 2015, um robô de computador, chamado Eugene Goostman, ganhou o Desafio Turing. Depois de interagir com um correspondente desconhecido no teclado, os avaliadores indicaram se tinham discutido com um humano ou uma máquina. Eugene Goostman enganou mais da metade dos avaliadores humanos que pensavam ter falado com um de seus pares. Esse marco marca o início de uma era em que muitas vezes interagiremos com máquinas como se fossem seres humanos; seja no atendimento ao cliente ou nas vendas. Embora a atenção e a bondade humana sejam limitadas, os *bots* artificiais podem canalizar recursos praticamente ilimitados para construir relacionamentos.

A partir dessa percepção, dois temas tornaram-se fundamentais nas chamadas sociedades de informação: de um lado, com relação à informação veiculada, a liberdade individual perante o controle de informações e a necessidade de universalização do acesso à nova informação e, de outro, com relação ao veículo de informação, como promover e divulgar o conhecimento tecnológico. Ambos os temas, ligados à política informática, guardam estreita relação com a ética e o Direito, tanto como causa de transformações, quanto como resultado dessas transformações.

Com efeito, é sabido que o crescente uso da computação e a consolidação da rede mundial de computadores alteraram de forma profunda as possibilidades de comunicação entre indivíduos e corporações privadas e públicas. Na verdade, essas alterações nas relações sociais geram a percepção de que o poder e a liberdade de criar bens intelectuais passam a depender das possibilidades de acesso e controle dessas novas tecnologias e das informações nelas veiculadas.

Por outro lado, no âmbito da comunicação na Internet, mesclam-se as fronteiras entre as esferas da comunicação individual e em massa, que eram até então separadas. Na Internet, as fronteiras entre público e privado tornaram-se porosas. Donde a questão de saber se seria ainda possível sustentar que o usuário de redes, ao optar por utilizar um perfil público, assume o risco de disponibilizar os seus dados e, por esse motivo, teria legitimidade para se insurgir contra a possibilidade de utilização desses dados por qualquer interessado (por exemplo, mediante o chamado direito ao esquecimento). Ou se essa é uma questão superada por essa estrutura aberta de rede mediante um sistema que radicaliza as possibilidades de fluxos de informação de forma inédita tanto em relação à arquitetura técnica, como na organização social-institucional ao possibilitar a disponibilidade sem peias a que se expõe o destinatário.

Trata-se de um problema difícil de resolver quando se percebe no horizonte a conformação da sociedade como imensos sistemas virtuais dos quais a liberdade parece ter sido despersonalizada e que passam a se regular apenas por modelos sempre mais uniformizadores do arbítrio dos indivíduos, já então reduzidos a uma tecla de acesso e despojados de sua razão de ser como portadores de *ethos*.

O problema lida com questões ontológicas sobre a essência de uma tecnologia ou de uma aplicação na Internet. A digitalização elimina a realidade. A realidade é experimentada graças à resistência que oferece, que também pode ser dolorosa. A digitalização, toda a cultura *like*, suprime a negatividade da resistência. Ou seja, a revolução cultural trazida pelo mundo digital nos faz perceber que, aos poucos, antigas e sedimentadas noções, como a de direito subjetivo, não são mais capazes de lidar com essa desintegração em pedaços (bits) da estrutura íntegra das coisas. Pois a revolução cultural e, nessa extensão, jurídica, que nos torna aptos a construir universos alternativos e paralelos ao mundo supostamente dado, nos converte de sub-jectus – indivíduos únicos – em pro-jectus de vários mundos.

E nessa extensão, é possível dizer que um novo sujeito poderia ser caracterizado como sujeito relacional, como um sujeito que não encontra mais sua unidade na observação e na internalização do conjunto de regras da sociedade, mas que pode se engajar nas operações com distintas possibilidades, com fragmentações, com figurações fracas de uma autorrelação instável. A comunicação nas "redes sociais" é liquefeita; ela pode ser alterada pelo crescimento e pela mudança dos círculos de relação respectivos, seja de maneira

intencional ou por agregação gradual espontânea: sempre e sempre mais *post*.
Veja-se, nesse sentido, o problema de como tratar juridicamente o uso de dados e metadados "produzidos" mediante *fake news*. Lida-se, na verdade, com questões ontológicas sobre a essência de uma tecnologia ou de uma aplicação na Internet. Ou seja, o *site* seria uma "plataforma" onde potenciais violadores de direitos autorais apenas se comunicam (sem responsabilidade pelo *site*) ou um "quadro de avisos" que estimula a prática de violações?

AUGUSTO NEVES DAL POZZO E RICARDO MARCONDES MARTINS – O "professor de Direito" deve alterar a forma como ministra suas aulas no "mundo da transubjetividade"? No Brasil, hoje, apresentam-se dois modelos de ensino jurídico muito peculiares.

O ensino de inspiração europeia, em que um repertório de conceitos é apresentado ao aluno para que, a partir deles, o aluno entenda e enfrente os problemas jurídicos, e um ensino de inspiração norte-americana, em que casos são apresentados aos alunos e eles são instigados a examiná-los.

Por outro lado, se, antigamente, vivenciou-se um domínio dos estudos jurídicos pelo poder político, hoje vivencia-se um claro domínio pelo poder econômico. A este interessa mais a falta de rigor conceitual. Há quem diga que o Direito Administrativo, por exemplo, é uma "caixa de ferramentas". Logo, sempre haveria uma ferramenta para defender o interesse do momento. A superação do Direito como norma, a rigor, consiste em uma aproximação do modelo norte-americano, tão caro ao poder econômico?

TERCIO SAMPAIO FERRAZ JÚNIOR – Vamos por partes, à primeira pergunta que induz à segunda. Qual seria mais eficiente? Seria o modelo de ensino conceitual, que vocês assim denominaram, ou o ensino a partir de uma descoberta dos conceitos pelo próprio aprendiz, mediante reflexão sobre casos? Em primeiro lugar, acho que o problema do ensino jurídico no Brasil tem uma outra vertente muito mais difícil de ser vencida, que é uma qualidade muito ruim. Seja conceitual, seja mediante casos, seja o que for, a qualidade, em geral, é muito ruim. Talvez por influência dessa tradição das sebentas portuguesas, do manual, o ensino jurídico está sempre voltado, por assim dizer, para resumos simplificados.

Acho que esse problema é um problema que, no passado, já existia, e que, depois, com a proliferação das faculdades de Direito, tornou-se quase invencível. Os nossos bacharéis têm uma qualidade de formação muito ruim. O conhecimento que se tem, mesmo de uma dogmática conceitual, é muito fraco. Estou falando da média nessa profusão de faculdades. Eles aprendem alguns conceitos. Mas não vão muito além. Aprendem um "padrão", sem perceber questões que têm que ser examinadas mediante outros conceitos, o universo conceitual ali.

Esse "padrão" tem suas raízes.

Trata-se de um modelo dentro de um quadro cultural mais amplo, possível de ser sintetizado, nos quadros do liberalismo político do século XIX, sob a noção de Estado de Direito, que punha e põe relevo, para efeitos da formação jurídica, na força da fonte legislada, que adquire uma centralidade capaz de produzir um saber que gravita em torno da legislação: como identificar o Direito vigente, a partir da lei, e como interpretá-lo? Fazer da lei geral e abstrata a fonte central do Direito por oposição aos privilégios, resumia um projeto político, filho das revoluções desde o início do século XIX.

Essa visão, por certo demasiado esquemática, não olvida outros inúmeros projetos políticos então em disputa. Mas permite ver que, nessa tradição, a teoria jurídica básica para a formação em Direito se desenvolve numa espécie de tensão do intérprete com o trabalho do legislador, donde as dúvidas sobre a interpretação doutrinária em confronto com a autêntica, sobre o real papel do saber jurídico (a doutrina como fonte?), no meio do que surgia o juiz como a boca da lei (mediada pela doutrina) e se definiam os demais papeis (o advogado, o promotor e, secundariamente, as profissões que oficialmente exigem o título de bacharel em Direito: por exemplo, o notário).

Nessa tradição que nos vem do século XIX, ideologicamente liberal em sua origem, e encarando, por consequência, o Direito como conjunto de regras dadas (pelo Estado, protetor e repressor), a formação jurídica visa ao profissional que tende a assumir o papel conservador daquelas regras, que, então, são por ele sistematizadas e interpretadas. Essa postura teórica é denominada por Norberto Bobbio (Dalla Struttura a la Funzione, Milão, 1977) de teoria estrutural do Direito. Nela prevalece um enfoque que tende a privilegiar as questões formais, constituindo-se como tarefa do jurista enfrentar o problema da identificação do Direito (o que é Direito, o que pode ser exigido de direito).

De um lado, mediante a identificação das suas fontes (fontes do Direito) e, nessa linha, da natureza jurídica dos institutos, por consequência, da validade do Direito mediante critérios para reconhecer as leis válidas, as normas vigentes e as revogadas, as constitucionais e as inconstitucionais, tudo em nome da coerência do ordenamento jurídico como um todo. Nessa tarefa se enquadra também a conceituação analítica de noções básicas como obrigação, responsabilidade, relação jurídica, sanção como uma retribuição negativa (pena, castigo), sentido de ato lícito e ilícito, direito subjetivo etc. O enfoque estrutural, em suma, é um enfoque *a posteriori*, que toma o Direito dado como um ponto de partida.

Por outro lado, ocupa-se tradicionalmente a formação jurídica com o sentido do Direito identificado, mediante o estabelecimento de regras de interpretação (hermenêutica jurídica). A hermenêutica jurídica, porém, como algo que se aprende pela forma de ensinar o Direito: dogmaticamente ensinado, isto é, ensinado como um corpo legal, ao qual se deve atribuir sentido (mediante a descoberta ora da vontade do legislador – *voluntas legislatoris* – ora da vontade da lei – *voluntas legis*), numa espécie de controle das consequências possíveis de sua incidência sobre a realidade antes que elas ocorram. Ou seja, mostrar o Direito é atividade didática que precede a atividade de interpretar, que, por sua, vez, precede a atividade de aplicar. As leis (e, no caudal hierarquizado, a legislação), pressupostamente, conferem um sentido (racional ou, pelo menos, razoável) à ação real. O sentido normativo de um comportamento (roubar, furtar, prevaricar, corromper, contratar, doar, herdar, produzir um fato gerador de tributo etc.) vem, assim, desde o seu aparecimento, "domesticado", isto é, dotado de um sentido reconhecível. Disso se encarrega o intérprete. Mesmo quando, no caso de lacunas, integramos o ordenamento (por analogia, por princípios gerais, até por equidade, dando, nesse caso, a impressão de que o intérprete está a guiar-se pelas exigências do próprio real concreto), o que fazemos, na verdade, é orientar-nos, por presunção, pelas próprias avaliações do sistema identificado (vontade do legislador ou da lei). Essa verdadeira astúcia na formação jurídica é o modo pelo qual se descarta ou ao menos se enfraquece o subjetivismo das decisões políticas (do legislador, do regulamentador, do sentenciador) pondo-se, assim, a serviço da neutralização da pressão exercida pelos problemas de distribuição de poder, de recursos e de benefícios escassos, que se tornam externos ao aprendizado.

Aprender Direito, nesses termos, é entendido como capacitar-se para apontar o alcance do Direito em vista de possíveis conflitos concretos, mas que, durante um curso jurídico, o docente procura inserir numa "visão" de conjunto, ao torná-los conflitos abstratos, isto é, definidos em termos jurídicos, em termos de significados juridicamente reconhecíveis para situações possíveis e diversas.

O aluno de Direito é acostumado, assim, por longa tradição, a aprender a lidar com três problemas centrais da teoria jurídica: a identificação do Direito, sua interpretação e aplicação. Para isso lhe são apresentados conceitos, classificações, distinções que procuram construir ferramentas para lidar com esses problemas. Por exemplo: os conceitos de validade/vigência/revogação para responder o problema da identificação; a distinção entre vontade da lei/vontade do legislador para o problema da atribuição de significado; a forma do silogismo que tem a premissa maior (direito válido), premissa menor (fatos provados) e conclusão (decisão), para justificar a decisão.

Desde o século XIX, a ciência jurídica dominante entre nós produziu, para isso, tecnologias detalhadas para lidar com esses problemas, principalmente com os dois primeiros (identificação e interpretação), uma vez que o problema da aplicação era tratado de modo subsidiário aos outros dois, como mostram os debates para dar autonomia à dogmática do Direito Processual (de lembrar-se que até os anos de 1960 ainda se ouvia falar, referindo-se ao Direito Civil e ao Direito Processual, em direito substantivo/direito adjetivo, uma fórmula decididamente ultrapassada há anos).

Os livros de doutrina, de que se vale o ensino, operacionalizavam, mas continuam a operacionalizar o Direito mediante (1) uma teoria das fontes jurídicas, voltada sobretudo, em sede de Direito positivo, para uma teoria dogmática da legislação: competências legislativas, hierarquias de competências, (2) uma teoria dos institutos jurídicos, mediante a construção de um sistema de conceitos fundamentais (por exemplo, teoria da obrigação, dos contratos, do negócio jurídico), elucidados e compreendidos mediante uma teoria da interpretação (hermenêutica jurídica, com suas clássicas técnicas: gramatical, lógica, sistemática, histórica, teleológica, axiológica etc.).

Diga-se, desde logo, que esse conjunto de temas, que faz parte do delineamento curricular, mostra, afinal, que a tradição do ensino jurídico no país valora preponderantemente o domínio cognitivo de uma legislação básica em termos de aprendizado de sua identificação para cada área, subárea e outras segmentações.

Esse domínio cognitivo reduz-se, porém, a um domínio estrutural da legislação, o que pode ser percebido pela insistência quase exclusiva na conjugação de três elementos: ordenamento, doutrina, jurisprudência. O que traz para o ensino uma estrutura endógena marcante, como se o Direito olhasse sempre para o próprio umbigo. A expansão da segmentação legislativa é vista como motivo para estudos voltados para a competência formal e material, por especializações por áreas do ordenamento. Daí a concentração do estudo em áreas materiais (civil, processual, administrativo, constitucional etc.), que conduz a uma apreciação dos currículos conforme um elenco de disciplinas, qualificadas ora em obrigatórias e eletivas, ora em principais e acessórias, donde a sua valoração positiva em termos de buscar a maior abrangência material na distribuição de cursos conforme uma periodização anual (às vezes formalmente semestral).

É verdade que uma formação em áreas de conhecimento voltadas para a inserção do Direito em seu contexto social, econômico, humanístico é valorada positivamente, mas antes como uma espécie de moldura pedagógica de erudição. Mas isso não chega a abalar algumas arraigadas percepções da realidade em que o Direito se insere.

Numa visão persistentemente conservadora do Direito, o ensino jurídico vê ainda o Direito como proteção de um bem específico individualmente, sem os olhos para a atribuição de riscos prováveis, caso em que os agentes se tornam responsáveis pelas consequências prováveis e previsíveis da atividade na qual se envolvem.

Em consequência, uma chamada boa formação limita-se, ainda preponderantemente, à preparação de profissionais para áreas tradicionais: advocacia, ministério público, magistratura; e costuma ser medida pelo bom êxito em concursos públicos, em exames de ordem e, em centros maiores, pela receptividade de escritórios. Por isso, recebe uma valoração positiva o oferecimento ao aluno de graduação de estágios conforme as diferentes inclinações profissionais.

E ainda há, nisso tudo, uma notável lacuna referente a questões de ética profissional. Não se trata, propriamente, de falta de um curso de ética, estruturado na forma de uma espécie de exposição dogmática (escolas de pensamento ético e apresentação de regras éticas vertentes sobre o exercício profissional), mas de falta de uma formação pedagógica mediante discussões dirigidas, polarizadas, em torno de casos exemplares focados no direito à privacidade, o papel da mídia, a presunção de inocência, a relevância dos direitos individuais em face dos interesses difusos etc. Esses temas ficam relegados a um plano externo, "aprendidos" na "vida acadêmica" exterior aos currículos.

Ora, fazer com que o aluno aprenda a criar um universo conceitual, organizado, sistematizado, ou fazer com que ele próprio, debruçando-se sobre casos, seja capaz de criar esse mundo conceitual, é um alvo. A lei de um lado, o conceito de outro, então parte-se da lei para buscar o conceito, ou apresenta-se o conceito e tenta-se mostrá-lo na lei.

Analisando os dois, simplesmente jogar em cima da conceituação e depois ir à lei, ou vice-versa, olhar para a lei e tentar a conceituação, e aí ficar, vejo nesse método um resultado, que é o problema que gerou o livro de Roberto Lyra, cujo título é "Formei-me em Direito, e Agora"?[181] É o problema de uma formação conceitual.

O problema do outro método, do caso, é o risco de não constituir uma conceituação. É o risco da dispersão desorganizada. Na verdade, acho que a oposição de métodos é um falso problema.

---

[181] LYRA, Roberto. *Formei-me em Direito, e agora?* 2. ed. Rio de Janeiro: Líder, 2008 (1. ed. Rio de Janeiro: José Olympio, 1980).

Simplesmente deixar os alunos soltos, discutindo entre si, também não funciona.

Agora, indo para a sua segunda pergunta. No modo como se ensina nos Estados Unidos, eles, de fato, lidam com casos, mas é um pouco diferente. Há um sistema de perguntas, em que o professor vai orientando. Por detrás da pergunta, há leituras prévias e o professor faz as questões sabendo dessa leitura. Não é simplesmente um método de jogar o caso e deixar os alunos resolverem.

A partir dessas considerações, é possível sintetizar, afinal, na forma de eixos problemáticos, os temas que permitem uma avaliação do estado atual da formação jurídica.

O primeiro diz respeito à capacidade de alteração da estrutura tradicional, sem quebrar-lhe os eixos principais, sob pena de formações profissionais atípicas com dificuldade de inserção no mercado de trabalho: mudança estrutural interna. O segundo tem a ver com a proposta de métodos de integração que façam do ensino e da pesquisa uma atividade metodológica compactada que não se perca em justaposições pouco fecundas de metodologias de outras ciências: metodologia. O terceiro refere-se ao desafio de provocar mudanças, em intensidade adequada, no próprio universo jurídico tradicional: mudança estrutural externa. O quarto diz com o modo como se pretende expandir o projeto em vista de uma condição carente e desfavorável da população brasileira: função social.

Com esses critérios problemáticos e com base nas premissas explicitadas, é possível examinar, ainda que em apertada síntese, os óbices enfrentados.

Em primeiro lugar, é importante reconhecer que currículos oficiais limitam, de alguma forma, qualquer mudança estrutural interna. Por mais que estejam previstas disciplinas obrigatórias e facultativas. O que exige, assim, que a mudança estrutural interna esteja antes no tratamento didático dado aos conteúdos.

No sistema tradicional, a apresentação de conteúdos é subentendida na indicação de títulos correspondentes à organização legislativa da matéria. Um esforço em alterar essa estrutura, fazendo dos conteúdos um alinhavar de situações (casos), com inserção em um contexto não só normativo, bibliografia de apoio (não no sentido de manual de apostila), organização de grupos de estudo e presença do docente, desde o princípio, para apresentação e acompanhamento de desempenho, com reconhecido empenho do corpo discente em realizar de modo participativo a leitura recomenda, esbarra no modo preconceituoso com que se encara a exigência de um novo perfil profissional.

Daí o temor de que uma mudança estrutural possa antes conduzir o aluno a uma dispersão de foco nos termos da tradição. Ou seja, teme-se, no fundo, que, aplicado em uma abordagem interdisciplinar intensa, o aluno acabe por ter dificuldades de adaptação ao confrontar-se com as exigências de dogmáticas tradicionais. O que pode ser interessante e motivacional no começo, terminaria por tornar-se angustiante com o passar do tempo.

AUGUSTO NEVES DAL POZZO E RICARDO MARCONDES MARTINS – Qual mensagem o Senhor deixa para o "jurista rizomático",[182] neste contexto de superação, na tricotomia arendtiana, da ação, do trabalho e do próprio labor?[183]

TERCIO SAMPAIO FERRAZ JÚNIOR – Acho que vale, na formação do jurista hoje, uma forte inspiração no mundo da arte. O artista é, por natureza, um rizomático. Eu recomendaria que não fique apenas na literatura técnico-jurídica, mas que se abra para a arte, para a percepção do Direito tal como ele acontece na imaginação, no romance, no quadro, na peça teatral, no cinema, no filme. Acho que esse outro mundo é capaz de ensinar muito sobre como lidar com esse mundo rizomático. Aliás, ontem eu vi o filme que ganhou o Oscar [em 2021], o título original é Coda, "No Ritmo do Coração".[184] Ganhou o Oscar de melhor filme e é, realmente, muito interessante, como mensagem rizomática. É uma família de quatro pessoas: três são surdas, não falam, são surdos-mudos, mas veem, aprenderam a ler etc., mas são surdos-mudos. Um personagem é o único que fala. Daí começa todo um drama, da relação dele com a comunidade e como enfrentar esse tipo de relação. Qual a

---

[182] FERRAZ JR., Tercio Sampaio; BORGES, Guilherme Roman. *A superação do Direito como norma*, op. cit., p. 191.
[183] ARENDT, Hannah. *A condição humana*; Tradução de Roberto Raposo. Rio de Janeiro: Forense Universitária, 2004, p. 20 *et seq.*
[184] *No Ritmo do Coração*. GIANFERMI, Fabrice; ROUSSELET, Philippe; WACHSBERGER, Patrick (produção). HEDER, Siân (direção). 1h51m.

indispensabilidade de um e de outro. O filme me disse muito. Uma situação que eu absolutamente nunca teria pensado, eu não nasci em um ambiente de surdos-mudos. De repente, você vê esse ambiente e começa a refletir. Nossa, quantos problemas se resolvem. Inclusive vi problemas nesse filme que para mim têm natureza jurídica. Aparecem lá, não vou contar, porque não quero ser um *spoiler*, mas aparecem problema jurídicos. Como se resolvem nessa situação? Eu acho que a arte é um bom caminho para a gente entender o mundo dos rizomas. Eu aconselharia isso. Dedique-se ou olhe para a arte, de modo geral.

REFERÊNCIAS

ACADEMIA BRASILEIRA DE LETRAS. *Vocabulário ortográfico da língua portuguesa*. 6. ed. Academia Brasileira de Letras, 2021-2022. Disponível em: https://www.academia.org.br/nossa-lingua/busca-no-vocabulario. Acesso em 03.10.22.

ALEXY, Robert. *Teoria dos direitos fundamentais*. Tradução de Virgílio Afonso da Silva. São Paulo: Malheiros, 2008.

ALEXY, Robert. *La institucionalización de la justicia*. Traducción de José Antonio Seoane. Granada: Comares, 2005.

ARENDT, Hannah. *Eichmann em Jerusalém*. Tradução de José Rubens Siqueira. 12. reimpr. São Paulo: Companhia das Letras, 1999.

ARENDT, Hannah. *Sobre a revolução*. Tradução de I. Morais. Lisboa: Antropos, 2001.

ARENDT, Hanna. *A condição humana*. Tradução de Roberto Raposo. 10. ed. Rio de Janeiro: Forense Universitária, 2004.

BANDEIRA DE MELLO, Celso Antônio. *Curso de Direito Administrativo*. 35. ed. São Paulo: Malheiros, 2021.

BANDEIRA DE MELLO, Celso Antônio. Entrevista. Brasilianas.org. TV Brasil. Disponível em: https://www.youtube.com/watch?v=hAcWTF6IMs4&t=1710s. Acesso em 04.10.22.

BARBOSA, Lívia. *O jeitinho brasileiro*: a arte de ser mais igual do que os outros. Rio de Janeiro: Elsevier, 2006.

BARROSO, Luís Roberto. *O controle de constitucionalidade no Direito brasileiro*. 8. ed. São Paulo: Saraiva, 2019.

BAUMAN, Zygmunt. *Modernidade líquida*. Tradução Plínio Dentzien. Rio de Janeiro: Zahar, 2001.

CAMULS, Albert. *O mito de Sísifo*. Tradução de Ari Roitman e Paulina Watch. Rio de Janeiro: Record, 2004.

CONSTANT, Benjamin. *Sobre la libertad en los antiguos y en los modernos*. Tradução de Marcial Antonio Lopez e M. Magdalena Truyol Wintrich. 2. ed. Madrid: Tecnos, 2002.

COSTA, Eduardo José da Fonseca. *O direito vivo das liminares*. São Paulo: Saraiva, 2011.

DOBNER, Petra; LOUGHLIN, Martin (ed). *The Twilight of Constitutionalism*? New York: Oxford University Press, 2012.

DWORKIN, Ronald. *Levando os direitos a sério*. Tradução Nelson Boeira. São Paulo: Martins Fontes, 2002.

DWORKIN, Ronald. *O império do Direito*. Tradução Jefferson Luiz Camargo. São Paulo: Martins Fontes, 2003.

FERRAZ JR., Tercio Sampaio. *Conceito de sistema no Direito*. São Paulo: Revista dos Tribunais, 1976.

FERRAZ JR., Tercio Sampaio. *Existe um espaço no saber jurídico atual para uma teoria crítica?* In: PLASTINO, Carlos Alberto (org.). *Crítica do Direito e do Estado.* Rio de Janeiro: Graal, 1984, p. 65-72.

FERRAZ JR., Tércio Sampaio. *Liberdade de opinião, liberdade de informação*: mídia e privacidade. Cadernos de Direito Constitucional e Ciência Política, São Paulo, ano 6, n. 23, p. 24-29, abr.-jun. 1998.

FERRAZ JR., Tercio Sampaio. *A demarcação de terras indígenas e seu fundamento constitucional.* Revista Brasileira de Direito Constitucional, n. 3, p. 689-699, jan.-jun. 2004.

FERRAZ JUNIOR, Tercio Sampaio. *Irretroatividade e jurisprudência judicial.* In: FERRAZ JUNIOR, Tercio Sampaio; CARRAZA, Roque Antonio; NERY JUNIOR, Nelson. *Efeito ex nunc e as decisões do STJ.* Barueri: Manole, 2008.

FERRAZ JUNIOR, Tercio Sampaio. *Estudos de filosofia do Direito*: reflexões sobre o poder, a liberdade, a justiça e o direito. São Paulo: Atlas, 2009.

FERRAZ JR., Tercio Sampaio. *A ciência do Direito.* 3. ed. São Paulo: Atlas, 2014.

FERRAZ JR., Tercio Sampaio. *Argumentação jurídica.* Barueri: Manole, 2014.

FERRA JR., Tercio Sampaio. *O Direito, entre o futuro e o passado.* São Paulo: Noeses, 2014.

FERRAZ JR., Tercio Sampaio. *Função social da dogmática jurídica.* 2. ed. São Paulo: Atlas, 2015.

FERRAZ JR., Tercio Sampaio. *Direito, retórica e comunicação*: subsídios para uma pragmática do discurso jurídico. 3. ed. São Paulo: Atlas, 2015.

FERRAZ JR., Tercio Sampaio. *Teoria da norma jurídica.* 5. ed. São Paulo: Atlas, 2016.

FERRAZ JR., Tercio Sampaio. *Introdução ao estudo do Direito.* 11. ed. São Paulo: Atlas, 2019.

FERRAZ JR., Tercio Sampaio. *Punir*: entre justiça e vingança. *Revista de Direito administrativo e Infraestrutura* – RDAI, São Paulo, ano 4, n. 13, p. 253-268, abr.-jun. 2020.

FERRAZ JR., Tercio Sampaio; BORGES, Guilherme Roman. *A superação do Direito como norma*: uma revisão descolonial da teoria do direito brasileiro. São Paulo: Almedina, 2020.

FERRAZ JR., Tercio Sampaio. *Existe um espaço no saber jurídico atual para uma teoria crítica?* Revista de Direito Administrativo e Infraestrutura – RDAI, São Paulo, ano 6, n. 23, out-dez. 2022.

FERRAZ JR., Tercio Sampaio. *Direito, corrupção e democracia* – primeira parte. Seminário da Feiticeira – 2015. Disponível em https://www.youtube.com/watch?v=myIVPk9DaXU. Acesso em 02.10.22.

FERRAZ JR., Tercio Sampaio. *Direito, corrupção e democracia* – segunda parte. Seminário da Feiticeira – 2015. Disponível em https://www.youtube.com/watch?v=bz7XiwjmjJk. Acesso em 02.10.22.

FERRAZ JR., Tercio Sampaio. *Direito, corrupção e democracia* – terceira parte. Seminário da Feiticeira – 2015. Disponível em https://www.youtube.com/watch?v=GCE1HWxc6Hw. Acesso em 02.10.22.

FERRAZ JR., Tercio Sampaio. *Hermenêutica e argumentação.* Curso "Hermenêutica Jurídica". Tribunal Regional Federal da 4ª Região – TRF4. Palestra proferida em 20.08.2013. Disponível em: https://www.youtube.com/watch?v=1ZHjuUV36vg. Acesso em 02.10.22.

FERRAZ JR., Tercio Sampaio. *Histórias e desafios do ensino do Direito.* Faculdade de Direito de Ribeirão Preto da Universidade de São Paulo. Palestra disponível em: https://www.youtube.com/watch?v=HPH29l-zUQ0 Acesso em 02.10.22.

FERRAZ JR., Tercio Sampaio. *Direito à verdade*: a verdade no sentido ético ou epistemológico – primeira parte. *Seminário da feiticeira* – 2014. Disponível em: https://www.youtube.com/watch?v=bcxSkWipbdc. Acesso em: 03.10.22.

FERRAZ JR., Tercio Sampaio. *Direito à verdade*: a verdade no sentido ético ou epistemológico – segunda parte. *Seminário da feiticeira* – 2014. Disponível em: https://www.youtube.com/watch?v=qYJOSZ-7YJU. Acesso em 03.10.22.

FERRAZ JR., Tercio Sampaio. *Direito à verdade*: a verdade no sentido ético ou epistemológico – terceira parte. *Seminário da feiticeira* – 2014. Disponível em: https://www.youtube.com/watch?v=5AzRPUuw_9Y. Acesso em: 03.10.22.

FERRAZ JR., Tercio Sampaio. *Punir*: entre justiça e vingança. 1ª Reunião do Fórum Permanente de Filosofia, Ética e Sistemas Jurídicos. Escola da Magistratura do Estado do Rio de Janeiro – EMERJ. Disponível em: https://www.youtube.com/watch?v=5h6gamdsvY. Acesso em 03.10.22.

FERRAZ JUNIOR, Tercio Sampaio. *A dialética do senhor-escravo e o preço da desigualdade*. Seminário da Feiticeira – 2016. Disponível em: https://www.youtube.com/watch?v=j5RwTv5hyEE. Acesso em 03.10.22.

FERRAZ JR., Tercio Sampaio. *A galáxia de Gutenberg*: imprimir/exprimir, liberdade/poder, sobrevida em extinção? XIII Seminário da Feiticeira – 2019. Disponível em: https://www.youtube.com/watch?v=Zc7541ORG4I&list=PLz4NJFjVBD9Mvoqp8hcR3yXqlaNB8IFrS. Acesso em 04.10.22.

FLUSSER, Vilém. *Para uma teoria da tradução*. São Paulo, Revista Brasileira de Filosofia, vol. 19, n. 73, p. 16-22, jan.-mar. 1969.

FLUSSER, Vilém. *O mundo codificado*. Tradução de Raquel Abi-Sâmara. São Paulo: Cosac Naify, 2007.

FOUCAULT, Michel. *A verdade e as formas jurídicas*. Tradução Roberto Cabral de Melo Machado e Eduardo Jardim Morais. Rio de Janeiro: NAU, 2002.

FRANKL, Viktor E. *Em busca de sentido*. Tradução de Walter O. Schlupp e Carlos C. Aveline. 25. ed. Petrópolis: Vozes, 2008.

GIACOMUZZI, José Guilherme. *Estado e contrato*: supremacia do interesse público *versus* igualdade – um estudo comparado sobre a exorbitância no contrato administrativo. São Paulo: Malheiros, 2011.

HAMILTON, Alexander. Número LXXVIII – *Exame da organização do Poder Judiciário no tocante à condição do bom comportamento para a permanência no cargo*. In: MADISON, James; HAMILTON, Alexander; JAY, John. *Os artigos federalistas*. Tradução Maria Luiza X. de A. Borges. Rio de Janeiro: Nova Fronteira, 1993, p. 478-485.

HART, Herbert L. A. *O conceito de Direito*. 3. ed. Tradução de A. Ribeiro Mendes. Lisboa: Calouste Gulbenkian, 2001.

HARTMANN, Nicolai. *Ética*. Traducción de Javier Palacios. Madrid: Encuentro, 2011.

HOLANDA, Sérgio Buarque de. *Raízes do Brasil*. 2. ed. São Paulo: Companhia das Letras, 1995.

HOUAISS, Antônio; VILLAR, Mauro de Salles (Ed.). *Dicionário Houaiss da língua portuguesa*. Rio de Janeiro: Objetiva, 2001.

KELSEN, Hans. *O problema da justiça*. Tradução João Baptista Machado. São Paulo: Martins Fontes, 2003.

KELSEN, Hans. *A democracia*. Tradução Ivone Castilho Benedetti et al. São Paulo: Martins Fontes, 2000.

KOESTLER, Arthur. *O zero e o infinito*. Tradução Andre Pereira da Costa. Barueri: Amarilys, 2013.

LEVI, Primo. *A assimetria e a vida*: artigos e ensaios 1955-1987. Tradução de Ivone C. Benedetti. São Paulo: Unesp, 2016.

LIPOVETSKY, Gilles. *A era do vazio*: ensaio sobre o individualismo contemporâneo. Tradução de Therezinha Monteiro Deutsch. Barueri: Manole, 2005.

LISPECTOR, Clarice. *Para não esquecer*. Rio de Janeiro: Rocco, 1999.

LYRA, Roberto. *Formei-me em Direito, e agora?* 2. ed. Rio de Janeiro: Líder, 2008 (1. ed. Rio de Janeiro: José Olympio, 1980).

LOSANO, Mario G. *Sistema e estrutura no Direito* – v. 1: das origens à escola histórica. Tradução Carlos Alberto Dastoli. São Paulo: WMF Martins Fontes, 2008.

LOSANO, Mario G. *Sistema e estrutura no Direito* – v. 2: o século XX. Tradução Luca Lamberti. São Paulo: WMF Martins Fontes, 2010.

LOSANO, Mario G. *Sistema e estrutura no Direito* – v. 3: do século XX à pós-modernidade. Tradução Carlos Alberto Dastoli. São Paulo: WMF Martins Fontes, 2011.

LÖWY, Michael. *Walter Benjamin*: aviso de incêndio – uma leitura das teses "Sobre o conceito de história". Tradução de Wanda Nogueira Caldeira Brant, Jeanne Marie Gagnebin e Marcos Lutz Müller. São Paulo: Boi Tempo, 2005.

LUHMANN, Niklas. *Legitimação pelo procedimento*. Tradução Maria da Conceição Côrte-Real. Brasília: Universidade de Brasília, 1980.

LUHMANN, Niklas. *Sociologia do Direito II*. Tradução de Gustavo Bayer. Rio de Janeiro: Tempo Brasileiro, 1985.

LUHMANN, Niklas. *Sistemas sociais*: esboço de uma teoria geral. Tradução Antonio C. Luz Costa et al. Petrópolis: Vozes, 2016.

MARTINS, Ricardo Marcondes. *Direito e justiça*. In: PIRES, Luis Manuel Fonseca; MARTINS, Ricardo Marcondes. *Um diálogo sobre a justiça*. Belo Horizonte: Fórum, 2012, p. 43-91.

MARTINS, Ricardo Marcondes. *Justiça deôntica*. In: PIRES, Luis Manuel Fonseca; MARTINS, Ricardo Marcondes. *Um diálogo sobre a justiça*. Belo Horizonte: Fórum, 2012, p. 149-244.

MARTINS, Ricardo Marcondes. *Estudos de Direito Administrativo neoconstitucional*. São Paulo: Malheiros, 2015.

MARTINS, Ricardo Marcondes. *Teoria jurídica da liberdade*. São Paulo: Contracorrente, 2015.

MARTINS, Ricardo Marcondes. Princípio da colaboração e exercício da advocacia. *Revista de Direito Administrativo e Infraestrutura* (RDAI). São Paulo, ano 2, n. 6, p. 73-99, jul.-set. 2018.

MARTINS, Ricardo Marcondes. *Ato administrativo*. In: BACELLAR FILHO, Romeu Felipe; MARTINS, Ricardo Marcondes. *Tratado de direito administrativo* – v. 5: ato administrativo e procedimento administrativo. 3. ed. São Paulo: Revista dos Tribunais, 2022, p. 35-409.

MATURANA ROMESÍN, Humberto; VARELA GARCÍA, Francisco J. *De máquinas y seres vivos* – Autopoiesis: la organización de lo vivo. Buenos Aires: Lumen, 2003.

MEMMI, Albert. *Retrato do colonizado precedido de retrato do colonizador*. Tradução de Marcelo Jacques de Moraes. Rio de Janeiro: Civilização Brasileira, 2007.

MIAILLE, Michel. *Introdução crítica ao Direito*. Tradução Ana Prata. 3. ed. Lisboa: Estampa, 2005.

NASCIMENTO, Carlos Valder do (coord.). *Coisa julgada inconstitucional*. 2. ed. Rio de Janeiro: América Jurídica, 2002.

NIETZSCHE, Friedrich. *Genealogia da moral*. Tradução de Paulo César de Souza. São Paulo: Companhia das Letras, 2009.

NIETZCHE, Friedrich. *A Gaia Ciência*. Tradução de Paulo César de Souza. São Paulo: Companhia das Letras, 2012.

PELUSO, Antonio Cezar. *Pareceres de Direito Penal*. São Paulo: Almedina, 2021.

PERELMAN, Chaïm; OLBRECHTS-TYTECA, Lucie. *Tratado da argumentação*: a nova retórica. São Paulo: Martins Fontes, 2002.

RADBRUCH, Gustav. *Relativismo y derecho*. Tradução de Luis Villar Borda. Bogotá: Temis, 1999.

PLATÃO. *A república*. Tradução Anna Lia Amaral de Almeida Prado. São Paulo: Martins Fontes, 2014.

PRIGOGINE, Ilya. *O fim das certezas*: tempo, caos e as leis da natureza. Tradução de Roberto Leal Ferreira. São Paulo: Unesp, 1996.

REALE, Miguel. *Filosofia do Direito*. 19. ed., 3. tir. São Paulo: Saraiva, 2002.

RICOEUR, Paul. *O Justo ou a essência da justiça*. Lisboa: Instituto Piaget, 1995.

ROUSSEAU, Jean-Jacques. *Do contrato social*, Tradução Eduardo Brandão. São Paulo: Penguin Classics e Companhia das Letras, 2011.

SCHOECK, Helmut. *La envidia y la sociedad*. Traducción de Marciano Villanueva Salas. 2. ed. Madrid: Unión Editorial, 1999.

SANT'ANNA, Pietro. *Floriano Peixoto*: o marechal de ferro. São Paulo: Folha de São Paulo, 2019.

SANTIAGO NINO, Carlos. *Introdução à análise do Direito*. Tradução de Elza Maria Gasparotto. São Paulo: WMF Martins Fontes, 2015.

SANTO AGOSTINHO. *Confissões*. Tradução J. Oliveira Santos. São Paulo: Nova Cultural, 1996.

SARTRE, Jean-Paul. *A idade da razão*. Tradução de Sérgio Milliet. 4. ed. 3. reimpr. Rio de Janeiro: Nova Fronteira, 2005.

SARTRE, Jean-Paul. *Sursis*. Tradução de Sérgio Milliet. 4. ed. Rio de Janeiro: Nova Fronteira, 2005.

SARTRE, Jean-Paul. *Com a morte na alma*. Tradução de Sérgio Milliet. 3. ed. Rio de Janeiro: Nova Fronteira, 2005.

SARTRE, Jean Paul. *A engrenagem*. Tradução de Sousa Victorino. 3. ed. Lisboa: Presença, 1980.

SCHELER, Max. *Ética*. Traducción de Hilario Rodríguez Sanz. Madrid: Caparrós, 2001.

SIEYÈS, Emmanuel Joseph. *A Constituição burguesa*: qu'est-ce que le tiers État? Tradução Norma Azevedo. 4. ed. Rio de Janeiro: Lumen Juris, 2001.

TEUBNER, Gunther. *Autovinculação exógena*: como subsistemas sociais externalizam seus paradoxos de fundamentação. *In*: TEUBNER, Gunther; CAMPOS, Ricardo; VICTOR, Sérgio Antônio Ferreira (orgs.). *Jurisprudência sociológica*: perspectivas teóricas e aplicações dogmáticas. Tradução de Geraldo Luiz de Carvalho Neto e Gercélia Batista de Oliveira Mendes. São Paulo: Saraiva, 2020, p. 159-193.

VIEHWEG, Theodor. *Tópica e jurisprudência*. Tradução de Tercio Sampaio Ferraz Jr. Brasília: Imprensa Nacional, 1979.

VIEHWEG, Theodor. *Tópica y filosofia del derecho*. Tradução de Jorge M. Seña. 2. ed. Barcelona: Gedisa, 1997.

Esta obra foi composta em fonte Palatino Linotype, corpo 10,5
e impressa em papel Offset 75g (miolo) e Supremo 250g (capa)
pela Gráfica Paulinelli, em Belo Horizonte/MG.